● ICT 사회 연구 총서 2 ●

한국 사회와 뉴미디어 확산

김경희 엮음

한울
아카데미

이 도서의 국립중앙도서관 출판예정도서목록(CIP)은 서지정보유통지원시스템 홈페이지(http://seoji.nl.go.kr)와
국가자료공동목록시스템(http://www.nl.go.kr/kolisnet)에서 이용하실 수 있습니다.
CIP제어번호: CIP2018000578(양장), CIP2018000577(학생판)

서문

1990년대 후반 한 신문의 사설을 인상 깊게 읽은 기억이 있다. '산업화는 늦었지만, 정보화는 앞서가자'는 취지의 내용이었다. 그 사설은 온라인 뉴스 서비스를 준비하고 있던 필자의 가슴을 뛰게 했다. 내가 하는 일이 국가적으로 중요한 일인 양 느껴졌기 때문이다. 인터넷이 보급된 지 얼마 안 된 시기여서 당시에는 유닉스 언어를 배워야 인터넷에 접속할 수 있었다. 40분이 넘게 걸려 인터넷에 접속되는 일이 허다했지만, 그것만으로도 무척 신기하고 놀라웠다. 당시 함께 프로젝트를 진행한 춘천의 한림대학교에서 보낸 파일이 서울에 있는 중앙일보 사무실로 전송되어 왔다. 파일을 받는데 에러도 많이 나고 오랜 시간이 걸렸지만, 신천지가 열린 듯 신기했다. 정보화를 빨리 이루어낸다면 한국은 금세 선진국 대열에 오를 거라는 기대를 갖게 했다.

그리고 2017년 한국 사회, 정보통신기술은 1990년대 말에 기대했던 것 이상이다. 인터넷 접속 속도는 세계 어느 곳보다 빠르다. 편리한 서비스가 넘쳐나고 다양한 콘텐츠가 눈과 귀를 즐겁게 해준다. 1990년대 후반에는 실어 나를 정보가 없어 고심했지만 지금은 너무 많은 정보가 흘러 다녀서 무엇을 봐야 할지 모를 정도이다.

정말 숨 가쁘게 달려온 시간이었다. 정치적으로 사회적으로 큰 변화가 있었고, 개개인의 라이프스타일에도 엄청난 변화가 있었다. 그러한 변화의 기저에는 뉴미디어를 포함한 정보통신산업의 진화와 확산이 있었다. 1990년대부터 2017년까지의 한국 사회의 변화는 미디어를 포함한 정보통신산업의 발전을 빼고는 설명하기 힘들 정도로 새로운 미디어와 정보통신기술이 우리 사회 곳곳을 바꿔놓았다.

이 책은 그렇게 숨 가쁘게 달려온 한국 사회의 뉴미디어 확산 과정을 점검해보기 위해 기획되었다. 특히 한국 사회의 뉴미디어 확산 과정에서 논의된 의제들이 무엇이었고 그런 의제들의 흐름이 뉴미디어 확산에 어떤 영향을 주었으며, 그 결과 사회가 어떻게 변해갔는지를 이해해보려고 했다. 이를 위해 택한 것이 뉴미디어 관련 학술 논문들의 주제와 대상을 분석하고, 신문 사설에서 다룬 의제들을 살펴보는 일이었다.

가장 먼저 1장에서는 뉴미디어 확산의 철학적 의미를 다루었다. 미디어는 오래전부터 철학자들이 주목했던 대상이었다. 특히 20세기 후반 이후 오늘날에 이르기까지 ICT 기반의 뉴미디어가 유례없이 빠르고 광범위하게 확산되면서 미디어 철학이라는 독립적인 주제를 이끌어낼 정도로 뜨거운 관심을 불러일으키고 있다. 그런데 흥미롭게도 뉴미디어 일반에 대한 미디어 철학의 연구 성과는 뉴미디어의 '확산'이라는 주제에서는 활발하게 반영되지 않았던 경향이 있다. 그것은 뉴미디어 확산이라는 주제 자체가 경험과학적인 연구를 중심으로 다루어졌기 때문이라고 본다. 실제로 뉴미디어 확산 현상을 실증적으로 분석하고 설명하기 위한 수많은 시도가 있었고, 그러한 시도의 이론적 기초가 되어왔던 모델들을 몇 가지 간추려 보는 것도 가능하다. 대표적인 모델로는 혁신확산 모델, 기술수용 모델, 혁신저항 모델 등을 꼽을 수 있는데, 이들은 뉴미디어 확산 현상에 대한 대표적인 이해의 틀을 보여준다는 점에서도 의의가 있다. 제1장 '뉴미디어 확산 모델의 철학'에서는 뉴미디어 확산을 연구하는 데 자주 활용되는 이러한 이론적인 모델들을 철학적 관점에서 검토했다. 특히, 이러한 모델이 인간과 뉴미디어, 또 양자의 관계에 대해 지닌 암묵적 관점, 즉, 뉴미디어 확산에서 인간이 주체적 역할을 하는 것으로 가정하고 있고, 또 인간이 확산하고 있는 대상으로서의 뉴미디어는, 그것을 기술로 보든 경험으로 보든 상관없이 명료한 범위와 확고한 존립 기반을 가진 실재라고 가정하고 있음에 주목했다. 뉴미디어 확산 모델에 있어서 뉴미디어를 선택하고 확산하는 주체로서 그려지는 인간은 데카르트적 자아의 특징을 보여주고, 뉴미디어의 기술과 경험은 인간 행위의 선형적이고 고정적인 대상 실재로 그려지고 있음을 지적했다.

제2장 '한국 ICT 기반 미디어의 확산'에서는 한국 사회에서 ICT 기반 뉴미디어 확산을 시기별로 구분하고 각 시기의 특성을 살펴보았다. 1990년부터 2010년대 중반까지 발표된 뉴미디어 관련 학술 논문을 분석해보니 한국 사회에서의 ICT 기반 뉴미디어 도입과 확산 초기에는 정책 중심의 논의가 많았다. 이것을 통해 한국에서 ICT 기반 미디어의 확산은 정부 주도로 시작됐다는 것을 알 수 있다. 이처럼 정부 주도의 뉴미디어 확산이 이루어진 것은 ICT 기반의 뉴미디어들이 네트워크를 기반으로 했기 때문이다. 전국에 네트워크를 깔고 연결하는 사회적 인프라를 추진하는 일은 정부가 나서지 않고는 이루어질 수 없는 일이다. 다행스러운 것은 한국 정부가 초고속통신망을 일찍부터 서둘러 완성했다는 점이고, 그 결과 한국이 ICT 분야에서 앞서갈 수 있었다.

게다가 1990년대 후반 젊은 창업자들은 네트워크를 중심으로 하는 커뮤니케이션 미디어의 성장을 일구어냈다. 1990년대 말 나우누리와 같은 PC통신이나 2000년대 급성장을 한 다음과 네이버 등 포털 기업은 한국의 커뮤니케이션 체계와 정보산업, 미디어 콘텐츠의 서비스를 바꾸어나갔다. 지금 2010년대 중반에 와서야 '창업'이란 말이 한국 사회에서 중요한 의제가 되었지만, 사실 한국의 ICT 산업을 이끈 것은 젊은 창업자들이었다.

그러나 정부가 닦은 초고속통신망과 젊은 창업자들이 만들어낸 커뮤니케이션 미디어만 있었다면, 지금처럼 발전된 한국의 ICT 산업은 없었을 것이다. 커뮤니케이션 미디어를 누구보다 잘 활용한 이용자들이 있었기에 새로운 미디어가 확산될 수 있었다. 뉴미디어의 확산은 뉴미디어를 채택한 이용자들이 많아져야 가능한 일이기 때문이다. 게다가 이용자들은 단지 새로운 미디어를 단순하게 이용하기만 한 것이 아니다. 거기에 자신의 일상과 지식, 사회적 관계를 담아 끊임없이 콘텐츠를 생산했다. 하찮은 개인사들이 많은 사람들에게 공감을 얻어 사회를 따뜻하게 바꿔나가기도 했고, 네이버 지식인 같은 서비스를 통해 자신의 지식을 나눠가기도 했다.

이는 뉴미디어 확산 2기와 3기로 가면서 이용자들에 대한 학술 논문이 증가한 이유도 이 때문이다. 초기 기반은 정부와 산업이 만들었다면, 뉴미디어를 통한 사회 변화는 이용자들이 이끌어냈다 해도 과언이 아닐 것이다. 이렇게 보면, 한국 사회의 뉴미디어 확산은 정부와 산업, 이용자들이 조화롭게 이끌어온 결과물이다.

제3장 '뉴미디어 확산과 언론'에서는 한국 사회에 뉴미디어가 도입된 이후 언론이 뉴미디어 의제를 어떻게 보도했는지를 다루었다. 뉴미디어의 도입과 확산에 드는 자본이 천문학적이고, 사회적 비용도 적지 않을 뿐만 아니라 뉴미디어가 기존 미디어에 미칠 영향력이 적지 않은 만큼 언론은 뉴미디어 의제에 민감할 수밖에 없다. 그렇지만 뉴미디어 도입이 자사에

미치는 영향을 고려한 언론의 자사 이기적인 보도는 한국 사회 발전과 뉴미디어 확산에 부정적인 영향을 줄 수 있기 때문에 주목할 필요가 있다.

이러한 문제의식으로 1990년대 초 한국 사회에 뉴미디어가 도입된 이래 2016년 3월까지 뉴미디어 관련 의제가 어떻게 변화했는지 규명하고, 언론사의 정치성 성향에 따라 정부의 뉴미디어 정책에 대한 태도에 차이가 있는지 밝히기 위해 신문 사설을 대상으로 네트워크 분석을 실시했다. 언론은 뉴미디어 도입 과정에서 이슈를 공적으로 쟁점화함으로써 사회의 여론 수렴에 기여할 것으로 기대되었으나, 분석 결과 신문사들은 정권의 성향과 자사의 입장에 따라 의제 설정과 해석을 달리했다. 자사의 이익에 따라 뉴미디어 주제를 선택하고 논조를 결정한 것이다.

제4장 'ICT 기반 미디어 이슈'에서는 시기별·정파별로 ICT 기반 미디어에 대한 이슈가 한국 언론에서 프레임되는 방식과 담론을 살펴보았다. 신문 사설 분석을 통해 ICT 기반 미디어가 도입되고 확산되는 과정에서 어떤 이슈가 다뤄졌으며, 어떠한 요인들이 부각되었는지를 분석했다. 또한 이러한 프레임 속에 내재된 다양한 담론들을 도출하는 과정에서 그동안 한국 사회 내 ICT 기반 미디어에 대해 논의되었던 다양한 쟁점과 시각들의 공존과 경쟁이 역동적으로 작동하는 과정을 확인해보았다. 신문 사설들은 '민주주의 지향', '공동체 지향', '공익성 추구', '저널리즘 가치 지향'이라는 공통된 담론을 생성하고 있었다. 하지만 이를 실현하는 방식은 상이하게 나타났다. 즉, 보수신문은 '법치주의 지향', '안정과 신뢰에 기반을 둔 공동체', '공익을 훼손하는 ICT 기반 미디어', '전통 언론사 중심의 저널리즘 위계 설정'을 강조하지만, 진보신문은 '자율적 정화 지향', '표현의 자유에 기반을 둔 공동체', '공익을 증진하는 ICT 기반 미디어', '전통 언론사와 새로운 저널리즘의 공존 지향'을 추구하고 있었다.

출판을 앞두고 책을 읽어보니 기획했던 의도를 제대로 살리지 못했다는 반성을 하게 된다. 좀 더 치밀한 분석이나 역사적 접근이 필요했다는 생각도 들고, 연구 대상도 다양화했으면 좋았겠다라는 반성도 해본다. 그 밖에도 부족한 것이 한두 가지가 아니다. 이 책을 기획하고 편집한 필자의 능력 부족과 게으름의 결과일 것이다. 한국 사회의 뉴미디어 확산 과정을 돌아보면서 좀 더 나은 세상을 만들고 싶어 하는 미디어학자의 작은 소망을 담은 보잘것없는 책이라고 이해주기를 바란다.

이 책은 한국연구재단의 토대연구-총서학 지원으로 시작된 '한국 사회의 정보통신 산업 모형 및 전략의 세계적 확산과 공유'(책임연구자: 김경희) 총서 시리즈 중 하나이다. 이 책의 저술을 지원해준 한국연구재단과 토대연구를 함께 진행하고 있는 한림대학교 김신동 교수님, 박준식 교수님, 정용남 교수님께 감사드린다. 또 이 책을 기획하고 만드는 데 큰 힘이 되어준 정보화진흥원의 오연주 박사님과 1990년대부터 2010년대까지 찾기 힘든 문헌을 찾아 정리하고 분석을 도와준 한림대학교 박다애 졸업생에게 감사드린다. 또 이 책의 출판을 흔쾌히 허락해주신 한울 출판사 김종수 사장님과 윤순현 차장님에게도 감사드린다.

2018년 2월

저자들을 대표하여, 김경희

차례

서문 3

제1장 **뉴미디어 확산 모델의 철학:**
인간관, 기술관, 경험관을 중심으로 _ **전제아 11**

제2장 **한국 ICT 기반 미디어의 확산:**
시기별 특성과 사회 변화 _ **김경희 71**

제3장 **뉴미디어 확산과 언론:**
뉴미디어 확산 과정에서 사설의 역할 _ **홍주현 118**

제4장 **ICT 기반 미디어 이슈:**
신문 사설의 시기별·정파별 프레임과 담론을 중심으로 _ **김은영 158**

01 뉴미디어 확산 모델의 철학
인간관, 기술관, 경험관을 중심으로

전제아

1. 서론

뉴미디어의 새로움은 현대사회를 대변하는 특징이지만, 미디어 자체에 대한 철학적 관심은 생각보다 오랜 연원을 지니고 있다. 미디어는 기본적으로 정보를 시공간적으로 이동시키는 매개물로서(오택섭 외, 2015: 17) 기술적으로 발달한 것이든 아니든 발신자가 정보를 보내고 수신자가 그 정보를 해석하는 커뮤니케이션을 가능하게 하는 '수단', '도구'나 '인공물', '장치'라는 점에서(고현범, 2007: 19) 다양한 형태로 이미 오래전부터 존재해왔기 때문이다. 그런 점에서 그리스의 플라톤은 문자를 가리켜 인간 사유의 미디어이며 이러한 문자가 단지 사유의 수단에 그치는 것이 아니라 사유 그 자체에 영향을 줄 수 있다고 보았고, 그의 스승이었던 소크라테스는 문자라는 매체가 사유에 부정적인 영향을 줄 수 있다는 점에 우려를 표했다. 또한 니체는 '우리가 쓰는 글쓰기 도구가 우리 사고에 함께 가담한다'는 말을 통해서 미디어와 사유의 불가분한 관계를 강조하기도 했다.

그렇기는 해도 오늘날 뉴미디어는 인간 사회 전체로 확대된 만큼 과거 어느 때보다도 진지하게 근본적인 미디어 철학을 필요로 한다. 뉴미디어는 올드미디어에 비해서 컴퓨터 기반의 정보 및 정보 시스템 테크놀로지(Information and Communication Technology, 이하 ICT)의 두드러진 변화를 배경으로 두고 인간과 인간 사이의 커뮤니케이션은 물론, 인간과 기술 사이의 상호작용적 커뮤니케이션이 폭발적으로 증가하면서 삶의 조건을 바꾸어놓고 있기 때문이다. 매클루언(McLuhan, 2011)이 미디어는 인간의 확장이라고 정의한 것이 이미 50여 년 전이지만, 이 정의는 여전히 유효하고 강력하다.[1] 심지어 하르트만(Hartmann, 2008)은 오늘날의 미디어는 인간의 확장 중에서도 차원이 달라진 확장이며, 예컨대 다리를 대신하는 의족 정도가 아니라고 말한다. 이 시대의 뉴미디어를 통해서 우리는 시공간을 멀티플랫포밍하고 혼성현실과 원격현전을 경험한다. 인터넷과 이를 활용한 인터넷TV, 디지털TV, 스마트폰, 팟케스트, IPTV, 인공지능, 사물인터넷(IoT) 등은 이제 그 존재를 배제하고서는 현대인의 삶을 기술할 수도 없고 이해할 수도 없게 만들면서 인간에 대한 근본적인 의문을 품게 만든다. 예를 들어 알파고(AlphaGo)는 앞으로 인간이 인공지능을 비롯한 일련의 기계, 기술과 어떤 관계를 맺어야 할 것인가라는 두려움과 회의 섞인 물음을 던진다. 지하철, 버스, 거리 CCTV, 차량용 블랙박스, 신용카드 결제 등등

---

1 매클루언은 미디어를 통해서 인간 감각의 확장, 신체의 확장이 이루어지며 사고와 감각 기관인 중추신경계가 세상으로 확장된다고 본다. 그는 일반적으로 미디어라고 생각하는 신문, 라디오, 텔레비전은 물론이고 바퀴, 옷, 주택, 무기 등 인간에 의해 만들어진 모든 인공물을 미디어라고 일컫는다. 예컨대 바퀴는 발의 확장이다.

개인의 모든 접속을 망라한 빅데이터 앞에서 개인정보에 대한 결정권이 아직 각자에게 남아 있다고 볼 수 있는가 하는 문제도 있다. 2016년 겨울, 탄핵정국 당시 박영선 국회의원이 최순실 씨의 구치소 청문회를 시도하는 과정에서 페이스북 라이브를 켰더니 국회의원들을 둘러싸고 있던 무장한 남자들이 사라졌다는 증언은 소수의 권력자가 다수의 시민을 감시하는 '파놉티콘(Pantopticon)'의 시대를 지나서 SNS와 같은 뉴미디어의 상호작용적 특징을 기반으로 언제 어디서나 누구나 서로를 감시하는 체제, '시놉티콘(Synopticon)'의 도래를 실감하게 만들었고, 감시의 주체가 대중인지 아니면 기술인지 다시 생각하게 만들었다.[2]

더욱이 자고 나면 달라질 정도로 뉴미디어가 우리 삶에 빠르게 확산되고 있다. 스마트폰의 경우, 애플이 2007년에 아이폰을 처음 출시한 후 약 10년 만인 2016년 12월 기준으로 미국의 스마트폰 보급률은 80%를 넘어섰다. 2016년 한국과 싱가포르의 스마트폰 보급률은 90%를 상회하는 한층 높은 수치를 자랑한다. 말하자면 스마트폰은 그 등장부터 시작해 모든 사람의 필수품으로 자리 잡기까지 불과 10여 년밖에 걸리지 않았다. 인터넷과 이를 활용한 인터넷TV, 디지털TV, 휴대전화, 팟캐스트, SNS, IPTV,

---

2 '파놉티콘'은 철학자 벤담(Jeremy Bentham)이 제안한 감옥 건축양식에서 따온 말이다. '파놉티콘'은 원형의 감옥으로 중앙의 높은 감시탑에서 빙 둘러 낮게 지어진 감방을 내려다보는 구조이다. 중앙의 어두운 방에 소수의 간수가 있고, 그 어두운 방을 중심으로 밝게 비추어지는 주변의 감방에는 다수의 죄수들을 배치하고 있어서 죄수들에게 항상 감시당하는 느낌을 준다. 소수의 권력자가 다수를 효율적으로 감시할 수 있는 이 감옥은 이름 그대로 *Παν*(모두)이라는 단어와 *Οφιων*(보다)라는 두 단어의 결합이다. '시놉티콘'은 노르웨이의 범죄학자 매티슨(Thomas Mathiesen)이 사용하기 시작한 표현으로 대중이 언론을 통해 권력자를 감시, 견제할 수 있는 체제를 말한다. 권력 견제와 역감시의 기능을 가진 언론이나 시민운동 등이 속한다. 현대의 미디어철학자들은 뉴미디어에 의해 시간과 공간이 무의미해지면서 *Ζιν*(항상) *Οφιων*(보다), 즉 동시성을 지니게 되는 감시 체제가 도래했다고 본다.

DMB(Digital Multimedia Broadcasting) 등과 같은 매체들이 모두 뉴미디어로서 우리 삶 곳곳에 스며들어 있다.

이렇게 신속하고 광범위한 뉴미디어의 확산은 모두 어디서 어떻게 시작되어 오늘날에 이르렀는지 의문을 갖게 만든다. 뉴미디어의 확산은 편리함과 자유로움을 구사하려는 인간이 스스로 선택한 결과인가, 아니면 뉴미디어 자체의 새로운 정보처리 형식이 낳은 인간 조건의 변화인가. 또 이렇게 인간의 삶에 깊숙이 스며들어 있는 뉴미디어는 자기동일성과 본질을 갖춘 대상인가, 아니면 인간의 사용에 의해서 비로소 그 의미를 획득하는가 등 수많은 근본적인 물음이 이 현상에 내재해 있다.

뉴미디어 확산 과정을 설명하는 연구는 미디어 연구에서 이미 중요한 과제로 다루어지고 있다. 특히 뉴미디어의 이용과 채택에 대해 인구사회경제적 변인, 기술혁신의 특성 변인, 심리적 변인, 사회구조적 변인, 미디어 특성 변인 등을 중심으로 설명하려는 노력이 다양하게 시도되었다. 뉴미디어의 채택 및 요인과 관련된 이론으로 가장 많이 사용되는 것들로는 '혁신확산 모델(Innovation Diffusion Theory)', '기술수용 모델(Technology Acceptance Model)', '혁신저항 모델(Innovation Resistance Model)' 등이 있다(이재현, 2013; 박종구, 2013). 디지털 이동방송 채택, HDTV 확산에 있어서 조기 수용자와 잠재 수용자를 비교연구, 미디어 선택과 이용에 따른 이용자의 미디어에 대한 태도 분석, 전통적 미디어에 대한 인터넷 이용의 영향, 디지털 위성방송의 초기 수용자의 특성, 모바일 인터넷의 수용 결정요인 등 이용자의 채택이나 수용 요인, 미디어의 속성 등을 밝히는 연구가 다양하게 이루어졌다.

뉴미디어 확산의 이론적 모델들은 현상을 경험적으로 분석하고 입증하기 위한 분석을 명료하고 용이하게 해준다는 점에서 의의가 크다. 그러나 뉴미디어 확산 모델이 무엇을 실증적으로 보여주는가 하는 것과 동시에 뉴미디어 확산 현상을 바라보는 기본적인 관점과 접근 방법을 대변한다는 점도 주의할 필요가 있다. 연구 모델은 그 자체가 자연적으로 주어진 것이 아니라 연구자들의 사고와 당대의 주요한 담론 의식을 반영한 어느 정도 임의적인 구성물이며, 이 경우에는 새로운 미디어 환경에 대한 철학적 관심을 토대로 하고 있기 때문이다.

이 글은 뉴미디어 확산 모델이 내포한 인간관, 기술관, 경험관 등에 대한 철학적 고찰이다. 특히 이 글은 다음 두 가지 주제에 관해 뉴미디어 확산 모델이 어떤 관점을 가지고 있는가에 주목한다. 첫째, 뉴미디어라는 기술과 인간의 관계에 대해 확산 모델은 어떤 관점을 가지고 있는가이다. 둘째는 뉴미디어가 인간에게 제공하는 경험과 실재의 관계를 확산 모델은 어떻게 바라보는가이다.

플루서(Vilém Flusser, 2001)는 미디어가 한 시대의 의사소통 방식과 수단을 규정한다고 보았다. 인간은 태어나면서부터 이미 사회적 조건에 놓이며 타인과 소통하기 마련이므로, 인간이라는 존재를 성찰하려면 소통 방식과 수단을 지배하는 미디어를 고찰해야 한다는 뜻이다. 그렇기 때문에 미디어에 대한 분석 역시 단편적인 접근으로 이루어져서는 안 되고 인간의 커뮤니케이션 연구 전반을 아우르는 '코무니콜로기(Kommunikologie)'라는 새로운 융·복합적 접근이 필요하다고 강조했다. 뉴미디어 확산을 실증적으로 분석하고 설명하는 모델에 내포된 인간, 기술, 경험, 미디어 등에 대한 관점을 도출하고 그 존재론적 의미를 탐색하고 새로운 이해의 틀을 탐색한다는 점에서 이 글은 뉴미디어 확산에 대한 융·복합적 접근의 한 가지 시도이다.

2. 뉴미디어 확산의 이론적 모델들

혁신확산 모델, 기술수용 모델, 혁신저항 모델은 개인적 차원의 뉴미디어 수용과 사회적 차원의 뉴미디어 확산을 설명하고자 하는 실증적인 연구들이 토대로 삼았던 대표적인 이론들이다. 이러한 모델들은 처음부터 뉴미디어 확산을 연구하기 위해 고안한 것은 아니었기 때문에 뉴미디어의 속성에 대해서도, 뉴미디어 확산에서 인간 존재의 의미에 대해서도, 뉴미디어가 전하는 실재와 본질에 대해서도 직접적인 관심을 표명한 바 없다. 그러므로 이 절에서는 각 모델의 이론적 명제, 연구가설, 구성개념 등을 살펴보고 이러한 특징들이 뉴미디어 확산에 있어서 함축하는 철학적 의미를 재구성한다.

1) 혁신확산 모델, 기술수용 모델, 혁신저항 모델

(1) 혁신확산 모델

1962년 로저스(Everett Rogers)가 혁신확산 모델을 고안할 때 그는 혁신을 가리켜 '개인 혹은 혁신을 채택하는 주체에 의해 새로운 것으로 지각되는 사고, 실천, 혹은 대상'이라고 정의하고, 혁신의 확산은 이용자들이 계속해서 채택할 때 나타나는 것이라고 말했다. 혁신확산 모델은 다양한 분야에서 개인 차원의 혁신채택과 사회 차원의 혁신확산 연구를 위한 분석틀이 되어왔다. 이 모델에서 혁신의 '수용(acceptance)'은 미시적 차원에서 개인 혹은 의사결정 단위체가 혁신을 인지하기 시작하고 태도를 형성해 수용 결정을 내리는 일련의 정신적인 과정이다. 그리고 '확산(diffusion)'은 거시적 차원에서 일정 기간 내에 일정 채널을 통해 사회 구성원들에게로 혁신이 전달되는 과정이다(Rogers and Shoemaker, 1971). 이용자들이 새로운 사고, 실천, 대상을 인식하고 그것을 채택하는 일이 계속될 때 확산이 나타나는 것이라고 본다. 이때 이용자마다 다양한 요인에 따라 혁신에 대응하는 혁신의 확산 속도, 혁신의 채택 시점은 다르며, 이것이 궁극적으로 혁신의 채택률에 영향을 미친다고 가정한다.

이렇게 본다면, 혁신확산 모델을 이용해 뉴미디어 확산 현상을 탐구한다는 것은 이용자들이 뉴미디어를 '수용'하고 '채택'하는 행위가 계속되어 일정 채널을 통해 전달되는 과정이라는 관점이다. 뉴미디어를 새로운 사고로 보든, 새로운 실천으로 보든, 뉴미디어는 모종의 혁신이며 이용자들에 의해 확산되는 대상으로 보는 것이다.

이런 관점은 혁신확산 모델의 구체적인 특징을 통해 한층 뚜렷하게 드러난다. 즉, 이용자의 채택에 영향을 미치는 요인으로 다음을 제시한다. 혁신의 상대적 이점(relative advantage, 새로움이 기존의 제품이나 서비스보다 더 좋게 인식되는 정도), 적합성(compatibility, 혁신이 기존의 가치, 과거 경험, 잠재적 채택자의 필요에 부합한다고 생각되는 정도), 시험 가능성(triability, 채택에 앞서 시험적으로 사용해볼 수 있는 가능성), 관찰 가능성(observability, 채택의 결과가 다른 사람에게 어느 정도 쉽게 보이는가에 대한 인식의 정도)는 높을수록, 복잡성(complexity, 혁신을 이해하거나 사용하기 어렵다고 느끼는 정도)은 낮을수록 확산이 빠르게 진행된다고 주장한다. 이후에 혁신 채택의 요인으로 '인지된 위험(perceived risk)'이 추가되었는데, 이는 혁신과 관련된 위험으로 파악되고 혁신 채택률에 부정적인 영향을 미친다는 것을 경험적으로 입증하는 연구 결과가 나왔던 것에 영향을 받았다(Ostlund, 1974). 여기서 '인지된 위험'은 혁신을 수용한 결과 시간, 금전, 기회비용 등에서 생길 수도 있는 불확실성이나 부정적인 결과에 대한 이용자의 예상이다. 이러한 위험은 수용하고자 하는 대상 자체 특징을 가리키는 것처럼 보이지만 사실은 이용자가 파악하는 특징이다. 혁신의 상대적 이점, 적합성, 시험 가능성, 관찰 가능성, 복잡성 등도 혁신 대상 자체의 자연적·본질적 특징을 나타내는 것이 아니라 이용자의 인식에 따른 개념이다. '인지된 위험' 역시 혁신 대상 자체의 속성이 아니라 혁신 대상을 이용자가 어떻게 인지하느냐를 보여주는 개념이다.

혁신확산 모델에서 중요하게 여기는 또 다른 요인인 이용자의 '혁신 성향(innovativeness)'도 이용자의 심리적 특성이다. 혁신 성향을 정의하자면 '같은 사회 체계의 다른 구성원보다 상대적으로 더 일찍 혁신을 채택하는 정도'이고, 구체적으로 말하자면 누군가가 혁신을 채택하기까지 걸리는 시간이다. 혁신 성향은 주체의 자기 효능감(self-efficacy)이나 새로움 추구(novelty-seeking) 등을 의미한다. 여기서 자기 효능감의 조작적 정의는 '특정 업무를 수행할 수 있는 자신의 능력에 대한 믿음'(Bandura, 1989)이며, 이를 반영한 혁신확산 모델에서는 주로 '혁신적인 제품이나 서비스를 효과적으로 활용할 수 있는 능력이나 기술을 가졌다고 믿는 정도'라고 정의한다(Ellen, Bearden and Sharma, 1991: 299). 새로움 추구는 '새로운 자극을 좋아하는 개인의 성향'이라고 할 수 있다(Hirschman, 1980: 284).

잘 알려진 대로 혁신확산 모델의 두드러진 특징은 이용자들을 혁신 성향에 따라서 혁신가(innovators), 초기 채택자(early adopters), 초기 대다수(early majority), 후기 대다수(late majority), 혁신 지체자(laggards)로 범주화한다는 점이다. 따라서 혁신확산 모델은 혁신확산을 정의하는 데서 시작해 분석 틀을 수립하고 범주화를 제안하는 모든 특징에 있어서 혁신을 받아들이는 이용자를 중심으로 하고 있음을 알 수 있다.

이외에도 혁신확산 모델은 커뮤니케이션 채널을 중요한 요인으로 본다. 커뮤니케이션 채널이란 어느 한 개인이 혁신 관련 메시지를 다른 개인에게 전해주는 수단이다. 특히 매스미디어와 대인 커뮤니케이션, 최근에는 인터넷을 통한 상호작용 커뮤니케이션이 혁신의 확산에 중요한 역할을 한다. 예를 들어 혁신확산 과정에서 잠재적 채택자의 경우, 매스미디어를 통해서 혁신에 대한 인지도를 높이고 혁신에 대한 지식 전달을 신속하고 효율적으로 하는 한편, 혁신을 채택하도록 설득하는 데에는 대인 채널이 효과적이다. 즉, 잠재적 채택자들은 혁신에 관한 의사 결정을 할 때 자신과 가까이 있고 이미 혁신을 채택한 사람들의 주관적인 평가에 상당히 의존한다. 따라서 잠재적 채택자가 혁신을 받아들이는 과정에서는 모방이 중요하다.

모방을 중심으로 본다면, 혁신확산 모델은 채택자 자신의 혁신 성향 외에 그가 속한 사회 체계의 혁신 관련 성향의 영향을 고려하고 있다고 볼 수 있다. 특히, 개인의 혁신 채택에 중요한 영향을 미치는 사회적 요인은 '체계 규범(system norm)'이라고 할 수 있다. 체계 규범은 구성원에게 허용되는 사회의 행동 양식 범위와 기대 행동의 집합이기 때문이다.

(2) 기술수용 모델

기술수용 모델은 새로운 기술이 한 조직 안에서 수용되는 과정에 초점을 맞춘 모델로 여기서도 역시 분석의 단위는 조직 구성원들의 행위이다. 이 모델은 조직의 업무 성과를 개선하기 위해 컴퓨터 기술과 소프트웨어 등 주로 정보기술 시스템을 새로 도입할 때 조직의 구성원들이 이를 수용하는 과정에 영향을 미치는 요인을 밝히기 위한 것이다(Davis, Bagozzi and Warshaw, 1989). 새로운 시스템의 도입, 수용, 확산은 조직 구성원의 수용에 있다는 전제를 두고 있기 때문에 조직 구성원의 믿음, 태도, 수용 의사와 실제 수용 사이의 인과 관계, 또 정보기술 시스템 수용 과정에 영향을 미치는 외부 요인을 규명하는 데 목적을 둔다.

기술수용이라는 현상을 탐구함에 있어 뚜렷한 행위자와 그 행위가 존재하며 분석 가능하다는 전제를 두는 것은 피시바인과 아젠(Fishbein and Ajzen, 1975)의 합리적 행위 이론(Theory of reasoned action), 아젠(Ajzen, 1985)의 계획된 행위 이론을 통해 명확하게 나타난다. 합리적 행위 이론은 실제 행위는 행위를 실행하고자 하는 행위 의도의 영향을 받고, 행위 의도는 개인의 '태도'와 '주관적 규범'에 의해 결정된다고 본다. 이후에 아젠은 합리적 행위 이론을 확장해 계획행위 이론(theory of planned behavior)을 고안한다. 여기서는 인간의 행위와 의도에 대해 '태도', '주관적 규범'이라는 두 가지 변수 외에 '행위 통제에 대한 인식(perceived behavioral control)'을 추가해 이 세 가지 요인의 상호작용의 산물이라고 설명한다. 세 요인은 먼저 인간의 '의도'를 결정하고, 이어 '행위(behavior)'는 '의도'와 세 변수 간의 상호작용으로 결정된다. 이때 의도는 개인의 행위에 동기를 부여하는 핵심 요인이다.

처음에 기술수용 모델이 중요하게 여겼던 요인들은 대체로 조직 구성원이 조직에 정보기술을 수용할 때 갖는 태도, 행위 의도 등이 중심이었다(Venkatesh, Davis and Morris, 2007). 구체적으로 보면 '인지된 유용성'은 정보기술 시스템을 사용함으로써 자신의 업무 성과가 개선될 것이라고 믿는 정도를 가리키며, '인지된 이용 용이성'은 정보기술 시스템을 사용하는 것이 많은 노력을 필요로 하지 않는다고 믿는 정도, '주관적 규범'은 자신에게 중요한 대부분의 사람들이 자신이 특정 행위를 하는 것에 대해 어떻게 생각할 것인지에 대한 인식이다. '사회적 이미지'는 혁신을 채택함으로써 사회 체계에서 자신의 이미지나 지위를 높일 것으로 인식하는 정도, '업무 관련성'은 특정 시스템을 자신의 업무에 활용할 수 있을 것이라고 믿는 정도, '결과 품질'은 특정 시스템이 자신의 업무를 잘 수행하게 해준다고 믿는 정도, '결과 입증 가능성'은 특정 시스템을 이용한 결과가 분명하고 관찰 가능하며 그 결과를 전달할 수 있다고 믿는 정도 등이다.

그런데 이런 요인들로만 구성할 때 기술 수용 과정을 간명하게 설명할 수는 있으나 영향을 미치는 외부 요인들은 다루지 않는다는 점이 문제로 나타난다. 이에 대해 기술수용 모델을 제안했던 데이비스(Fred D. Davis)는 벤카테시(Viswanath Venkatesh)와 함께 확장된 기술수용 모델(TAM2)을 내놓았다. 확장된 기술수용 모델의 특징은 조직 차원의 정보기술 수용 과정에 영향을 미치는 외부 요인을 포함시킨 반면(Venkatesh and Davis, 2000), 기술수용 모델에 근거해 수행했던 실증적 연구 결과들을 분석·종합한 결과, 태도를 제외했다. 이 모델에서 태도가 가리키는 것은 '특정 행위를 하는 것에 대한 개인의 긍정적 또는 부정적 감정', '전반적인 평가적 반응'이며 '정보기술을 이용하는 것에 대한 좋거나 싫은 감정적 차원의 반응'을 가리킨다(Fishbein and Ajzen, 1975; 나은영, 1994; Ortega Egea and González, 2011). 태도를 배제한 이유는 태도의 효과가 이용 의사에 대한 태도의 예측력, 정보기술 시스템에 대한 인지된 유용성과 인지된 이용 용이성과 이용 의사의 매개에 명확히 검증되지 않았다고 보았기 때문이다. 또한 인지된 유용성을 결정하는 요인으로 주관적 규범, 이미지, 업무 관련성, 결과 품질, 결과 입증 가능성을 제시했고, 경험과 자발성을 기술수용 과정에 영향을 미치는 조절 변인으로 포함했다(Venkatesh et al., 2003).

이후로도 기술수용 모델은 명료하지만 단순하다는 단점을 극복하기 위해 모델에 변인을 추가하며 확장하거나 변형하면서 꾸준히 척도의 신뢰성과 타당성을 개선하는 과정을 거쳤고 1990년대 이후 새로운 디지털 미디어의 채택 행위를 설명하는 연구에 광범위하게 활용되었다. 이 모델에 기반을 둔 논문들에 대한 메타 분석, 체계적 문헌 분석, 인용 분석 등이 그러한 관심과 활용 정도를 짐작하게 해준다(King and He, 2006; Legris, Ingham and Collerette, 2003; Schepers and Wetzels, 2007; Turner et al., 2010).

(3) 혁신저항 모델

앞서 개발된 혁신확산 모델은 개별적인 사회 구성원이 혁신을 채택하는 근거를 전반적으로 제시하기는 해도, 친(親)혁신적인 집단에 보다 주목하는 경향이 있었다. 따라서 혁신 채택을 거부하는 경우, 또는 혁신이 채택되지 못하는 점, 잠재적 채택자 등은 소홀히 한 경향이 있다(Ram, 1987; Sheth, 1981). 또한 혁신 채택 요인들의 구조적 관계를 설명하지 못하기 때문에 혁신 채택의 인과적 과정을 보여주는 데에도 한계가 있었다.

이 문제에 관심을 두고 고안된 것이 혁신저항 모델이다. 뉴미디어의 경우 대체로 하이테크놀로지에 기반을 두어 올드미디어보다 새로움이 있는 반면에 기술적으로 복잡하기 때문에 이를 효과적으로 활용하기 위해서는 학습할 수 있는 능력이나 기술 소비 수준이 높아야 한다. 뉴미디어를 채택하는 데 있어서 제품의 복잡성, 급격한 변화 등은 현상을 유지하려는 이용자로 하여금 심리적 부담감과 혼란을 느끼게 만든다. 잘트먼과 발렌도르프(Zaltman and Wallendorf, 1983: 507)에 의하면, 저항의 정의는 "현재 상태에 변화를 가져오는 압력에 대해 현재 상태를 유지하려는 모든 행위"이자, "혁신에 대한 저항이란 혁신을 수용하지 않으려는 태도"이다. 램(Ram, 1987)은 혁신에 대한 연구의 대부분이 '혁신은 소비자들에게 좋은 것'이라는 출발점을 가지고 있으며 성공한 혁신들 위주로 혁신의 확산을 다루었다고 비판한다. 따라서 혁신 채택의 과정을 제대로 파악하기 위해서는 오히려 기존에는 소홀히 했던 혁신 저항에 대하여 관심을 기울여야 한다고 주장한다.

다만 혁신저항은 "혁신채택의 반대 개념이 아니며, 정도의 차이가 있을 뿐 혁신을 수용하는 과정에서 소비자가 겪게 되는 자연스러운 심리 상태"이며, 혁신채택 과정에서 필연적으로 겪게 되는 경험이다(Ram, 1987: 208). 말하자면 혁신저항은 혁신채택과 대조를 이룬다기보다는 혁신을 채택하는 과정에서 이용자가 겪는 자연스러운 경험이다. 그러므로 혁신저항을 제대로 이해한다면 혁신채택을 개인적·사회적 차원에서 더 정확하게 규명할 수 있을 것으로 기대하고 제안한 개념이라 하겠다(Ram, 1987: 212).

세스(Sheth, 1981: 276)에 의하면 혁신에 대해 이용자가 인지하는 위험은 바람직하지 않은 물리적·사회적·경제적 결과, 성과의 불확실성, 혁신과 관련된 인지된 부작용으로 나누어볼 수 있고, 이러한 인지가 혁신저항을 불러일으킨다. 기존의 혁신 확산에 대한 연구가 혁신에 우호적이고 빨리 채택하는 친혁신 성향 이용자에 주목하고 조기 채택자의 특성을 밝히는 데 중점을 두는 반면, 혁신채택을 거부하는 집단을 '지체자(laggards)'라고 명명하면서 이들이 채택을 거부하는 이유를 소홀히 해왔음을 지적한다. 무어(Moore, 2006: 5)도 혁신 성향의 소비자들이 주도하는 초기 시장에서 실용적이고 신중한 성향의 소비자가 중심이 되는 시장으로 이행하는 과정에는 깊은 단절이 있음을 언급하면서, 혁신의 확산을 이해하기 위해서는 실용적이고 신중한 소비자 집단에 대한 이해가 필요하다고 강조했다.

혁신저항은 채택 보류(postponement)와 채택 거부(rejection)의 형태로 나뉘기도 하는데(Szmigin and Foxall, 1998), 혁신채택 여부에 대해 심사숙고한 보류(conscious postponement)는 소비자의 합리적 판단에 의한 '능동적인 저항(active resistance)'으로 불리기도 한다(Laukkanen, Sinkkonen and

Laukkanen, 2009: 112). 한편 소비자의 혁신저항이 클수록 채택을 보류하기 때문에 채택 시기가 늦어지며(Ram and Sheth, 1989: 6), 소비자들의 혁신저항이 너무 높은 경우에 혁신은 확산되지 못하고 시장에서 소멸하게 된다(Ram, 1987: 208).

혁신저항 모델은 혁신저항에 영향을 미치는 소비자 특성에도 관심을 기울여서 인구학적 특성과 심리적 특성으로 나누어 분석한다. 램은 소비자의 심리적 특성을 통해서 "혁신을 채택하고자 하는 의향"(willingness to innovate)을, 인구사회적 특성을 통해서는 "혁신을 채택할 수 있는 능력"(ability to innovate)을 파악하고자 했다(Ram, 1987: 211). 실제로 혁신저항 모델에 기반을 둔 경험적 연구 결과를 종합해볼 때, 연령·교육 수준·소득으로 인한 혁신 채택 능력의 차이가 혁신저항의 차이로 이어진다는 점, 소비자의 자신감과 새로움을 추구하는 혁신적인 성향 및 혁신을 채택함으로써 자신의 이미지를 높일 수 있을 것이라는 믿음(beliefs) 등이 혁신저항과 부적 상관관계가 있다는 점 등이 비교적 일관성 있게 나타난다.

2) 뉴미디어 확산 모델의 쟁점: 확산 주체로서의 인간, 확산 실재로서의 뉴미디어

이상에서 살펴본 이론적 모델들은 서로 차이점이 있음에도 뉴미디어 확산에 관한 다음 몇 가지 중요한 기본 가정을 공유하고 있다.

첫째, 뉴미디어 확산이라는 현상을 인간 행위에 초점을 맞추어 분석한다는 점에서 확산 현상의 주체를 인간으로 가정하고 있음을 볼 수 있다. 뉴미디어 확산 모델이 각각 초점을 맞추는 대상은 혁신의 확산, 기술 수용, 혁신이고 실질적인 분석 대상은 '이용자'(혁신확산 모델), '개인 구성원'

(기술수용 모델), '소비자'(혁신저항 모델)의 '채택', '수용', '저항'이라는 행위이다. 인간의 행위를 통해서 현상을 설명할 수 있으므로, 그 행위와 행위 과정에 영향을 미치는 변인들을 찾아낸다는 가정에서 출발한다. 인간의 심리학적 특성, 또는 인구사회경제학적 특성 등을 주요 변인으로 보는 것도 그것이 궁극적으로 인간의 행위에 관련된다는 점을 고려한 까닭이다. 뉴미디어의 속성과 관련 있을 것으로 여겨지는 변인들, 예컨대 혁신채택 모델의 '혁신의 상대적 이점', '적합성', '시험 가능성', '관찰 가능성', '복잡성', '인지된 위험' 등과 같은 변인들, 기술수용 모델의 '인지된 이용 용이성', '주관적 규범', '사회적 이미지', '업무 관련성' 등과 같은 변인들은 대상의 속성이 인간에게 어떻게 지각, 인지, 판단되었는가를 반영한 변인이다. 말하자면, 뉴미디어 확산은 느끼고 생각하고 판단하고 행위하는 인간 주체라는 개념을 기반으로 구성된 것이다.

둘째, 주체의 행위 개념은 그 대상으로서 뉴미디어의 실재를 가정한다. 뉴미디어는 '새로운 사고, 실천, 그 밖의 여러 대상'의 하나로서 채택의 대상일 수도 있고 저항의 대상일 수도 있으며, '새로운 정보기술시스템'일 수도 있다. 그러나 어떻게 개념화하든 뉴미디어가 인간 행위의 대상으로 실재한다고 보는 점은 공통적이다. 행위를 분석하려면 행위의 대상이 있음을 가정하지 않을 수 없고, 또 뉴미디어 확산 모델에 의존하는 실증적 연구들은 대체로 구체적이고 미시적인 접근 방법을 취하기 때문에 행위 대상의 존재에 대해 논란을 삼지 않기 때문이다. 예를 들면 전자적 글쓰기, 스마트폰, HDTV 등이 무엇을 가리키는지, 속성은 무엇인지, 나아가 실제로 그런 것이 존재하는지에 대해 의문을 품기는 어렵다. 그러나 이들을 아우르는 뉴미디어의 경우에는 그 정체를 파악하거나 정의하거나 본질을 제시하기는 어렵다. 뉴미디어는 정태적이고 독립적인 존재로 정의할 수 있도록 남아 있지 않기 때문이다.

실재에 관한 논의는 철학의 역사 속에서 오랫동안 어떤 것의 실제 존재 여부, 혹은 어떤 것이 인간의 의식과 독립된 존재 여부에 관한 쟁점으로 연결되었다. 그러나 이 시대에 실재로서의 뉴미디어를 논한다는 것은 뉴미디어의 실제 존재 가능성 혹은 인간 의식과 무관한 독립적 존재 가능성을 문제시하기보다는 뉴미디어의 본질은 무엇이며, 뉴미디어와 인간 존재의 관계는 무엇인지를 묻는다고 할 수 있다.

요약하자면, 뉴미디어 확산의 주체로서의 철학적 기초는 인간, 실재로서의 뉴미디어라는 두 가지 주제를 중심으로 한다. 그런데 흥미로운 점은 뉴미디어의 특징, 또 뉴미디어를 기반으로 한 인간의 삶에 대해 통상적으로 생각하는 것과 뉴미디어 확산 모델이 생각하는 뉴미디어와 인간 존재는 결코 일치하지 않는다는 점이다. 예를 들어 미디어 이론가 마노비치(Manovich, 2004)는 뉴미디어를 가리켜 '네트워크에 연결된 디지털 컴퓨터라는, 정보사회의 새로운 기제가 가져온 새로운 기술뿐만 아니라 영화나 연극, 활자도서 등 이미 잘 자리 잡은 문화 형식의 기술과 기억, 전문성을 통합하는 혼합종'이라고 말하면서 그 가변적이고 다원적인 속성을 강조한다. 그리고 로티(Rorty, 1979)는 오늘날의 미디어 환경에서는 텍스트, 음향, 영상, 신체동작, 행동 사건 등의 혼합이 '자기'와 '자아'를 형성시키고 있다고 해도 결코 잘못된 것이 아니라면서 인간 주체와 뉴미디어의 존재론적 관련성을 언급한다. 이에 비해 뉴미디어 확산 모델이 암묵적으로 제시하는 그림은 인간이라는 주체가 자신의 인식과 판단, 신념 등에 의해 뉴미디어라는 기술이나 혁신을 채택하는 행위가 연속됨으로써 뉴미디어가 확산된다는 것이다. 인간은 근대적인 주체로 그려지고, 채택 대상인 뉴미디어는 고전적인 기술 개념에 가깝다.

뉴미디어 시대를 맞아 미디어에 대한 철학적 탐구가 어느 때보다 활기를 띠고 있음에도, 적어도 뉴미디어 확산이라는 주제에 있어서 그러한 탐구가 충분히 반영되지 않는다고 볼 수 있다. 뉴미디어 확산의 이론적 모델들이 처음부터 뉴미디어 확산을 다루기 위해 고안된 것이 아니라는 까닭도 있을 것이고, 기본적으로 실증적이고 경험적인 접근을 취하기 때문에 주체나 실재에 관한 가정까지 명시적으로 다룰 필요가 없었다는 까닭도 있을 수 있다. 그러나 이 모델들은 뉴미디어 확산에 있어서 빈번하게 활용되며 실제로 담론의 방향을 주도하고 있다는 점에서 그 철학적 가정은 소홀히 할 수 없는 비중을 지니며 진지한 재검토가 필요하다.

이후의 내용은 '주체'를 중심으로 볼 때 확산 행위의 대상으로 놓여 있는 뉴미디어에 대한 존재론적 고찰이다. 첫 번째는 기술로서의 뉴미디어를 중심으로 인간 주체와 뉴미디어의 관계를 바라볼 수 있는 관점을 모색하는 데 중점을 둔다. 그런데 뉴미디어는 기술 장치만을 가리키는 것이 아니라, 그것이 만들어내는 경험 전체를 뜻하기도 한다. 따라서 두 번째 주제는 뉴미디어의 경험과 주체의 관계이다. 뉴미디어 확산 모델에서 고려하지 못했던 뉴미디어 경험의 복잡한 차원들을 고려하여 인간 주체와의 관계를 새롭게 탐색하고자 한다.

3. 인간 주체와 기술

뉴미디어 확산 모델들이 내포한 인간관은 근대 인간관과 연결시켜 볼 때 그 의미가 더 분명해진다. 고대와 중세가 거대한 우주질서를 가정하는 형이상학적 구조 안에서 인간을 규정해왔던 것과는 대조적으로 근대는 인간으로 하여금 자신을 위해 스스로 모든 가치와 권리, 의무를 규정하는 주체로 만들기 시작했고 이러한 근대적 사유는 인간과 사회에 대한 경험 과학적 연구에서 중요한 전제가 되어왔기 때문이다.

하르트만에 의하면, 근대 초기 인간은 전통이나 미신, 신과 같은 규범을 의심하기 시작했고 그것으로부터 스스로를 해방시키기 위해 오로지 반성(reflection) 이외에는 다른 어떤 것의 도움도 받지 않고자 했다. 그리하여 데카르트는 자연의 비본질성과 우연성을 부단히 회의한 끝에 더 이상 의심 불가능한 '의식'과 '사유'를 남긴다. 데카르트는 신체적 지각은 매개된 인식인 반면에, 정신은 내재적이기 때문에 선험적이라고 보았으며, 신체와 정신의 관계를 정보 전달의 문제로 여겼다는 것이다. 그런 의미에서 뇌 또는 뇌의 일부분이 미디어의 역할을 한다고 할 수 있는바, 데카르트는 인간을 오성의 사용자로 보면서도 사유의 생산조건인 텍스트의 물질성을 무시한다고 지적한다. 사실상 데카르트는 "나는 하나의 실체이고 이 실체의 본질 또는 본성은 사유하는 데 있고 이 실체는 존재하기 위해 장소를 필요로 하지 않고 어떤 물질적 사물에도 의존하지 않는다"라고 입장을 밝힌다(데카르트, 2006: 88).

하이데거(Martin Heidegger)는 데카르트적 자아 덕분에 인간을 중심으로 놓는 시대가 시작되었다고 평가한다. 그는 근대야말로 인간이 주체가 되어 세계의 중심에 서게 된 시대이고, 이것이 바로 고대나 중세와의 차이점이라고 본다. 인간이 주체가 되었다는 것은 데카르트에 의해서 "인간이 첫 번째의 본래적인 주체"로서 "모든 존재자를 존재자의 존재 방식과 진리 방식에서 근거 짓는 그러한 존재자"로서 위상을 획득했기 때문이다. 그는 "인간이 스스로를 종래의 속박으로부터 자기 자신에게로 해방시킨다는 것이 결정적인 것이 아니라 인간이 주관(Subjekt)이 됨으로써 인간 일반의 본질이 변한다는 것이 결정적이다"라고 말한다(하이데거, 1995: 39).

하르트만은 데카르트가 인간의 자아, 인간의 지식이 형성되는 과정에 관한 흔적을 지움으로써 매개되는 세계의 무게를 벗어나고자 한다고 본다. 인간은 역사적 전통을 부정할 뿐만 아니라 감각의 세계를 파괴하는 성찰적 자아이며, 매개된 자아의 가능성을 부정하는 존재로 그려진다. 데카르트적 자아는 한마디로 '외부의 매개된 권위로부터 벗어나 스스로의 힘으로써 보편적인 의미와 타당성을 지니고 있고 따라서 세계의 매개에 유용한 것을 설득력 있게 획득'하는 존재라고 정리한다(하르트만, 2006: 44). 그는 데카르트의 방법적 회의가 감각의 세계를 파괴하고 역사적 전통을 부정함으로써 르네상스 이후 시, 회화, 종교적 삶, 정치적 삶에서 계속되었던 '개인의 발견'을 이루었다고 말한다(하르트만, 2006: 45~47). 이후 인간은 자신이 모든 가치와 권리, 의무를 규정한다는 의식으로 발전했고 이처럼 스스로 규정하는 주체로서의 인간의 자아는 칸트, 홉스, 헤겔 등 일련의 근대 철학자들을 통해서 다시 천명되었으며 인간, 말하자면 자아는 자신을 위해 스스로 가치의 세계를 창조하는 존재로 나타난다(김용찬, 2012).

그러나 뉴미디어 확산 현상의 주체로 근대 데카르트적 자아를 놓는 것에는 몇 가지 문제가 있다. 우선, 데카르트적 자아는 스스로 규정하는 성찰적 존재로서 세계와의 구조된 연관관계, 특히 실재 세계와의 매개를 부정함으로써 성찰을 확보하는 존재이기 때문이다. 엄밀히 말하면, 데카르트 철학 체계 안에서도 자아와 세계와의 매개를 어떻게 새롭게 규정할 것인가 하는 과제는 항상 존재하고 있으려니와, 뉴미디어 확산이라는 주제와 관련해서는 이 과제가 결코 간과할 수 없는 문제가 된다. 뉴미디어가 단순히 인간의 의도와 목적에 따라 선택하는 수단이 아니라 인간과 세계를 매개하는 데 이미 존재론적으로 관련을 맺고 있다는 미디어 철학자들의 지적을 무시하지 않는다면 말이다. 귄터 안더스(Günther Anders)는 오늘날 인간 실존은 능동과 수동의 중간 형태라고 판단한다. 그에 의하면, 인간은 추진해가는 존재도 아니고 추진되는 존재도 아니며 능동적으로 행동하는 존재도 아니고 수동적으로 행동되는 존재도 아니다. 그는 이런 실존방식을 미디어적이라고 생각한다. 이러한 안더스의 표현은 인간과 뉴미디어의 불명확한 관계를 파악하는 데 단서를 제공한다.

데카르트에게도 미디어의 문제는 단순하지 않았다. 하르트만은 데카르트가 활동하던 그 시점에 '저자' 개념이 뚜렷이 자리 잡기 시작했고, 이 과정에서 데카르트가 기여한 바도 크다고 보았다. 그 이전의 지적 전통에서는 어떤 사태를 전하고 해설해주는 '주석가'가 중요했던 반면에, 성찰하는 자아가 부각된 데카르트에게 있어서는 자신의 생각을 직접 표현하는 '저자'가 부각되기 시작했기 때문이다. 그런데 이처럼 '저자'의 등장이 가능했던 배경에는 당시에 인쇄문화와 출판이라는 새로운 미디어의 출현이 있었기 때문이라고 지적한다. 즉, 데카르트는 성찰적 자아가 물질적 조건, 세계와의 매개적 조건을 초월한 존재일 것을 제시했으나 실제에 있어서는 미디어의 조건이 그의 근대적인 사유를 가능하게 했다고 할 수 있다.

데카르트의 예를 분석하면서 하르트만은 미디어에 의해 매개된 세계와 존재의 관계를 다음과 같이 파악한다. "우리는 이러한 매개된 세계를 단지 미디어를 통해서만 인식할 수 있고, 그리고 매개된 세계에 대한 우리의 인식도 단지 미디어를 통해서만 전달할 수 있다는 것이 그것이다. …… 인간이 발전시킨 기술은 실질적으로는 인간의 주체적 역할을 약화시키는 데 기여했다. 그리고 그러는 사이에 미디어 연합 상황이 생겨났고 이러한 미디어 연합은 세계와 우리의 세계 인식방식 사이의 관계에 대하여 완전히 새로운 물음을 던지고 있다"(하르트만, 2006: 32). 하르트만의 분석을 감안해서 말한다면, 미디어는 인간이 세계를 인식하는 데 빼놓을 수 없다. 마찬가지로 미디어 자체에 대한 인식에서도 미디어를 배제할 수 없다. 뉴미디어는 뉴미디어를 통해서 주체에게 인식된다. 그렇다면 뉴미디어의 확산이 비롯되는 주체의 인식이나 판단, 선택, 수용 등의 행위 자체가 뉴미디어에 의해 매개되어 있다고 말할 수 있다.

모든 미디어가 인간의 존재론적 조건이라고 할 수 있지만 뉴미디어는 상호작용성 때문에 새로운 차원의 관련성을 보여준다. 뉴미디어가 올드미디어에 비해서 상호작용적 미디어라는 새로운 특징을 갖는다는 점에 대해서는 논란의 여지가 없다. 물론 뉴미디어의 새로움은 상대적이다. 시대에 따라 새로움의 구체적인 의미는 다르고 사회에 따라 다른 외연을 지닌다. 새로운 미디어는 시간과 공간에 따라 늘 달라진다. 그런 점에서 오늘날 뉴미디어로 일컬어지는 대상의 새로움에 대해서도 두 가지 시각이 대립한다. 우선, 스티븐 홀츠만(Steven Holtzman)에게서 볼 수 있는 것처럼 뉴미디어 발전 초기에는 하나의 미디어가 다른 미디어를 차용하는 재목적화가 있지만 이것은 과도기적 단계이고 디지털 세계는 궁극적으로 완전히 새로운 차원을 발견하게 할 것이라고 보는 관점이 있다(홀츠만, 2002). 한편 이와 반대로 볼터와 그루신(2006)은 뉴미디어에 있어서 새로움이란 없으며 굳이 새로움이 있다면 '새 미디어가 기존 미디어를 개조하는 독특한 방식, 또한 기존 미디어가 새로운 미디어의 도전에 대응해 스스로를 개조하는 방식'이라고 말한다. 이들은, 뉴미디어는 전통적 미디어의 여러 기능을 통합해 이를 소통하는 쌍방이 동시에 이용할 수 있도록 발전시킨 재매개의 매체이며 따라서 뉴미디어의 상호적 소통도 근본적으로는 정보 전달에 가깝다고 본다.[3] 그러나 뉴미디어의 새로움을 회의적으로 보는 관점 안에서도 뉴미디어가 스스로를 개조하는 방식, 재매개하는 방식에서 상호작용성의 특징이 두드러짐은 인정한다. 적어도 뉴미디어의 상호작용성이 '새로운' 특징인 것은 분명하다.

뉴미디어의 상호작용성은 어떤 의미인가? 우선 미디어 이용자에게 콘텐츠에 대한 접근을 허용하는 단계에 따라서 상호작용성을 세 가지로 구분해볼 수 있다(박창희, 2003: 20). 첫 번째 단계는 TV를 켜고 끄는 것과 같은 미디어 단순 이용에 접근의 능동성, 두 번째 단계는 콘텐츠를 이용자가 자유롭게 선택하는 것, 마지막 단계는 이용자에 따라서 콘텐츠의 경험이 달라질 수 있고 또 이용자가 콘텐츠를 자유롭게 바꿀 수 있는 저자가 되는 것이다. 이 구분에 비추어 보면 뉴미디어는 이용자가 콘텐츠를 선택하고 경험할 뿐만 아니라 만들고, 처리하고, 전송하는 데 직접적으로 참여할 수 있게 한다는 점에서 상호작용의 모든 단계를 가능하게 한다고 볼 수 있다. 세 번째 단계 상호작용성은 정보의 생산, 수정, 보존, 분배 등에서 양방향성을 담보한다. 올드미디어가 일방적으로 정보를 전달했던 것과는 대조적으로 뉴미디어는 메시지의 생산자와 수용자 간의 흐름이 상호적이며 언제 어디서나 누구나 인터넷이나 웹사이트 등을 통해 디지털 기술로 조작, 네트워크, 상호작용 하는 것이 가능하다(Flew, 2002: 13). 인터넷을 기반으로 하는 TV, 디지털TV, 휴대전화, 팟캐스트, SNS, IPTV, DMB 등 대표적인 뉴미디어의 형태들이 보여주듯이 개인이 직접 주제를 선정하고 지식의 생산과 정보의 교환에 참여하는 것이 얼마든지 가능하다. 개인은 유비쿼터스 네트워크에 접속하고, 컴퓨터 멀티미디어, 다양한 장치들, 운영체제,

---

3 재매개는 새로운 미디어가 기존 미디어 형식들을 개조하는 것을 말한다. 예를 들어 기계복제 시대 대중매체의 대표 주자인 책, 신문과 전기 시대의 라디오, 텔레비전은 여러 가지 형태와 방식으로 재매개화되어 인터넷 사이트로 옮겨진다.

메뉴, 아이콘 등으로 구성된 기술을 기반으로 매스미디어 체제에서는 불가능했었던 미디어의 기술적 이용 주체가 되기 시작했다. 개인형 미디어(personal media)나 생비자(prosumer) 같은 개념도 뉴미디어의 이용자에게서 쉽게 발견할 수 있는 개념이다.

뉴미디어의 상호작용성은 인간의 존재 양식, 그중에서도 인간과 인간 사이의 존재 양식과 관련해 이미 많이 주목받았다. 뉴미디어의 ICT 기반은 양방향적 커뮤니케이션을 가능하게 하여 인간과 인간의 상호작용이 그 어느 때보다 확장되었다는 평가를 받는다. 브로드밴드, 모바일, 와이브로 네트워크 등을 통해 사회적·지리적으로 다르게 위치해 있던 개인들은 자유로운 상호작용과 유동성을 누릴 수 있다. 심지어 뉴미디어 시대에는 확산되는 공동체 형태를 가상공간에서 확인할 수 있다는 관망도 있다. 김예란(2004)은 인터넷을 매개로 한 가상공간은 시공간의 물리적 제약으로부터 상대적으로 자율적인 담론 활동을 통해 사회적 관계가 구성될 수 있는 조건으로서 대중화하고 있다고 본다. 매스미디어에서 억압되고 소외되었던 자신의 이야기들을 표출할 수 있는 공간으로서 가상공간이 활용될 수 있으리라는 대중적 기대가 확산되어 있고, 이것이 가상공동체라는 상상적 공동체가 구성될 수 있는 정서적 토양을 이룬다는 것이다. 개인적 가상공간 사용 방식의 변화, 자기 성찰적 담화 행위의 활성화, 대화코드의 창안 및 공유, 상호적인 친밀관계에 의한 공동체 문화 현상 등이 뉴미디어를 기반으로 더욱 활발해지고 있다는 것이다.

뉴미디어의 상호작용성을 매개로 '전자적 대중'이 형성되었으며 이제는 한국 시민사회의 재편을 주도할 정도로 실제적 위력을 발휘한다는 평가도 있다. 박태순(2008)에 의하면, 산업사회의 원자화된 대중과는 달리 통신기술과 뉴미디어로 네트워크화된 전자적 대중이 '유연 자발 집단'으로, 역동적 시민으로 활동하기 시작했다. 개인 미디어의 인터페이스를 이용해 시민들이 저마다 자신의 지식과 생각, 이미지를 시간과 공간의 제한 없이 표현하는 장이 형성된 것이다. 전통적 미디어가 수많은 사회적·정치적 사건들을 몇몇의 선택된 상징들로 재현하는 재현 커뮤니케이션(representative communication)을 기반으로 '재현 공론장'을 제공했다면, 뉴미디어는 모든 참여자들이 현재적으로 정보를 생산하기도 하고 소비하기도 하고 나아가 정치사회적 의사결정의 주체가 되는 '표현 공론장'을 열었다. 2000년대 이후 한국의 새로운 집회 형태로 자리 잡은 촛불집회가 그 전형적인 사례가 될 수 있다. 2016년 촛불집회에서는 수백만 명이 일제히 스마트폰을 켜고 동영상을 찍고 팟캐스트를 즐기는 장면이 연출되었다. 뉴미디어는 이제 시민의 의식을 규정하는 위력을 갖추게 되었다.

또한 디지털 인프라스트럭처 세계의 가상적 집합체들이 미디어의 기술을 중재 삼아 자발적으로 움직이는 새로운 정치 행위에 주목한 연구도 있다(박태순, 2008에서 재인용). 각 개인들은 디지털 인터페이스를 통해 상호 소통할 수 있는 시공간을 구축하고, 정보의 전달과 소비를 동시에 수행한다. 또한 이 과정을 통해서 포털 사이트의 토론방을 주체적으로 운영하거나 카페, 미니홈피, 블로그를 구축함으로써 개인적 차원의 커뮤니케이션뿐만 아니라 집단적 차원에서 지배적 커뮤니케이션을 주도하는 주체로 자리 잡았다고 보았다.

백욱인(2013)은 소셜미디어와 정치의 관계에 주목하면서 SNS와 스마트폰의 결합으로 대중의 결집 속도와 의제 형성 능력이 빨라졌고 인터넷의 가상공간과 현실의 실제 공간이 서로 결합하게 되었다고 본다. 그에 의하면, 모바일 소셜미디어는 여론을 형성하고 전달하는 새로운 플랫폼을 만들어내고 있다. 그리고 이러한 변화는 기존 정치권의 특징이라 할 수 있는

대의제 정당정치의 영향력을 축소시키는 한편, 무정형 대중이 결집되기도 하고 해산되기도 하는 등 대중 형성에서도 새로운 틀을 만들어낸다. SNS를 중심으로 하는 변화는 시민의 정치 참여 방식과 사회운동 형식을 바꾸어놓고 결국에는 정치 지형을 바꾸어놓을 것으로 내다본다.

유사한 맥락에서 이동후(2009)는 '사이버 대중'의 존재가 등장했음을 지적하고 그 특징을 다음과 같이 정리한다. 첫째, 사이버 대중은 정보의 수정 및 개작, 재조합, 생산, 유통 등에 참여할 수 있게 됨으로써 다양한 차원의 공적 담론의 수용자이자 생산자가 된다. 전문 미디어 제작자가 생산하고 편집한 미디어 콘텐츠에서부터 이용자가 생산하고 편집한 UGC(user-generated content)와 UFC(user-filtered content)에 이르기까지 수많은 콘텐츠가 유통되고 이용자는 실시간, 또는 자신이 원하는 시간에 이러한 내용을 접하며 스스로의 수용 과정을 재구성할 수 있다. 기존 매스미디어 담론의 생산이 소수의 엘리트에 의해 이루어지고 불특정 대중에 대한 소구력을 고려한 '편집' 절차를 가졌다면, 인터넷 환경에서는 일반 개인이 공적 담론 생산에 손쉽게 참여할 수 있고 유통할 수 있다.

둘째, 사이버 대중은 물리적·신체적 접근성 없이도 언어적 행위를 통해 만나고 교류하면서 자신의 지리적 위치에 상관없이 자신과 타인의 생각이나 표현물을 공유하고 공통된 관심사나 유대감을 형성할 수 있다. 오프라인 세계에서는 종종 사회제도의 규범적 위계질서나 정보 체계가 현실의 공론화 방식이나 공적 담론에 대한 접근성에 영향을 미쳐온 반면, 온라인 세계에서는 나이나 성, 사회적 지위에 상관없이 인터넷 활용이 가능하다면 누구나 각종 공적 담론이 전개되는 현장에 손쉽게 관여할 수 있다.

네트워크 커뮤니케이션의 지속성, 자기표현과 정체성을 나타내는 텍스트의 검색 가능성, 표현물의 복사 가능성, 수용자의 비가시성 등에 따라 사이버 대중은 물리적 상황이나 시간을 함께 해야 한다는 제약에 큰 구애를 받지 않고 다양한 범위의 사람들과 표현물을 공유하며 '낯선 이들과의 관계'를 형성할 수 있다.

셋째, 인터넷의 탈중심적인 네트워크를 통해 다양한 하위 문화적 담론 및 비공식적 정보가 주류 담론 및 공식적 정보와 함께 유통될 수 있다. 기존 공적 공간에서 주변화되었고 비가시적이었던 사회집단이 사이버 대중의 일원으로 부상하고, 이들의 생각, 느낌, 혹은 미학적 취향을 반영하는 담론이 여타의 공적 담론과 수평적으로 공존할 수 있다.

뉴미디어에 의한 일련의 변화는 부인할 수 없이 뚜렷하다. 전자적 대중과 사이버 공동체의 출현, 메시지의 생산과 소비를 겸하는 생비자의 등장, 사이버 공동체의 구체화, 개인 미디어를 통한 사회적·정치적 의제 형성 등을 통해 뉴미디어는 커뮤니케이션의 지형을 바꾸어놓고 있음은 분명하거니와 그 어느 때보다 커뮤니케이션에서 인간의 주체적 역할을 부각시키고 있다는 것도 사실이다. 그렇기 때문에 뉴미디어야말로 자기 스스로를 규정하는 데카르트적 자아의 커뮤니케이션에 어울리는 조건이며 뉴미디어 확산이 그러한 자아 행위 결과의 축적이나 확대라고 보는 것은 무리가 없어 보인다. 이러한 맥락에서 볼 때 이제까지 뉴미디어의 확산을 탐구하며 주체로서의 인간관을 기반으로 하는 이론적 모델들을 활용했다는 점이 크게 무리가 없는 접근 방법이라고 여겨지기도 한다.

그러나 이러한 평가는 아직 신중한 검토를 요한다. 우선 적어도 두 가지 고려할 사항이 있다. 우선 뉴미디어가 개인의 능동적이고 적극적인 행위를 가능하게 하는 조건인지, 아니면 오히려 시공간을 초월한 유비쿼터스적인 네트워크가 오히려 개인의 주체적 위치를 박탈해버리는 조건인지 논란의 여지가 있다.

뉴미디어는 이용자의 소통을 풍부하게 하면서 역설적으로 그 소통 때문에 소통 당사자들을 바로 그 소통의 원천으로부터 소외시킨다는 지적도 고려해야 한다. 이승종(2008)은 뉴미디어 시대의 풍부한 소통에도 불구하고 소통 당사자들은 고독에 빠져 있는 아이러니를 주장하면서, 그 까닭은 실제로 소통되는 것은 조작 가능한 이미지와 언어뿐이며 이는 소통 당사자들의 삶으로부터 탈맥락화되어 있는 경우가 많기 때문이라고 말한다. 인간이 지향하는 소통이란 정보를 주고받는 것을 넘어서서 인간 사이의 인정과 이해이다. 근본적으로 소통은 이러한 정서적 차원의 동기에 근거해 있다. 그리고 정서적 차원의 인정과 이해는 이미지와 언어뿐 아니라 소통 당사자의 눈빛, 낯빛, 몸짓 그리고 소통의 장소를 감싸는 분위기 등에 크게 의존한다. 이러한 신체적·맥락적 요소를 원천적으로 소외시킨 상태에서 뉴미디어에만 의존한다면 소통은 정보 전달이나 의사 전달 수준을 벗어나지 못한다.

뉴미디어를 통해 얻을 수 있는 정보는 그 어느 때보다 풍성해지고 있다. 그러나 정작 뉴미디어가 재현하는 정보를 대하는 인간의 태도는 그것을 바라보고 묘사하는 관찰자 시점에 머무르는 경우가 대부분이다. 관찰자에서 한 걸음 벗어나 정보를 성찰하고 비판하는 주관자 시점으로 이행하는 경우도 있다. 그러나 그 경우에도 뉴미디어가 전해주는 정보가 직접 인간의 소통 대상이 되지는 않는다. 예컨대 친구가 보내오는 문자, 이메일, 카카오톡 등의 메시지는 결코 그 친구일 수는 없다. 메시지는 일정한 목적으로 만들어지고 그 목적을 수행하는 기능을 할 뿐이다. 메시지의 교환은 신속한 정보의 교류에 어울리는 개념이며 인간 사이에 상호이해를 도모하는 진정한 의사소통의 대상은 아니다(Myerson, 2001).

더구나 뉴미디어는 손끝만으로도 무한한 정보에 접속할 수 있는 가능성을 열어주었지만, 이런 접속은 선택사항이 아니라 도발적 요청에 가깝다. 언제 어디서나 무한대의 메시지를 전달하는 스마트폰은 소통의 도구나 수단을 넘어서 우리의 의지를 시험하고 삶을 교란시킨다는 것이다.

첨단 테크놀로지와 그것에 기초한 기술 시스템은 무한대로 확장되고 있으며 그 영향은 일상생활에도 깊숙이 스며든다. 데이터, 음성, 비디오, 유·무선 인터넷, 광통신망을 통합한 네트워크가 등장하고 있으며 앞으로도 계속 새로워질 것이다. 이렇게 새로운 네트워크는 소통 양식과 그 사회적 성격도 바꾸어놓는다. 오늘날 뉴미디어에 기반을 둔 네트워크는 시공간의 간격을 제거하여 매개하는 효과가 있기 때문에 서로 전혀 모르는 사람들끼리도 손쉽게 접속하고 관계 맺을 수 있게 한다. 그러나 한편, 뉴미디어는 인간의 면대면(face-to-face) 관계는 양적으로 위축시키고 질적으로는 저하시키는 현상을 초래한다. 인간관계를 맺는 방법은 복합적으로 바뀌고 있으며 사회화 과정도 새로워지고 있다.

얀 판 다이크(Jan van Dijk, 2002)는 "네트워크 사회에 사는 사람들은 매개 커뮤니케이션과 면대면 커뮤니케이션에 의해 제공되는 여러 가지 인상(印象)과 관계를 정신적으로 통합하는 방법을 배워야만 할 것"이고 그렇지 않을 경우에는 "그들은 그들의 조각화된 경험적 환경과 기술적 환경에 의해 상처를 입은 비극적 인성을 가지게 될 것"이라고 경고한다. 친밀감이 증대되기보다는 오히려 그것이 약화되거나 점점 피상적인 관계로 전락하고 있다. 네트워크에는 시공간의 장벽을 무너뜨림으로써 인간의 관계 맺음을 신속하고 편리하게 해주는 이로움과 동시에 그 안에 비진리와 악이 서식하고 여과 없이 유통되어 인간정신의 위험과 파멸을 초래하며 진정한 관계 맺음을 불가능하게 만드는 해로움이 공존한다는 것이다.

다음으로 뉴미디어 확산과 관련해 좀 더 핵심적인 논제가 등장한다. 즉,

뉴미디어 확산과 성찰하는 자아의 뉴미디어 채택 행위를 인과관계, 혹은 적어도 선후 관계라고만 파악하기 어렵다는 문제이다. 말하자면 데카르트적 자아가 판단하고 채택해 뉴미디어가 광범위하게 확산되고 있기보다는 뉴미디어가 이미 인간 사유의 조건으로 주어져 있다고 볼 여지도 있다. 인간이 뉴미디어를 필요로 해서 고안해냈고, 또 뉴미디어의 유용성을 고려해 스스로 선택한다는 관계 설정은 뉴미디어의 상호작용이라는 특징을 다소 단순하게 해석한 결과다. 마치 데카르트가 자아 사유의 물질적 조건을 부정함으로써 명철하고 합리적인 근대적 자아를 만들어냈음에도 물질세계로 이어지는 미디어를 어떤 식으로든 다시 규정할 수밖에 없었던 것처럼, 뉴미디어와 인간 주체의 관계에 대한 존재론적 재구성을 필요로 한다.

우선 존재 일반론에서 인식 주체의 독립성과 자율성에 대한 의문을 제기한 박이문의 지적을 살펴보자. 그는 '나'의 존재마저도 네트워크 속의 타자들을 통해서만 비로소 자신의 정체성을 획득할 수 있게 된다고 본다(박이문, 1996). 개체 혹은 개인도 공동체적 네트워크의 존재를 기반으로 할 때 비로소 가능한 개념이라는 것이다. 특히 현대 첨단 학문은 자율적이고 독립적인 주체로 인식되어온 개인을 그가 속한 네트워크의 한 '잠정적 터미널'이라고 밝히기도 한다. 예컨대 현대 생화학, 뇌신경과학, 두뇌공학은 자율적 존재라고만 믿어왔던 '나'라는 인식 주체가 실제로는 의식이나 행동의 자율적 주체가 아니라, 다양한 통신망의 한 잠정적 터미널에 지나지 않음을 보여주기도 한다는 것이다(박이문, 1996: 22). 이렇게 본다면 인간 주체가 뉴미디어의 수용을 선택함으로써 뉴미디어가 확산되는 것이 아니라 이미 광범위하게 확산되어 있는 뉴미디어의 조건이 인간으로 하여금 선택하도록 이끌어낸다고 볼 수도 있다.

구체적으로 뉴미디어 확산과 관련해 유사한 비판이 제기되기도 했다.

뉴미디어가 제공하는 이미지의 홍수에 대해 간편하게 복제할 수 있는 이미지들은 과거에 주체가 대상에게 의미를 부여하는 방식을 걷어내고 대상을 그저 복제의 대상으로만 만든다는 지적이 제기된다. 문자 미디어를 통한 사유나 비판과는 달리 뉴미디어에 의한 이미지 중심의 사유는 즉물적이고 일방적인 성격을 갖기 때문이라는 것이다. 미디어 형식이 이미지 중심으로 변화한다는 것은 단지 메시지를 전달하기 위한 수단이 바뀐 것만을 의미하지 않는다. 뉴미디어가 활발하게 전달하는 수많은 메시지에 의해 주체는 더 이상 대상 세계를 인식하고 규정하는 초월적 지위를 잃고 대상 세계의 힘에 이끌려 움직이는 물질의 수동적인 계기 가운데 하나가 되고 만다.

이 지점에서 매클루언이 미디어에서 가장 근본적인 문제는 미디어가 어떻게 사용되는가가 아니라 미디어의 형식 자체가 지닌 의미라고 보았던 것이 새삼 의미심장하다. 그에 의하면, 모든 미디어는 메시지를 전달하는 수단이자 동시에 메시지를 자신의 고유한 방식으로 가공하는 형식이기도 하다. 미디어는 인간이 정보를 만들고 대상에 대한 인식을 갖기 위해 필요한 의사소통의 체계이다. 그러므로 미디어의 차이는 주체가 메시지를 전달하기 위해 선택하는 수단의 차이가 아니라 인식 틀의 차이이고, 미디어의 변화는 의사소통 체계와 상호 의존성의 양식의 변화를 말한다.

이렇게 본다면 푸코(Michel Foucault)의 지적처럼 공간을 둘러싼 담론은 단순한 분석적 구조물에 대한 담화가 아니라 그것들과 연결된 경험적 실재만큼이나 직접적으로 물리적 실천을 생산하고 형태화하는 생산적 지식의 형태를 띠게 된다. 그리하여 담론의 물질성과 경험성, 가상 경험의 물질성은 결국 새로운 형태의 현실적 시공간을 구성한다.

주의할 점은 이러한 시공간은 순수 과학적 대상이 아니라는 것이다. 르페브르(2001: 11~23)의 표현을 빌리자면, '기술 합리성의 이데올로기와 관료주의적 통제'와 같은 정치적 양태를 가지고 전략적으로 작동한다는 점이다. 디지털 미디어 및 네트워크 이용자들은 다양한 것을 경험한다. 예를 들면, 디지털 인터페이스를 통해 디지털 아트, 포털, 사진자료, 시각화된 데이터 그리고 다양한 상징들에 접근하며 각각의 다른 방식으로 보고, 해석하고, 의미를 부여하고, 깨닫는 것과 같은 인식 활동을 통해 이데올로기적·정치적 시공간을 활용한다.

그렇다면 뉴미디어의 확산이 인간이 주체가 된 현상이라고 볼 것인가? 아니면 뉴미디어로의 변화가 인식과 의사소통의 체계를 변형시키고 있다고 볼 것인가? 이는 어느 쪽이 먼저인가, 혹은 어느 쪽의 영향력이 큰가를 묻는 경험적 분석으로는 해결될 수 없는 질문이다. 어떤 객관적이고 과학적인 분석도 모종의 연구 설계를 필요로 하며 설계는 필연적으로 뉴미디어와 인간의 관계에 대한 시각을 반영한다.

뉴미디어의 상호작용성과 관련해 최근의 변화를 살펴보자. 스마트폰을 더욱 발전시킨 '포스트 스마트폰' 시대에 '구글 글래스', '스마트워치' 등의 디지털 제품은 그 자체가 독자적인 기기로 존재하는 것이 아니라 직접 인체로부터 정보를 습득하고 사용할 수 있도록 변화하고 있다. 원래 청각 장애인을 위해 개발된 구글 글래스의 경우에는 말소리를 글자로 변환시켜 알려주는데 이를 위해서 안구감지센서, 카메라, 스피커, 마이크, GPS를 갖추고 인간 신체의 시스템과 디지털 시스템이 서로 정보를 교환하도록 되어 있다. '피지컬 컴퓨팅(physicial computing)'은 디지털 제품이 센서와 네트워크를 기반으로 인간 신체와 상호작용하여 감각, 표현, 사고의 기능까지 수행하도록 확대되고 있다(O' Sullivan and Igoe, 2008). 사물인터넷은 센서를 갖춘 사물들이 서로 연결되어 각각의 사물들이 제공하던 가치 이상의 새로운 것을 제공한다(김학용, 2014: 5). 사물인터넷은 컴퓨터를 매개로 한 다양한 전자기기들이 인간 개입 없이도 상호작용하면서 주체적으로 행동하는 단계를 선보인다. 뉴미디어 기기들은 이제 뉴미디어의 상호작용성이 얼마나 다양한 차원으로 확대되고 있는가를 보여준다. 뉴미디어를 기존 매체와 구분시켜 주던 특징으로서의 상호작용은 인간과 인간의 상호작용을 넘어서서 인간과 미디어의 상호작용, 더 나아가 미디어 간의 상호작용으로 다양화되고 있다.

기기와 기기의 자율적인 상호작용을 실현하는 사물인터넷은 시사하는 바가 크다. 인간이 호모 사피엔스에서 시작해 행동하는 인간으로, 이윽고 사회적 인간으로 진화한 것과 마찬가지의 진화 과정을 사물인터넷에서 예상해볼 수 있기 때문이다. 현재로서는 사물인터넷이 '생각하는 객체(res sapiens-smart object)'이지만 앞으로 '행동하는 객체(res agents-acting object)' 그리고 '사회적 객체(res socialis-social object)'까지 변모하는 과정을 생각해볼 수 있기 때문이다(이호형 외, 2015). 생각하는 객체인 스마트 사물들이 분산적으로 존재하다가 외부 시스템과의 상호작용성(interoerability)을 갖추어 통합적인 스마트 시스템으로 발전할 수 있다. 그다음 단계는 스마트 시스템을 바탕으로 사물과 사물, 혹은 사물과 인간의 상호작용이 이루어지면서 '유사 사회적 행위(pseudo-social behavior)'를 하는 행동하는 객체이다. 마지막으로 사물들이 자율적으로 사물들 사이의 소셜네트워크를 구축하고 상호 협력하는 사회적 객체 단계에 이른다.

미디어의 '사회적 객체'로의 진입을 목격하는 오늘날, 인간을 주체로 놓고 뉴미디어를 인간 행위의 객체에 놓는 선형적이고 인과적인 체계를 적용해 뉴미디어 확산을 이해하는 것은 단순화된 이해 방식이다. 인공지능의 개척자인 앨런 튜링(Alan Turing)이 이미 오래전에 사물과 기술은 인간의 소통 수단이 아니라 의사소통적 상호작용의 참여자라고 주장했듯이, 이 시점에서 필요한 것은 뉴미디어와 인간의 관계에 대한 비선형적이고 비인과적인 시각을 모색하는 시도이다.

그러나 새로운 존재론을 모색한다고 해서, 뉴미디어가 인간에게 심대한 영향을 미친다는 단순한 결론으로의 선회를 뜻하는 것은 아니다. 이는 모종의 기술결정론으로 또 다른 단순화된 시각일 수 있다.[4] 그뿐만 아니라 근대적인 기계 개념으로 뉴미디어를 바라보는 방식도 한계가 있다. 기존의 기술론에서 기술 자체의 의미가 아니라 기술 사용의 의미를 중요하게 여겼던 것과 마찬가지로 미디어 자체보다는 미디어 사용의 문제로 보는 것이다. 마치 '현대과학의 산물들은 그 자체만으로는 선하지도 악하지도 않으며 그 가치는 사람들이 그것을 사용하는 방식에 의해서 결정된다'는 식의 주장과 같다.

뉴미디어가 곧 기술을 의미하는 것은 아니다. 기술은 뉴미디어를 새롭게 만드는 중요한 특징을 파악하는 맥락에서 프랑스의 철학자 질베르 시몽동(Gilbert Simondon)의 기술철학이 주목할 만하다. 그는 1960년대에 활동했지만 오늘날의 현란한 정보통신기술을 장착하고 인간의 삶에 깊숙이 스며든 뉴미디어를 어떤 시각에서 바라보아야 할 것인가에 대해서도 선구자적인 논의를 전개한 바 있기 때문이다. 사물인터넷, 클라우드 컴퓨팅, 사이버네틱스, N스크린 등 기계와 기계, 인간과 인간, 인간과 기계의 관계

---

4 미국 기술철학자 랭던 위너(Langdon Winner)에 의하면, 기술결정론의 특징은 첫째, 한 사회의 기술적 기반이 사회적 존재의 모든 유형에 영향을 미치는 근본적 조건이라고 보는 것, 둘째, 기술상의 변화가 사회 변화의 가장 중요하고도 단일한 원천이라고 보는 것이다(위너, 2000).

가 동시다발적이고 다차원적으로 확장되는 상황에서 시몽동은 기술과 인간의 관계에 대한 균형 잡힌 시각을 제안한다.

시몽동은 기술이 인간의 도구이거나 노예라는 관점에서 탈피해 기계라는 낯선 존재자, 인정받지 못하고 물질화되고 제어된 존재자를 제대로 드러내는 데 초점을 맞춘다. 실제로 시몽동의 지적과 같이 기술에 대한 고전적인 관점은 기술이 인간의 의도나 목적을 실현하는 수단이며 인간의 통제를 받는 대상이라는 것이었고 현대의 관점은 기술이 자동화를 통해 인간으로부터 독립성을 가지기 시작했음을 인정하면서도 기술이 반(反)인간화 경향을 띤다고 비판하는 것이었다. 예컨대 자크 엘룰(Jacques Ellul)은 현대 기술의 특징을 기술 선택의 자동성, 자기 확장성, 일원주의, 개별 기술의 필연적 결합, 보편성, 자율성이라고 보면서 이제 기술은 전 지구적이고 누구나 받아들여야 하는 것이며 그 앞에서 인간이 무력해질 것이라고 말한다(엘룰, 1996: 20~29). 또한 하이데거에 의하면, 과거에 기술은 감추어져 있던 존재자들의 관계를 드러나게 만드는 탈은폐의 방식이었으나, 오늘날에는 인간을 포함한 모든 존재자들을 대체 가능한 부품으로 만드는 '몰아세움(Ge-sell)'이다(Heidegger, 1993). 예컨대 과거에 강을 가로지르는 다리는 양쪽 강둑의 의미를 드러나게 하고 강 이편과 저편의 마을을 이웃으로 만들었다. 그러나 오늘날 라인 강변에 세워진 수력 댐은 라인 강물을 오로지 전기 만드는 재료로 만들 뿐이다. 그럼에도 불구하고 인간은 스스로를 기술의 주체로 생각하면서 기술의 비인간화에 스스로 동조하는 것이 더 큰 위험이라고 지적한다.

이에 비하여 시몽동은 인간 중심적이고 인간 지배적인 기술이해를 넘어서 인간과 기계가 동등한 위상으로 만날 수 있는 존재론적 가능성을 모색한다. 그는 기술-인간의 관계를 주체-객체의 단순한 관계로 보지 않고,

기술은 인간의 동등한 협력자이고 기술적 활동은 인간사회를 소통하고 상호 협력하도록 조절할 수 있는 문화적 매개자라고 본다. 인간과 기계의 관계를 지배와 피지배의 관계로 보는 것이 아니라 상호 협력적 공존으로 바라보는 이 기술론은 오늘날 새로운 기술을 장착한 뉴미디어를 어떻게 바라볼 것인가를 규정하는 데 있어서 새로운 단서를 제공한다.

시몽동의 기술론은 그의 '관계적 존재론'과 '개체화(L'Individuation)' 개념에 기초를 두고 있다. 먼저 '관계적 존재론'을 보자. 일반적으로 우리는 존재자들이 주어져 있고 그다음에 그 존재자들의 관계를 고찰할 수 있다고 생각한다. 그러나 시몽동에 의하면 관계를 맺고 있는 그 존재자들은 이미 그 자체가 어떤 관계의 효과이자 산물이다. 그가 보기에 관계는 존재의 양상이며, 관계는 그 관계가 존재를 보장하는 항들과 동시적이다(김재희, 2016: 32에서 재인용). 그는, 존재자는 처음부터 자기동일성과 고정 불변성을 지닌 어떤 것으로 주어져 있는 것이 아니라 여러 관계 속에서 서서히 그런 형태로 '개체화'하는 발생적이며 관계적 실재라고 본다. 그에 의하면 철학적 입장들은 원래 개체의 기원과 생성 과정을 설명하기 위해 도입된 것임에도 개체를 이미 이루어진 것, 주어진 것으로 생각하고 있다는 한계가 있다.

특히 그는 기술을 논하는 데 있어서 중요한 패러다임이 되어왔던 질료-형상의 관계에 대해 비판적이다. '형상'의 자리에 인간, 주인, 혹은 지배자를 놓고, '질료'의 자리에 노예, 자연, 피지배자를 놓는 방식으로 기술을 바라보면 안 된다는 것이다. 실제로 질료-형상의 관계는 상호작용적인 개체화의 과정이라는 것이다. 예를 들어 점토(질료)를 틀(형상)에 집어넣어 직육면체의 벽돌(개체)이 되어가는 과정을 생각해보자. 점토는 아무런 힘도 없는 것이 아니라 이미 벽돌이 될 수 있는 어떤 성질을 지닌 질료이고, 틀 역시 점토를 품어서 벽돌로 만들어낼 수 있는 질료들로 이루어진 어떤 것이다. 벽돌을 만들기 위해서는 모래가 아닌 점토가 필요하다는 점에서 점토는 이미 그 안에 벽돌이 될 수 있는 형상의 원리를 가지고 있다. 모래는 벽돌이 될 수 없고 그런 점에서 점토는 형상적인 질료이다. 그리고 틀은 점토를 견뎌내어 직육면체의 틀을 부과하기 위해서는 거기에 합당한 질료로 짜여 있어야 한다는 점에서 질료적인 형상이다. 또한 틀은 자신의 형상을 점토에게 적극적으로 집어넣는 것이 아니라 점토가 벽돌의 모양을 갖출 수 있도록 점토의 형상적 성질을 제한하고 안정화하는 기능을 한다.

시몽동(2001)은 형상과 질료라는 개념을 현대 물리학적 아이디어로 대체해 '잠재 에너지', '시스템', '상전이(déphasage)'등을 도입한다. 질료는 무엇인가로 만들어지기 위해 힘없이 기다리는 어떤 것이 아니라 잠재적 에너지로 가득 찬 준안정적인 전(前)개체적(préindividual) 실재이며, 개체를 생성하기 위해 서로 조절되어야 하는 잠재적 가능성을 가진 '에너지'라고 본다. 개체화란 이러한 '잠재 에너지를 현실화하면서 일어나는 질료와 형상 사이의 공동의 에너지 교환작용'이다.

시몽동 기술론의 초점은 인간 주체와 기술을 각각 규명하는 데 있는 것이 아니라 주체-대상의 관계, 인간-기술의 관계 자체가 어떻게 발생하는가에 초점을 맞춘다. 전통적인 형상-질료와는 달리 시몽동의 근본적인 전제는 '모든 시스템의 준안정성과 상전이에 따른 발생적 생성'에 있다. 시스템이란 변화의 원동력을 내포한 준안정적인 것이며, 그렇기 때문에 안정된 평형 상태에 도달하기 위해 끊임없이 새로운 구조화를 발생시키며 상전이를 할 수밖에 없다.

그는 '주체와 대상은 동일한 원초적 실재에서 비롯'한다고 본다. 여기서 원초적 실재란 근원적인 자연이다. 기술과 인간은 양자 모두 '전개체적(前

個體的) 실재(réalité préindividuelle)'로부터 개체화를 통해 동시에 발생한다고 본다. 말하자면 단일한 실재가 두 항으로 분열하면서 주체와 대상이라는 관계 구조로 변한 것이다. 대상의 존재 조건이나 인식 가능성을 주체에게서가 아니라 주체 이전의 발생적 과정과 생성 조건에서 찾는다는 데 있다. 즉, 시몽동이 말하는 기술적 대상(objet technique)은 인식 주체에 의해 표상되는 인식론적 의미에서의 대상도 아니고 인식 주체에 의해 의미 부여가 된다고 말하는 현상학적 의미의 대상도 아니다.

시몽동에 의하면 기술적 대상은 그 내적 환경(기술적 환경)과 외적 환경(자연적 환경)의 관계 속에서 '추상적인 양태'(구성 요소들의 부정합적인 조합과 분리된 기능들의 복잡한 작동)에서 '구체적인 양태'로 이전한다고 보고 이를 '구체화(concrétisation)'라고 불렀다. 구체화는 인간의 의도, 사회경제적 요인, 상업적 이유 등과는 무관하게 내적 필연성에 따라 구조 변화와 진화의 과정을 거친다. 말하자면 기계는 인간의 의도대로 만들고 통제되는 것이 아니라 기계들 고유의 내적 필연성, 또는 시스템 내부의 내적 필연성에 따라 구조 변화와 진화의 과정을 거치는 것이다. 자연 생명체가 '기관-개체-집단'의 수준을 거쳐 진화하듯이, 기술적 대상들은 '요소-개체-앙상블'의 수준을 거쳐서 구체화한다. '요소'는 개체를 구성하는 부품들의 수준, '개체'는 자신의 연합 환경과 순환적인 인과관계를 이루면서 독자적인 기능과 단일성을 갖추게 된 기계들의 수준, 기술적 개체들이 집단적 연결망을 이루는 공장이나 실험실 수준이라고 말한다. 생명체는 요소들이 개체로부터 분리될 수 없지만, 기술적 대상들의 요소들은 분리되어 또 다른 개체를 구성할 수 있다는 차이가 있다. 예를 들어 공장의 생산품은 정해진 용법대로만 구성되지 않고 새로운 발명의 계기가 될 수 있다. 기술적 '앙상블'에서 기술성을 띤 '요소'들이 분리될 수 있고, 이 '요소'들의 새로운 관계 맺음에서 새로운 '개체'가 발명될 수 있으며, 이 '개체'들의 새로운 관계 맺음을 통해서 새로운 기술적 '앙상블'이 형성될 수 있다. 기술성은 이처럼 앙상블에서 요소로, 요소에서 다시 개체로, 개체에서 다시 앙상블로 개선을 이룬다. 이런 개선은 '불연속적이고 주요한 개선'과 '연속적이고 부수적인 개선'의 두 가지 방식으로 이루어진다. 시몽동은 전자가 진정한 진화의 계기라고 보았다.

문제는 시몽동의 기술적 대상들의 자율성이다. 그는 기술적 요소들이나 기계들은 내적 비결정성은 있지만 스스로 문제를 제기하고 제기된 문제를 해결하기 위해 자신을 변화시키는 자발적 역량이 있다고는 보지 않는다. 따라서 인간이 기술적 요소들이나 기계들의 상호 정보를 소통시켜주고 기술적 작동을 새롭게 구조화하는 발명가이자 '조정자'로서 역할을 한다고 본다. 마치 오케스트라와 지휘자처럼 서로 기능은 다르지만 기계와 인간은 상호 협력적 관계이다.

> 인간의 진정한 본성은 연장들의 운반자, 그래서 기계의 경쟁자가 아니라 기술적 대상들의 발명가이며 앙상블 안에 있는 기계들 사이의 양립 가능성의 문제를 해결할 수 있는 생명체다. 기계들의 수준에서, 기계들 사이에서, 인간은 그 기계들을 조정하고 그것들의 상호관계를 조직화한다. 인간은 기계를 다스리기보다는 양립 가능하게 만들며, 정보를 수용할 수 있는 열린 기계의 작동이 내포되어 있는 비결정성의 여지에 개입해 기계로부터 기계로 정보를 번역해주고 전달해주는 자다. 인간은 기계들 사이의 정보 교환이 갖는 의미작용을 구축한다. 인간이 기술적 대상에 대해 갖는 적합한 관계 맺음은 생명체와 비생명체 사이의 접속으로 파악되어야만 한다(시몽동, 2011: 385).

시몽동의 인간과 기계 앙상블은 인간과 기계의 본질적 차이를 인정하되, 상호 협력적이고 평등한 관계를 보여준다. 앙상블의 수준이 높아질수록 인간-자연의 관계, 인간-인간의 관계를 더욱 밀접하게 매개된다. 이런 관점에서 본다면 뉴미디어의 기술적 앙상블은, 뉴미디어적 기계의 사용자가 모두 기계의 조정자, 발명자인 관계를 예상해볼 수 있다.

같은 맥락에서 그가 말하는 기술적 대상의 개체화 과정도 기계-인간의 관계를 밀접하고도 유연하게 열린 관계로 해석할 가능성을 열어준다. 즉, 기술적 존재는 처음에는 인공적으로 만들어졌지만 차츰 자연물에 가까울 정도로 구체화하면서 처음 만들었던 제작자를 떠나서 자유롭게 돌아다니는 개체성을 띤다. 부모가 아이를 낳았지만 아이가 자라면서 부모로부터 독립하는 것과 같다. 기술적 존재는 구체화되면서 개체성을 띠고 자유롭게 돌아다니며 다른 존재자들과 관계를 맺는다. 뉴미디어의 기술은 인간에 의해 시작되고 만들어지기 시작했지만 어느 순간에는 인간으로부터의 자율성과 독립성을 획득해 자체의 존재 논리를 가질 수 있다. 예를 들어 뉴미디어 디지털 기술에 의존하는 가장 인기 있고 영향력 있는 플랫폼인 페이스북을 보자. 누군가 페이스북을 특정 방식으로 제어할 수 있다고는 상상하기 어려우며 차라리 자체의 생존 방식을 가지고 있다고 볼 수 있다. 그러나 그렇다고 해서 페이스북이 인간의 개입을 전적으로 배제하고 있는 것은 아니다. 엄밀히 말하면 페이스북은 인간과의 관계에 의해서, 또 인간과 인간의 관계에 의해서 존재한다. 지극히 관계적 대상이다. 이런 점에서 "기술적 존재는 자신의 내적 조작들(자기에 대한 관계) 그리고 유기체와 환경 사이의 관계(세계에 대한 관계)를 조정하면서 하나의 대상(objet)이 된다. 기술적 존재는 인간에 대한 그리고 세계에 대한 관계를 개체화하면서 스스로를 대상화(objectivation)한다"라는 시몽동의 말이 의미가 있다.

기술적 대상이 단숨에 완성되지 않는다는 점 역시 뉴미디어 확산에서 의미가 있다. 뉴미디어라는 기술적 대상은 처음부터 자기동일성을 지니지 않는다. 디지털 기술은 안팎의 관계망에서 생성, 구체화하며 계속 조정되어가고 만들어지는데 이 과정 자체가 확산이다. 뉴미디어와 인간은 그 실체가 미리 주어져 있고 그다음에 서로 관계를 맺는 것이 아니라, 동일한 원천으로부터 발생해 서로 관계를 맺으면서 주체화하고 대상화한다. 그래서 이 관계는 유동적이며 발생적이다. 인간이 기계에 참여함으로써 자연과 구조화된 세계를 구축할 수 있게 해주는 '비결정적인 작동의 여지'가 있다.[5] 이렇게 보면 뉴미디어의 확산은 자기동일성을 지닌 대상이 인간에 의해 일방적으로 개발되고 그다음에 채택되는 과정이 아니다. 그렇다고 뉴미디어에 의한 테크노크라시의 확장 과정도 아니다. 뉴미디어 확산은 뉴미디어와 인간의 관계의 생성이자 구체화, 대상화의 과정이다.

시몽동은 인간-기술의 관계뿐만 아니라 기술적 활동을 통해 소통할 때 인간과 인간 관계의 상호 협력과 평등도 가능한 것으로 본다. 사이버 공동체, 전자 대중, 전 지구적인 담론 등의 가능성도 이 관점에서 해석해볼 수 있다. 그에 따르면, '인간이 인간을 만날 때 어떤 계급의 구성원으로서가 아니라 자신의 활동과 동질적인 기술적 대상 안에서 자신을 표현하는 존재자로서 만날 수 있는 그런 기술적 조직화의 수준이란, 바로 주어져 있는 사회적인 것과 개체 상호적인 것을 초월하는 집단적인 것의 수준'이다(시몽동, 2011: 362).

5 발생론적 기계 개념은 들뢰즈와 과타리(2014)에게서도 볼 수 있다. 그들에게 기계 개념은 이질적인 요소들로 구성되고 중단, 절단, 고장, 부실 등도 포함한 것, 그래서 언제든 변형될 수 있는 잠정적·우연적 배치물이다.

4. 뉴미디어 경험과 실재

> 편견 없는 눈이라는 것이 있을 수 없듯, 있는 그대로의 컴퓨터라는 것도 없다. 전통적인 예술가는 기존의 문화적 기호, 언어 그리고 재현의 세계라는 필터를 통해 세계를 인식한다. 마찬가지로 뉴미디어의 디자이너나 사용자는 문화적 필터를 통해 컴퓨터에 접근한다. 인간과 컴퓨터 간의 인터페이스는 세계를 다른 방식으로 체계화한다. 이렇게 디지털 데이터에 그것만의 고유한 논리를 적용하고 있는 것이다(마노비치, 2014).

고대 그리스의 철학자 플라톤은 동굴 속의 죄수들이 등장하는 비유를 제시한 바 있다(플라톤, 2007: 7장). '어둡고 깊은 동굴 속에서 오랫동안 살아온 사람들의 조건을 생각해보라. 동굴 안에는 타오르는 불이 있다. 불은 강렬하게 타오르면서 반대편 벽에 그림자를 던진다. 동굴 속 깊은 곳의 사람들은 묶여 있으며 벽과 그림자만 볼 뿐 동굴 입구 쪽에서 움직이는 실제 인물들을 볼 수 없다. 단지 벽 위의 그림자 연극을 볼 수 있을 뿐이다.'

이 동굴의 비유에서, 동굴에 묶여 있는 죄수들은 벽에 비친 그림자가 진짜라고 생각하고 벽에 부딪힌 메아리를 들으면서 이 소리가 원래의 소리라고 생각한다. 그들은 벽에 비친 이미지, 움직임, 소리를 모두 참된 현실이라고 믿는다. 그러다가 만일 누군가가 고개를 돌려 불빛을 바라보도록 강요되었다면 어떻게 될까? 누군가 벽에 있는 그림자가 그림자임을 알아차렸을 때, 그가 벽에 묶여 그림자만 보고 있는 사람들 앞에 갔을 때, 무슨 일이 일어날까? 만일 동굴 밖으로 걸어나가 태양빛 아래 놓인 만물을 보게 되면 어떻게 될까? 만일 그가 동굴로 돌아가 그 안의 죄수들에게 그들이 지금 보고 있는 것이 현실이 전혀 아니라고 말하면 무슨 일이 일어날까?

갑자기 불빛을 바라보면, 더구나 동굴 밖으로 나가 태양을 마주하게 되면 그 죄수는 너무 눈이 부셔 힘들어 할 것이라고 플라톤은 확신했다. 또한 그 죄수는 매우 혼란스러워하면서 이전에 보았던 것이 오히려 지금 그의 눈에 비치는 것보다 더 진실하다고 생각할 것이라고도 보았다.

여기서 플라톤이 말하고자 하는 바는 분명하다. 동굴 속 그림자와 메아리는 마치 진짜 존재하는 것처럼 보이지만 결코 아니라는 경고다. 플라톤은 인간이 일상에서 경험하는 현상계는 불완전한 것들로 가득 차 있는 반면에, 본질의 세계인 이데아계는 완전하고 영원불변한 참된 것, 즉 실재라고 여겼다. 이데아는 인간의 눈으로 볼 수도 없고 손으로 만질 수도 없고 오로지 이성을 통해서만 알 수 있지만 분명히 존재한다고 믿었다. 이렇게 현상계와 이데아계를 구분하는 것은 가치론적 위계질서도 함축한다.

고대 그리스 철학자의 이 비유는 오늘날 뉴미디어 확산과 관련해서도 시사하는 바가 크다. 뉴미디어 확산 모델의 전제는 인간 행위의 대상으로서 뉴미디어가 엄연히 존재한다는 것이다. 뉴미디어를 무엇으로 정의하든 (기술이든, 실천이든, 새로운 아이디어이든) 또 그것을 선택하든 저항하든, 심지어 그 존재 자체를 정확하게 의식하든 의식하지 못하든 행위의 대상은 존재한다고 보아야 한다. 뉴미디어의 확산이라는 현상은 뉴미디어 기기의 보급 확대만을 가리키지 않는다. 뉴미디어를 채택하고 수용하는 것은 뉴미디어 경험의 확대이기도 하다.

아이러니하게도 뉴미디어 경험의 확산이야말로 실재의 의미를 혼란스럽게 만드는 동인이다. 실재(實在, reality)의 정의를 '인식 주체로부터 독립하여 객관적으로 존재한다고 여겨지는 것', 그리고 '표상(表象)을 변화시키는 사물의 배후에 있다고 하는 불변의 실체(實體)'라고 한다면, 그것은 인간에게 동일한 인식의 대상이면서도 의견, 착각, 환상, 허구와는 다른 존재를 가리키는 것이다. 그러나 뉴미디어가 우리에게 제공하는 일련의 경험들이야말로 실재에 대해 새로운 관점을 촉구한다. 인간이 뉴미디어를 통해 얻는 경험은 그 경험의 원천이 될 것이라고 여겨지는 사물 본질과 뚜렷이 구분하기 어렵기 때문이다.

동굴 속의 희미한 불빛 때문에 그림자가 자연스럽게 생긴 것과는 달리 뉴미디어는 매우 적극적으로, 다양한 방식으로 현실과 같아 보이지만 현실이 아닌 것들을 만들어낸다. 뉴미디어를 가능하게 하는 디지털 정보 기술에 의해 현실은 초현실(hyper-reality), 가상현실(virtual-reality), 사이버현실(cyber-reality), 증강현실(augmented reality)을 내놓고 있다. 이 모든 것이 진짜 현실은 아니라면, 현실과 지극히 비슷해 보이고 심지어 현실보다 더 현실 같지만 결코 현실은 아니라고 한다면, 이들은 실재가 아닌가? 그리고 이를 경험하거나 선택하는 인간의 행위는 무엇을 대상으로 한 것인가? 뉴미디어가 제공하는 이 모든 것은 그림자인가, 아니면 그림자의 원본인가, 또 그림자라면 그것은 현실이 아니라 만들어진 현실인가, 만들어진 현실은 현실에 비해 참된 실재가 아닌 것인가? 아니면 현실과 만들어진 현실은 정도의 차이인가? 그리고 뉴미디어 자체는 실재라는 관점에서 볼 때 어떤 의미를 가지며, 뉴미디어의 확산은 인간 행위의 결과인가, 아니면 뉴미디어 자체가 만들어내는 환상인가?

이 절은 이처럼 뉴미디어를 실재라는 관점에서 바라볼 때 발생하는 다양한 차원을 검토하고 그 쟁점을 검토한다. 하르트만은 세계는 항상 매개된 세계이며, 세계 자체는 인간이 자신의 감각을 통해 지각할 수 있는 그러한 형태로는 존재하지 않는다고 말한다. 이 문제의식은 '인간 지위의 상대화 때문에 생겨난 인간주체의 자기애적인 분노와 새로운 확실성을 획득하기 위해 노력하는 모습과 깊은 연관성이 있다. 가상을 꿰뚫어 통찰하는 것이 가능한지가 항상 근본적인 물음'(하르트만, 2008: 32)으로 이어진다.

사실 미디어가 현실과 현실 아닌 것의 구분을 어렵게 만든다는 지적은 새삼스럽지 않다. 특히 매우 비관적으로 미디어의 등장을 바라보는 사례는 쉽게 볼 수 있다. 아날로그 미디어 시대부터 이미 귄터 안더스는 TV라는 매스미디어의 등장이 만들어내는 환상(phantom)이 현실을 지배한다고 비판한 바 있다. TV는 '허구이면서 동시에 사실인 새로운 제3의 세계'를 만들고 인간에게 그의 생물학적 감각으로는 닿을 수 없는 곳의 실재를 매개한다. 이런 이미지들에 대한 경험의 중첩이 인간의 생물학적 감각의 방식에도 영향을 미치고 나아가 세계 이해를 대체하기에 이른다. 즉, 매개된 이미지, 혹은 환상, 혹은 가상이 실재를 지배해버린다는 것이다(심혜련, 2012).

안더스보다 한층 더 암울하게 가상이 실재를 지배하는 미래를 예상한 학자가 비릴리오(Paul Virillio)이다. 그는 실재를 '가속화'의 관점에서 다루는데, 뉴미디어의 발달 과정이 속도에 집착하는 과정이기도 했음을 감안할 때 뉴미디어가 주는 경험에 대해 매우 독특하고도 의미 있는 존재론적 논의를 보여준다. 비릴리오가 만들어낸 용어, '드로몰로지(dromologie)'의 접두어, 'dromos'는 그리스어로 '경주, 달리는 행위, 또는 따라 달리는 트랙' 등을 뜻한다. 드로몰로지는 속도 그 자체보다는 속도로 인해 벌어지는 경주, 경주로 인한 가속화, 그리고 가속화로 인한 미친 듯한 경쟁과 질주를 강조한 개념이다(비릴리오, 2004: 207~271, 289).

그에 의하면, 산업혁명 이후 다양한 속도 기계들(예컨대 철도, 항공, 고속도로 등)이 발달했고 농경사회는 산업사회를 거쳐 정보사회로 변환되었다. 속도를 빠르게 만드는 기계들은 사회적 행위자들의 상호작용(interaction)이 이루어지는 공간과 범위, 형식, 속도, 시간 등에 영향을 미친다. 이윽고 사이버스페이스 시대에 이르면 상호작용의 속도는 실시간의 벽에 부딪힌다. 즉, 전자적 속도로 움직이는 ICT 기반 사회의 상호작용은 농경사회, 혹은 근대 산업사회와는 전혀 다른 차원이다. 상호작용의 시간은 점차 빨라졌다가 이제는 실시간으로 이루어짐으로써, 공간의 차이가 사라진다. 그래서 상호작용의 공간은 전 지구적으로 확대되며 심지어 가상의 공간, 익명의 상대까지 펼쳐진다.

디지털 기술을 기반으로 직접적 커뮤니케이션이 이루어지면서 현지 시간은 더 이상 의미가 없다. 대신 세계 시간이 더할 수 없이 빠른 속도로 사고를 산출하면서 실제 공간을 넘어선다. 비릴리오의 견해에 따르면, 궁극의 가속화는 속도의 한계, 즉 실시간의 한계를 극복하는 것을 의미한다. 뉴미디어의 즉각성은 동시에 언제 어디서나 닿을 수 있는 경험, 즉 동시에 도처에 존재함을 만들어낸다. 공간의 차이도 의미가 없어진다. 그래서 비릴리오는 이러한 속도에 의해, 엄밀히 말하면 매체의 속도에 의해 공간이 소멸되었다고 말한다.

문제는 속도가 인류를 파괴의 역사로 이끌고 있다는 점이다. 그는 "진보를 파괴한 것은 질주학적 진보의 속성인 속도"라고 말한다(2004: 119). 우선 속도에 의한 공간 소멸은 인간관계의 존재 방식을 다르게 만든다. 디지털 유비쿼터스는 현실 공간에 살고 있는 인간을 탈장소화한다. 탈장소화된 공간에 살게 된 인간은 이전과는 전혀 다른 존재 방식으로 살아간다. 여기, 저기의 차이가 없고 늘 현재, 늘 실시간이다. '실시간'이라는 새로운 패러다임과 이에 기초한 '원격현전'이 사적 공간과 공적 공간의 구획도 해체하고 공간의 차이를 없애고 결국은 '공간적 외재성의 망각을 내포하는 종말'로 이끈다(비릴리오, 2004: 20).

또한 시공간의 소멸은 인간 지각의 소멸과 인간 자유의 소멸을 수반한다고 비판한다. 거리가 멀어서 혹은 인간의 지각 능력의 한계로 인해 직접 지각할 수 없는 것을 기계적 매체에 의한 지각으로 대체하는 경우가 늘어나고 있다. 이렇게 매개된 지각에 의한 경험이 많아진다는 것은 인간 감각의 확대처럼 보이지만 사실은 직접 지각의 쇠퇴를 의미한다고 그는 비판한다. 나아가 직접 지각의 쇠퇴는 단지 지각만의 문제가 아니라 주체의 해체를 초래한다고 본다. 모든 것이 가시화되고 또 복합 지각이 등장하는 새로운 지각 과정에서 시각 주체는 급격히 해체되고 시각 주체성의 소멸이 일어난다는 것이다. 실제로 비릴리오가 말하는 주체성의 소멸을 보여주는 경험을 찾아보기는 어렵지 않다. 예를 들어 내비게이션은 인간의 시각과 시각에 의존한 인지 기능을 퇴보시킨다. 내비게이션의 지시에 따라 운전을 하다 보면 여러 번 다닌 경로라고 해도 여전히 낯설게 느껴진다. 말하자면 그 경로의 시각적 특징을 지각하지 못하고 경로를 찾는 인지 능력조차 퇴보된다. 단축키만 누르면 되는 휴대전화는 기억하거나 판단할 필요조차 단축시켜준다.

유사한 맥락에서 가브리엘라 바이만(Gabriel Weimann, 2006)은 매스미디어 시대에 이미 '현실의 재현'이 광범위하게 유통되면서 양자의 차이가 초래되었고 뉴미디어 시대는 한층 간극이 심해지고 있다고 지적한다. 미디어에 의해 소통되는 '현실의 재현'과 실제 '현실'은 다르다. 뉴미디어에 의한 디지털 정보로 구성된 현실의 재현을 경험하는 것과 현실에 대한 직접 경험은 다르다. 왜냐하면 인간이 사태를 직접 경험할 때에는 그 사태를 보는 초점이 자신 안에 내재한 반면, 디지털 정보로 구성한 경험, 예를 들어 사태에 대한 동영상은 이미 다른 초점을 포함하고 있기 때문이다. 동영상을 보는 사람은 동영상의 초점대로 본다. 그 초점은 동영상 제작자에게서 나올 수도 있지만 제작에 동원된 기술에서 나올 수도 있다. 이제 사태는 인간 경험자의 관점에 의해 디지털 정보로 옮겨지는 것이 아니라, 그 코드화에 개입하는 뉴미디어의 관점에 좌우된다. 인간은 뉴미디어를 통해 구성된 언어, 영상, 기타 기호 등을 경험하고 있을 뿐이다. 이런 점에서 뉴미디어 시대에는 현실을 해석하는 주체가 인간이라기보다는 뉴미디어 자체이다. 이승종(2008: 10)의 표현에 의하면 '뉴미디어는 더 이상 매체가 아니라 주체로서 인간을 대신해 자신의 관점에서 의미를 생산하고 유통'한다.

뉴미디어에 의한 인간 주체의 해체에 대한 또 다른 주장을 인공지능과 관련해 제기해볼 수 있다. 인공지능은 '모의(simulation)'와 '실재(reality)'의 경계를 혼란스럽게 만든다. 컴퓨터를 매개로 이루어지는 시뮬레이션은 실재, 의식, 그 밖에 다른 존재자들에 대한 것인데, 그것은 현 존재처럼 보이지만 결코 현 존재가 아니다. 시뮬레이션은 현 존재를 지향하는 도구적 존재자이기 때문에 양자는 존재론적 기반이 다르다. 그러므로 디지털 미디어를 통해서 도구적 존재자가 현 존재를 적극적으로 모색하는 것은 결국 매체를 통해 현 존재에게 영향을 주어 사물들과 다른 관계를 맺을 것을 요구하는 것이다.

안더스는 가상에 의해 지배받는 실재에 대해 경고하고 있고, 비릴리오는 속도에 의한 시공간의 소멸과 매개된 지각에 의한 인간 주체성, 자유의 소멸을 문제시했다면, 보드리야르(Jean Baudrillard)는 아예 실재 자체에 대해 의문을 제기한다. 그는 우리가 실재라고 믿는 것의 가상성을 폭로하고 나아가 가상은 실재가 가상임을 감추기 위한 고도의 전략으로 제시된 것이라고 주장한다.

보드리야르(2012)는 시뮬라르크(simulacre)와 하이퍼리얼(hyperreal)이라는 개념을 중심으로 매개된 실재의 가상성을 설명한다. 가상, 거짓 그림을 가리키는 라틴어 시뮬라크룸에 기원을 둔 시뮬라크르는 시늉, 흉내, 모사라는 뜻이다. 그리고 하이퍼리얼은 실재보다 더 실재 같은 것을 가리킨다.

디지털 미디어 시대에 이미지는 원본을 얼마나 똑같이 흉내 내는가를 기준으로 평가받던 전통적 예술에서의 이미지와는 다르다. 원본이나 실제와 상관없이 자유롭게 변하는 이미지는 매번 본질이 되기 때문이다. 가상과 현실, 가상과 본질, 가상과 진리 사이의 경계는 더 이상 의미가 없다. 이미지와 실재 사이에 놓여 있는 가치론적 위계도 의미가 없다. 그래서 이제 시뮬라르크의 지배를 받는 시대가 도래했다는 것이다.

보드리야르(2012: 12)는 시뮬라크르의 단계를 나누면서 마지막 단계에서 일어나는 시뮬라시옹은 더 이상 영토 그리고 이미지나 기호가 지시하는 대상 또는 어떤 실체의 시뮬라시옹이 아니라고 말한다. 시뮬라크르가 모사하던 대상이나 실체로부터 독립하여 그 자체로 스스로 생명력을 갖게 되었다는 뜻이다. 말하자면 원본 없는 복사본의 등장이다. 실제의 쥐가 아닌 미키마우스가 더 강한 힘을 갖고, 실제의 북극곰보다 광고 속에서 콜라를 마시는 흰곰이 더 익숙해진다. 미키마우스와 콜라를 마시는 흰곰은 이미지이지만 실재를 넘어선다. 마찬가지로 사람도 그 본성보다는 그 이미지가 더 중요해진다. 이를 가리켜 그는 실재의 소멸이라고 보았다. 그가 내다본 세계는 시뮬라크르가 지배하는 세상이고, 그 끝은 실재도 아니면서 더 실재 같은 하이퍼리얼이 지배하는 세계이며 그 세계는 실재의 파멸과 실재 그 자체가 폐허가 되는 세상이다(보드리야르, 2012: 13). 사람의 본성보다 사람의 이미지가 훨씬 중요해졌다. 이처럼 시뮬라크르가 실재를 넘어서면서 실재-가상을 구분하는 형이상학적 담론도 사라진다. "더 이상 그 존재와 그 외양을 나누던 실재와 그 개념을 나누던 거울이 없어졌다"라고 그는 말한다(보드리야르, 2012: 16).

보드리야르는 비관적인 전망에서 그치지 않는다. 그가 강조하는 것은 시뮬라크르가 지배하는 세상이 되었다는 것만이 아니다. 시뮬라크르, 하이퍼리얼은 인간이 현실이나 실재라고 믿었던 것들의 가상성에 대해 이야기하고자 한다. 요컨대 세상은 환상에 불과하며 우리가 실재라고 믿는 것이 사실은 가상인데, 그 가상성을 숨기기 위해 진짜보다 더 진짜처럼 보이는 하이퍼리얼이 사용된다는 것이다.

안더스, 비릴리오, 보드리야르의 논의에 기초해서 본다면 뉴미디어의 확산은 가상-실재의 구분을 모호하게 하거나 심지어 반전시킴으로써 실재에 대한 형이상학적 담론을 무력화하고 주체를 해체한다. 뉴미디어가 확산된다는 것은 뉴미디어를 통한 인간 경험의 확대를 의미하는데, 그러한 경험은 계속되면 될수록 실재의 확실성을 담보하는 것이 아니라 오히려 실재의 조작 가능성, 비결정성을 드러내기 때문이다.

그런데 여기서 시공간의 소멸, 실재의 소멸, 주체의 소멸 등을 단언하게 만드는 논거가 무엇에 있는지 짚어볼 필요가 있다. 물리적 현전, 직접적인 지각이나 경험, 인간 주체의 인식과 자유, 그 어느 것도 흉내 내지 않은 원본, 이런 것들이 실재를 실재로 만드는 근거라면 굳이 뉴미디어가 아니더라도 모든 미디어는 실재의 확실성을 저해한다고 보아야 한다. 예를 들어 동굴 안의 그림자를 생각해보자. 플라톤은 그림자를 원본의 모사라고 여겼지만, 그림자는 그림자의 원본이자 그림자로서 현전이다.

이런 맥락에서 플루서가 던지는 질문, "왜 우리는 '가상'을 불신하는가? 가상이 기만을 한다면, 이 세상에 기만하지 않는 것도 있단 말인가?"라는 반론이 의미가 있다. 그에 의하면, 이 불신은 인간이 고안해낸 세계가 있고, 그 바깥에 인간에게 주어진 세계가 있다는 믿음에서 비롯된다. 주어진 세계가 아니라 인공적으로 만들어진 세계라는 이유는, 인간은 후자를 불신한다는 것이다.

그는 미디어란 말 그대로 인간이 세계를 매개하는 방식이라고 본다. 미디어를 통해서 인간들은 다시 서로를 매개하는데, 미디어의 변화가 인간의 사고 구조를 변화시켰다는 것이다. 그런데 그는 미디어의 변화 과정을 코드 발전의 역사로 파악하는데, 인류 역사를 지배한 세 가지 코드는 그림→문자→기술적 형상을 통해 나간다고 말한다.[6] 20세기에는 그동안 지배적인 코드였던 알파벳이 테크노 그림으로 대체되었고 이를 통해 시공간에 대한 이해가 바뀌고 있다고도 본다. 선형적인 시간의 흐름과 물리적인 공간 중심의 사고는 텍스트와 함께 성장하고 텍스트에 의해 영향을 받은 인간에게만 당연하게 생각된다는 것이다. 그는 기술적 형상, 특히 디지털 이미지를 둘러싼 가상성과 피상성 논쟁에 대해 확고한 입장을 보인다. 이미지를 재평가하고, 디지털 기술에서 비롯된 일련의 디지털 가상에 대한 불신을 반박한다. 그에 의하면 이미지는 의사소통의 수단이나 가상에 불과한 것이 아니라 인간의 감성과 감성적 행위를 규정한다는 점에서 이제는 사물의 가상이 아니라 본질이 되었다고 강조한다. 사물과 이미지 사이에는 어떤 본성상의 차이도 없다. 우리가 이미지를 보고 실재가 아니라고 생각하는 이유는 사물 저편에 본질이 감추어져 있기 때문이 아니라, 단순히 이미지의 밀도가 낮기 때문이라는 것이다. 촘촘할수록 현실적이고 듬성듬성할수록 더 잠재적이라는 것이다. 플루서(2004: 301)는 이를 기초로 인간에 대해서도 "우리는 더 이상 주어진 객관적인 세계의 주체가 아니라, 대안적 세계들의 기획이다. 우리는 예속적인 주체의 위상에서 빠져나와

---

6 그는 전통적인 그림과 기술적 형상(예: 사진, 영화, 비디오, 통계학적 곡선, 다이어그램, 교통표지판 등)의 차이는 의미에 있다면서 양자를 구분한다. 전통적인 그림은 장면을 묘사하는 데 비해, 기술적 형상은 텍스트이다. 예를 들어 한 여성을 그린 전통적인 초상화는 실존 인물의 묘사이지만, 기술적 형상 속의 인물, 화장실 문 앞에 붙은 여성 그림은 '여성용 화장실'이라는 문장을 의미한다.

우리 자신을 투영하는 것 속에 위치시켰다"라고 말한다.

디지털 가상을 존재론적으로 인정하는 플루서(2004: 225)는 텔레마틱 사회에 대한 전망을 매우 낙관론적으로 내놓는다. 텔레마틱(telematic)은 '멀리 있는 것(tele)'과 '스스로 움직임(automatic)'의 합성어이다. 텔레마틱 사회는 정보를 창조하는 데 복잡한 체계들이 불개연적인 우연성들을 이용해 자동적으로 조종된다는 점에서 스스로 움직임의 특징을 갖는다. 그는 디지털 미디어의 사회가 텔레마틱 사회가 될 것이라고 보며, 이로써 전 지구적이고 민주적인 커뮤니케이션이 가능하게 된다고 본다. 이렇게 보면 플루서 역시 비릴리오처럼 디지털 미디어가 물리적으로 멀고 가까움, 시간적 흐름 등을 소멸시킬 것이라고 보는 공통점이 있다. 단, 그는 비릴리오와는 달리 텔레마틱 사회가 권위나 권력이 존재하지 않는 유토피아적 실재라고 생각한다.

하르트만은 미디어의 개념을 확장시키면 가상과 현실에 대한 논쟁의 의미를 다르게 해석할 수 있다고 본다. 그는 미디어 철학은 오늘날에 시작된 것이 아니고 근대 철학까지 소급할 수 있다고 여긴다. 예컨대 그의 관점에서는 칸트 역시 미디어 철학자이다. 칸트는, 개별 주체로서 인간의 인식 활동은 어떤 보편적인 법칙에 따른다고 보는데 이 인식 활동에서 보편적인 법칙이란 오성의 범주들일 것이다. 인간에게 현상하는 세계란, 이런 오성의 범주에 의해서 구성된 세계이다. 말하자면 칸트에게 있어서는 오성의 범주가 인간이 세계를 파악하는 매개 수단인 것이다. 칸트의 세계 역시 미디어에 의해 나타나는 가상적인 세계이다. 결국 인간에게 현상하는 세계는 매체에 의한 가상적인 세계이다. 궁극적으로는 현실 자체가 가상적이기 때문에 가상현실을 허구라고 볼 수 없다고 주장한다. 오히려 근대 철학자들처럼 실재 혹은 현실이라고 믿는 것이 허구라는 것이다. 그는 근대적 실재의 허구성을 지적하면서, 그것은 '가상현실'이 아니라 '현실적 가상'이라고 말한다(하르트만, 2006: 19). 그는 디지털 기술에 기반을 둔 몰입형 미디어를 설명하면서 이제 이것은 더 이상 상징 차원에 불과한 경험적 반성의 대상에 그치는 것이 아니라 그 자체가 경험이라고 강조한다.

> 사람들은 현실을 상징의 조건 속에서만 지각할 수 있기 때문에 경험 가능한 현실이나 경험된 현실은 모두 엄밀한 의미에서는 가상현실로 존재한다. 그렇다고 할지라고 몰입형 미디어 현실은 새로운 미디어 시대에 특수하게 나타난 새로운 현상이다. 만일 이 새로운 상징세계는 현실을 재현할 수 없다고 불평을 늘어놓는다면 이 비판자들은 '진정한 현실'이라는 매우 소박한 개념을 비밀스럽게 받아들이고 있다. '진정한 현실'에서는 코드화되지 않은 현실 경험이 가능하다고 하는데, 하지만 이러한 현실 경험은 결코 존재한 적이 없다. 모든 현실은 상징적으로 매개된다. 따라서 모든 현실은 '가상적으로' 매개된다(하르트만, 2008: 21).

하르트만이 지적한 바와 같이 '진정한 현실'이라는 개념을 추구하는 실재론은 실제로 매우 소박한 기대일 수 있다. 왜냐하면 무엇보다 뉴미디어는 단순히 정보를 전달하거나 사실의 재현에 그치는 것이 아니라, 핍진성의 강화와 현실감 증강으로 가상 여부를 구분하려는 시도 자체가 무색할 정도로 설득력을 갖추고 있기 때문이다. 이뿐만 아니라 디지털 경험은 사람과 사람, 사람과 사물, 사람과 기계 사이의 종횡무진한 네트워킹을 만들어내면서 오히려 네트워킹 안에서 자아, 인격, 주체의 존재를 실감하게 하고 있으니 말이다.[7]

5. 결론

뉴미디어 확산을 실증적으로 분석하기 위해 자주 활용하는 이론적 모델들은 결코 소홀히 할 수 없는 철학적 쟁점을 내포하고 있다. 이 글은 뉴미디어 확산 연구의 이론적 모델들의 이론적 틀이 뉴미디어 확산 주체로서의 인간 그리고 뉴미디어라는 실재이라는 두 가지 개념을 함축적으로 가지고 있음을 살펴보았다. 즉, 뉴미디어 확산을 경험적으로 접근할 때 그들이 가지고 있는 기본적인 이해의 틀은, 인간이라는 주체가 자신의 인식과 판단, 신념 등에 의해 뉴미디어라는 기술이나 혁신을 채택하는 행위가 연속됨으로써 뉴미디어가 확산된다는 것이다.

그러나 이상의 이론적 모델에서 그려지는 인간, 즉 행위 대상을 인식하고 그에 대한 자신의 행위를 선택할 수 있는 합리적 성찰과 자기 규정적 사유를 갖춘 근대적 주체를 뉴미디어 확산의 주체로 보기에는 무리가 있다. 뉴미디어의 확산을 기술적 변화라는 관점에서 볼 때, 그 기술은 이미 인간과 인간, 인간과 기계, 기계와 기계 등의 밀접한 상호작용성을 토대로 확산되는 어떤 것이기 때문에 뉴미디어를 엄밀하게 주체의 반성적 성찰의 대상으로 남겨 놓을 수 없다. 또한 뉴미디어의 경험 역시 그 경계가 모호하고 혼란스럽다. 뉴미디어는 인간으로 하여금 시공간의 의미를 무색하게 만들고 가상과 현실을 넘나들거나 때로는 양자를 혼합한 무엇을 경험하게 하고 있다. 이런 점에서 인간이 뉴미디어를 채택하거나 수용함으로써 뉴미디어가 확산된다고 가정하기에는 뉴미디어의 속성은 너무 불분명하고

---

7 백욱인(2013)은 현실 세계에서는 인식론적 자아가 존재론적 자아에게 굴복하지만 컴퓨터 네트워크 안에서는 인식론적 자아가 존재론적 자아를 능히 뛰어넘는다고 말한다.

유동적이며 심지어 내적 모순으로 가득 차 있다. 요컨대 뉴미디어 확산에 대한 이론적 모델을 통해서 보았을 때, 뉴미디어라는 유동적이고 다차원적 현상을 다루는 탐구이면서도 그 현상이 인간에게 초래하는 다양한 탈근대적 변화들은 고려하지 않은 채 지극히 근대적 관점을 무의식적으로 추구하고 있다고 할 수 있다.

이러한 상황이 요청하는 바는 뉴미디어 확산을 이해하기 위한 철학적 근거를 새롭게 마련하는 것이다. 뉴미디어를 기술적 측면에서 본 논의는 인간과 기술의 관계에 대하여 이제까지와는 다른 시각에서 보아야 할 필요를, 뉴미디어의 경험에 대한 고찰은 뉴미디어의 다면성을 포괄할 수 있는 실재 개념을 모색할 필요를 시사한다. 이 두 가지를 포괄하는 것은 주체의 개념, 인간 주체와 대상인 뉴미디어 기술의 관계 설정, 뉴미디어 경험과 가상, 현실, 실재의 관계 등에 대한 존재론이다.

현대 수많은 미디어학자들은 이미 이 작업에 대한 단초를 제공하고 있다고 본다. 이 글에서 살펴본 하르트만의 미디어론, 시몽동의 기술철학, 플루서의 디지털 가상론, 보드리야르의 시뮬라시옹이 지배하는 세계, 빌릴리오의 질주학 등등은 뉴미디어를 바라보는 데 있어서 통찰력 있는 사유의 형식을 보여준다. 그들의 관점은 항상 일치하는 것은 아니다. 오히려 서로 대조를 이루는 경우가 더 많다. 뉴미디어의 확산이 불러일으키는 역사와 문명의 변화와 삶의 재편을 놓고 일부는 인류의 해체와 폐허를 예상하고, 일부는 자유롭고 평등한 유토피아를 기대하기도 한다. 그래서 그들에 대하여 뉴미디어 확산에 대한 비관론과 낙관론으로 범주화하는 경우도 없지 않다. 그러나 이 글에서는 이러한 이분법적 분류를 시도하기보다는 이들을 아우르면서 뉴미디어 확산을 위한 이해의 틀을 마련하기 위해 고려해야 하는 철학적 의미들에 집중하고자 했다. 여기에는 뉴미디어라는 기술의 생성과 발달에 대한 관점, 기술과 인간의 상호적인 관계를 바라보는 시각, 경험과 세계의 현상에 대한 유연하고 포용적인 태도 등이 포함되어 있다.

참고문헌

고현범. 2007.『휴대전화, 철학과 통화하다』. 책세상.

김성재. 2013.『플루서, 미디어 현상학』. 커뮤니케이션북스.

김예란. 2004.「가상공간의 공동체 문화 탐색: 사이월드를 중심으로」. ≪언론과 사회≫, 12권 3호, 55~89쪽.

김용찬. 2012.『근대적 자아의 이해』. 서울대학교출판문화원.

김재희. 2013.「질베르 시몽동에서 기술과 존재」. ≪철학과 현상학연구≫, 제56집.

______. 2016.「인간과 기술의 공생이 우리의 미래를 개방한다」. 이광석 외.『현대 기술·미디어 철학의 갈래들』. 그린비.

김학용. 2014.『사물인터넷: 개념, 구현기술 그리고 비즈니스』. 홍릉과학출판사.

나은영. 1994.「태도 및 태도변화 연구의 최근동향: 1985~1994」. ≪한국심리학회지: 사회 및 성격≫, 8권 2호, 3~33쪽.

데카르트, 르네(René Descartes). 2006.『방법서설』. 도그마.

들뢰즈, 질(Gilles Deleuze)·과타리, 펠릭스(Félix Guattari). 2014.『안티 오이디푸스: 자본주의와 분열증』. 김재인 옮김. 민음사.

레비, 피에르(Pierre Levy). 2002.『디지털 시대의 가상현실』. 전재연 옮김. 궁리.

르페브르, 앙리(Henri Lefebvre). 2011.『공간의 생산』, 양영란 옮김. 에코리브르.

마노비치, 레프(Lev Manovich). 2014.『뉴미디어의 언어』. 서정신 옮김. 생각의 나무.

맥루한, 마샬(Marshall McLuhan). 2011.『미디어의 이해: 인간의 확장』. 박정규 옮김. 커뮤니케이션북스.

박영욱. 2008.『매체, 매체예술, 그리고 철학』. 향연.

박이문. 1996.『이성은 죽지 않았다』. 당대.

박종구. 2013.『뉴미디어 채택 이론』. 커뮤니케이션북스.

박창희. 2003.「디지털 시대 수용자 패러다임의 변화: 수용자의 어제, 오늘, 그리고 미래」. 이은미 외.『디지털 수용자』. 커뮤니케이션북스.

박태순. 2008.「디지털 뉴미디어와 정치 공론장의 구조변동: 재현 공론장에서 표현 공론장으로의 이행」. ≪정치정보연구≫, 11권 2호, 119~140쪽.

반다이크(Jan van Dijk). 2002.『네트워크 사회: : 뉴미디어는 우리 사회의 기술, 경제, 정치와 권력, 법, 사회 구조, 문화, 심리 등을 어떻게 변화시키는가?』. 배현석 옮김. 커뮤니케이션북스.
백욱인. 2013. 『네트워크 사회문화』. 커뮤니케이션북스.
보드리야르, 장(Jean Baudrillard). 2012. 『시뮬라시옹』. 하태환 옮김. 민음사.
볼터, 제이 데이비드(Jay David Bolter)·그루신, 리처드(Richard Grusin). 2006. 『재매개: 뉴미디어의 계보학』. 이재현 옮김. 커뮤니케이션북스.
비릴리오, 폴(Paul Virillio). 2004. 『속도와 정치』. 이재원 옮김. 그린비.
시몽동, 질베르(Gilbert Simondon). 2011. 『기술적 대상들의 존재 양식에 대하여』. 김재희 옮김. 그린비.
심혜련. 2012. 『20세기의 매체철학: 아날로그에서 디지털로』. 그린비.
엘률, 자크(Jacques Ellul). 1996. 『기술의 역사』. 박광덕 옮김. 한울.
오택섭 외. 2015. 『뉴미디어와 정보사회』. 나남.
위너, 랭던(Langdon Winner). 2000. 『자율적 테크놀로지와 정치철학』. 강정인 옮김. 아카넷.
이광석 외. 2016. 『현대기술·미디어철학의 갈래들』. 그린비.
이동후. 2009. 「사이버 대중으로서의 청년 세대 에 대한 고찰」. ≪한국방송학보≫, 23권 3호. 409~448쪽.
이승종. 2008. 『뉴미디어에 대한 매체철학적 해석』. 정보통신정책연구원.
이재현. 2013. 『뉴미디어 이론』. 커뮤니케이션북스.
이호영 외. 2015. 『커넥티드 사회의 구조변동』. 정보통신정책연구원.
푸코, 미셸(Michel Foucault). 2012. 『말과 사물』. 이규현 옮김. 민음사.
플라톤(Platon). 2007. 『국가론』. 이병길 옮김. 박영사.
플루서, 빌렘(Vilém Flusser). 2001. 『코무니콜로기: 코드를 통해 본 커뮤니케이션의 역사와 이론 및 철학』 김성재 옮김. 커뮤니케이션북스.
______. 2004. 『피상성 예찬: 매체현상학을 위하여』. 김성재 옮김. 커뮤니케이션북스.
하르트만, 프랑크(Frank Hartmann). 2008. 『미디어철학』. 이상엽·강웅경 옮김. 북코리아.
______. 2006. 『미디어 철학』. 이상엽·강웅경 옮김. 북코리아.
하이데거, 마르틴(Martin Heidegger). 1993. 『기술과 전향』. 이기상 옮김. 서광사.
______. 1995. 『세계상의 시대』. 최상욱 옮김. 서광사.
하임, 마이클(Michael Heim). 1993. 『가상현실의 철학적 의미』. 여명숙 옮김. 책세상.
홀츠먼, 스티븐(Steven Holtzman). 2002. 『디지털 모자이크: 인간은 디지털로 어떻게 생각하고 말할 수 있는가?』. 이재현 옮김. 커뮤니케이션북스.

Ajzen, I. 1985. "From Intentions to Actions: A Theory of Planned Behavior." in Kuhl J., Beckmann J.(eds.). *Action Control(Springer Series in Social Psychology book series)*. Berlin: Springer.

Bandura, A. 1989. "Social cognitive theory." in R. Vasta(ed.). *Annals of child development: Vol.6. Six theories of child development*. Greenwich, JAI Press.

Davis, F. D., R. P. Bagozzi and P. R. Warshaw. 1989. "User acceptance of computer technology: A comparison of two theoretical models. Management Science." *Management Science*, 35(8), pp. 982~1003.

Ellen, P. S., W. O. Bearden and S. Sharma. 1991. "Resistance to technological innovations: An examination of the role of self-efficacy and performance satisfaction." *Journal of the Academy of Marketing Science*, 19(4), pp. 297~307.

Fishbein, M. and I. Ajzen. 1975. *Belief, Attitude, Intention, and Behavior: An Introduction to Theory and Research*. MA: Addison-Wesley.

Flew, Terry. 2002. *New Media: An Introduction*. Oxford: Oxford University Press.

Flusser, V. 1995. *Lob der Oberflächlichkeit: Für eine Phänomenologie der Medien*. Bollmann.

Gabriel Weimann. 2006. *Terror on the Internet: The New Arena, the New Challenges*. US Institute of Peace Press.

Hirschman, E. C. 1980. "Innovativeness, Novelty seeking, and consumer creativity." *Journal of Consumer Research*, 7(3), pp. 282~295.

Hsiao C. H. and C. Yang. 2010. "The intellectual development of the technology acceptance Investigating subjective norm and moderation effects." *Information & Management*, 44(1), pp. 128~136.

King, W. R. and J. He. 2006. "A meta-analysis of the technology acceptance model." *Information & Management*, 43, pp. 740~755.

Laukkanen, T., S. Sinkkonen and P. Laukkanen. 2009. "Communication strategies to overcome functional and osychological resistance to internet banking." *International Journal of Information Management*, 29(2). pp. 111~118.

Legris, P., J. Ingham and P. Collerette. 2003. "Why do people use information technology? A critical review of the technology acceptance model." *Information & Management*, 40(3), pp. 191~204.

Moore, G. A. 2006. *Crossing the Chasm: Marketing and Selling High-Tech Products to Mainstream Customers*. New York: Harper Business.

Myerson, G. 2001. *Heidegger, Habermas and the Mobile Phone*. Cambridge: Icon books.

Ortega Egea, J. M. and M. V. Román González. 2011. "Explaining physicians' acceptance of EHCR systems: an extension of TAM with trust and risk factors." *Computers in Human Behavior*, 27(1), pp. 319~332.

O'Sullivan, Dan and Tom Igoe. 2008. *Physical Computing: Sensing and Controlling the Physical World with Computers*. Boston, MA: Thomson.

Perriault J. 2000. "Horloges médiatiques et micro-univers temporels dans les apprentissages à l'aide des machines." in A. Vitalis, J. F. et al.(eds.). Castagna, *Médias,temporalité et démocratie*. Apogée.

Ram, S. 1987. "A model of innovation resistance." *Advances in Consumer Research*, 14(1), pp. 208~212.

Rogers, E. M. 2003. *Diffusion of Innovations*(5th ed). New York: Free Press.

Rogers, E. M. and F. F. Shoemaker. 1971. *Communication of innovations: a cross-culutral apporach*. New York: Free Press.

Rorty, R. 1979. *Philosophy and the Mirror of Nature, Princeton*. NJ: Princeton University Press.

Schepers, J. and M. Wetzels. 2007. A meta-analysis of the technology acceptance model: Investigating subjective norm and moderation effects. *Information & Management*, 44(1), pp. 90~103.

Sheth, J. N. 1981. "Psychology of innovation resistance: the less developed concept (LDC) in diffusion research." *Marketing Research*, 4, pp. 273~282.

Szmigin, I. and G. Foxall. 1998. "Three forms of innovation resistance: The case of retail payment methods." *Technovation*, 18(1998), pp. 459~468.

Turner, M. et al. 2010. "Does the technology acceptance model predict actual use? A systematic literature review." *Information and Software Technology*, 52, pp.

463~479.

Venkatesh, V. and F. D. Davis. 2000. "A theoretical extension of the technology acceptance model: Four longitudinal field studies." *Management Science*, 46(2), pp. 186~204.

Venkatesh, V., F. Davis and M. G. Morris. 2007. "Dead Or Alive? The Development, Trajectory And Future Of Technology Adoption Research." *Journal of the Association for Information Systems*, Vol. 8, Iss. 4 , Article 10.

Venkatesh, V. et al. 2003. "User acceptance of information technology: Toward a unified view." *Information & Management*, 27(3), pp. 425~478.

Zaltman, G. and M. Wallendorf. 1983. *Consumer Behavior: Basic Findings and Management Implications*(2nd ed) NJ: John Wiley & Sons Inc.

02 한국 ICT 기반 미디어의 확산

시기별 특성과 사회 변화

김경희

1. 뉴미디어 확산과 사회 변화

1) 뉴미디어 확산의 주체와 사회 변화

1994년 전국 서비스를 시작한 인터넷과 2009년 한국에서 판매되기 시작된 아이폰을 계기로 한국 사회는 엄청난 변화를 경험했다. 새로운 미디어는 사람들의 라이프스타일과 대인 관계, 업무 수행방식뿐 아니라 사고와 태도까지 바꿔어놓았다. 이러한 변화를 가져온 뉴미디어를 채택하고 확산시키는 과정에서 한국 사회는 어떤 의제를 논의하면서 변화를 만들어 왔는가? 이 질문에 답하기 위해, 이 장에서는 한국의 뉴미디어 확산 시기를 구분해보고 뉴미디어와 관련된 학술적 연구들이 어떤 주제로 진행되었는지를 살펴보고자 한다.

한 사회에 뉴미디어가 도입되고 확산되려면, 먼저 그 사회에서 새로운 미디어 테크놀로지에 대한 필요와 욕구가 팽배해져야 한다. 사회적으로 새로운 미디어를 필요로 하고 뉴미디어를 받아들일 수 있는 사회적 분위기가 만들어져야 뉴미디어가 확산될 수 있다. 인터넷이 도입된 지 얼마 되지 않은 1996년 ≪중앙일보≫ 뉴미디어 본부에서는 웹캐스팅 서비스를 만들었다. 기자들이 직접 취재한 동영상 뉴스를 제작해서 웹으로 서비스하는 것이다. 지금 같으면 당연하게 서비스될 수 있는 콘텐츠였지만, 당시 이 서비스는 실패했다. 실패의 가장 큰 원인은 사회가 그런 필요성을 느끼지 않고 있었으며 그러한 사회적 기반도 마련되지 못했기 때문이다. 한마디로 너무 빨리 시작해서 망한 사례이다. 아무리 좋은 테크놀로지, 획기적인 미디어가 구현될 수 있더라도 사회에서 받아들일 준비가 이루어지지 않았다면 성공할 수 없다는 것을 보여준다. 또 새로운 상호작용 미디어가 등장했을 때, 사람들이 그 미디어를 통해서 소통하려면, 그런 소통이 가능한 기기(디바이스)가 필요하다. 스마트폰이 있어야 스마트폰에 있는 카카오톡 서비스를 이용할 수 있는 것이다. 또 인터넷을 기반으로 한 서비스는 전국 어디서나 접속하고 연결할 수 있는 네트워크가 마련되어야 한다. 인터넷을 이용할 수 있는 광케이블, 무선인터넷을 접속할 수 있는 와이파이 등 인프라를 갖추는 일이 중요하다. 그렇기 때문에 뉴미디어의 확산은 정책적 차원의 네트워크 인프라 구축과 산업적 차원의 정보 테크놀로지의 구현 및 시장의 조성이 필요하다.

그러나 무엇보다 중요한 것은 이용자가 뉴미디어를 채택해야 하고, 그 뉴미디어를 많이 이용해야 한다는 점이다. 이러한 이용자의 이용은 사회적 필요와 연결되어 있다. 사회적으로 어떠한 이유이든 새로운 미디어에 대한 필요와 새로운 미디어가 담당해야 할 사회적 역할 등에 대한 공중의 공감이 중요하다.

〈그림 2-1〉 뉴미디어 확산의 주체와 사회 변화

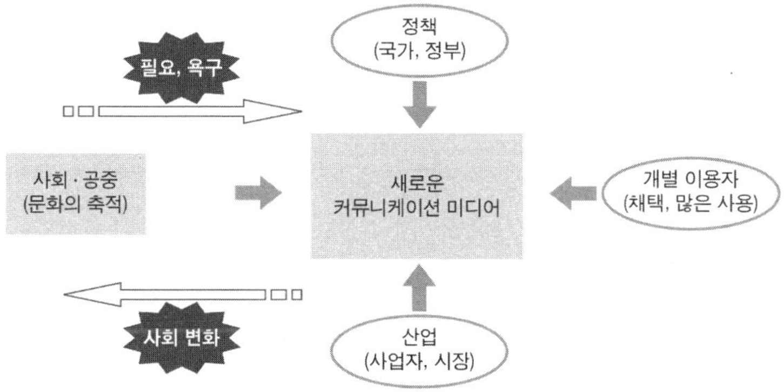

이렇게 사회(공중)의 필요, 국가(정부)의 정책, 산업계의 시장 조성과 테크놀로지의 구현, 이용자의 채택과 상시 사용이라는 네 가지 차원이 조화롭게 이루어져야 새로운 미디어의 확산이 가능해진다. 그리고 그러한 기반 위에 확산된 뉴미디어는 사회를 진화하게 하는 원동력이 된다. 이러한 맥락에서 이 연구는 뉴미디어의 정책, 산업(시장, 사업자), 사회(공중), 개별 이용자라는 큰 축과 미디어와 테크놀로지의 특성이라는 다섯 가지 큰 틀을 적용해 논의를 진행하고자 한다.

정보 양식의 변화가 이끌어낸 사회의 진화에서 뉴미디어의 생성과 확산이 중심적 역할을 수행해왔다. 따라서 한국 사회의 정보산업 발전 과정을 이해하기 위해서는 뉴미디어 확산 과정에 주목할 필요가 있다. 즉, 한국 사회에서 뉴미디어 확산과 관련해 어떠한 사회적 의제들이 논의되었고 어떻게 발전되어왔는지 그 궤적을 살펴보는 역사적인 조망이 필요하다.

이러한 맥락에 따라 2절에서는, 1900년대부터 현재까지 한국 사회에 새로운 미디어가 도입·확산되는 과정에서 미디어학과 정보사회학 연구 내 뉴미디어 관련 연구들이 어떤 의제를 중심으로 이루어졌는지를 살펴보려고 한다. 이를 위해 먼저 한국 사회에서 뉴미디어 도입과 확산의 분기점이 될 만한 사건들을 정리하여 뉴미디어 도입 및 확산 시기별 구분을 실시할 것이다. 이어 정책적 차원, 산업적 차원, 사회(공중)적 차원, 이용자(개인 이용자) 차원, 미디어(테크놀로지) 차원으로 나눠서 연구의 주제와 연구의 대상이 된 미디어가 무엇인지를 고찰해보고자 한다.

이러한 논의는 학술적 연구물이 사회적 의제의 흐름을 반영한다는 전제에서 출발한다. 학술적 연구물은 한국 사회의 현재를 점검하고 미래를 예측하려는 이론적 접근이다. 따라서 학술적 연구물에서 뉴미디어와 정보사회에 대한 의제의 흐름을 통해 한국에서 뉴미디어 확산이 어떻게 이루어졌는가를 가늠할 수 있을 것이다.

2) 뉴미디어의 등장과 확산

뉴미디어는 고정된 개념이 아니라 변화하는 개념이다. 지금은 올드미디어가 된 라디오나 텔레비전도 처음 등장했을 때는 뉴미디어로 각광받았다. 또 한 사회에서는 뉴미디어인 것이 다른 사회에서는 올드미디어인 경우도 있다. 예를 들어 1990년대 중반, 위성TV는 미국에서는 이미 일반화된 미디어이지만 한국에서는 이제 막 시작된 뉴미디어였다.

1990년대 중반 전 세계적으로 뉴미디어로 지칭된 것은 인터넷이었다(European Journalism Centre, 1998; Newhagen and Rafaeli, 1996). 이는 당시 인터넷이 보급된 지 얼마 안 되었기 때문이다. 인터넷이 일반인에게 본격적으로 보급된 시기는 웹이 개발되고 모자이크, 넷스케이프와 같은 웹브라우저가 등장한 때부터로 보는 것[1]이 적절하기 때문에 1990년대 중반 시점에 인터넷은 이제 막 등장한 새로운 미디어였다. 또 인터넷은 완성된 형태가 아니라 계속해서 발전하고 있어서, 어느 나라에서나 새로운 미디어로 주목받았다.

그런데 한 가지 생각해봐야 할 것은 새로 등장한 미디어 모두가 뉴미디어로 사회의 관심을 끌고 이용자의 선택을 받은 것은 아니라는 점이다. 컴퓨터가 발달함에 따라 비디오 텍스트[2]와 텔리 텍스트[3] 등 새로운 미디어들이 등장했지만, 이 미디어들은 등장한 지 얼마 되지 않아서 사라졌다. 미국의 나이트리더(Knight-Ridder)사는 비디오 텍스트를 통해 뉴스, 전자우편 등을 제시했지만 겨우 3500명 정도의 가입자를 얻는 데 그쳤고, 타임미러(Times-Mirror) 역시 500명의 가입자를 확보하는 데 머물렀다(Rogers, 1986: 45~49). 로저스는 특별 수신기를 갖추어야 하는 비용 부담 때문으로 분석했는데, 비디오 텍스트가 사회 전반에 미친 파급효과가 적었던 점도 그 원인이었던 것으로 보인다. 한국에서도 천리안이 비디오 텍스트를 서비스했지만, 그런 서비스가 있었는지조차 모르는 사람이 대부분이었다. 비디오 텍스트를 선택한 이용자들이 적었고 사회에 미친 영향도 전혀 없었다.

반면, 인터넷은 보급된 지 얼마 되지 않아 사회 전반에 막대한 영향을 미쳤다. 우선 경제적으로 인터넷은 글로벌 시장을 대상으로 한 비즈니스

---

1 웹이 개발된 것은 1989년이나, 웹을 확산시킨 넷스케이프와 같은 브라우저가 서비스된 것은 1994년이다(http://www.netscape.com/company/about/backgrounder.html#growth).

2 비디오 텍스트는 사람들이 전화선 혹은 케이블을 통해서 중앙 컴퓨터로부터 정보화면들을 비디오 수상기에 끌어내어 볼 수 있는 상호작용적 정보서비스이다(Rogers, 1986: 44).

3 텔리 텍스트는 사람들이 정보를 가정의 텔레비전 화면을 통해 보는 상호적 정보서비스로, 텔리 텍스트의 정보화면들은 기존의 텔레비전 방송신호의 수직 여백 공간을 통해 전송된다(Rogers, 1986: 44).

를 성공시켰다. 인터넷이 확산된 지 얼마 되지 않아 아마존(Amazon)과 같은 국제적인 서점이 큰 수익을 냈고, 인터넷을 통해 CD를 판매한 타임 워너(Time Warner)도 이용자들이 가장 많이 방문하는 사이트 20위 안에 꼽힐 만큼 인기를 모았다(European Journalism Centre, 1998: 17).

또 정치적으로도 인터넷은 새로운 선거 문화를 만들어냈다. 1996년 4월 11일 국회의원 선거 당시 각 정당은 후보자들의 경력과 업적을 인터넷 정당 홈페이지에 올렸으며, 자신의 홈페이지를 개설한 국회의원 후보들도 많았다. 또 ≪조선일보≫와 ≪중앙일보≫는 유료로 국회의원의 홈페이지를 만들어 자사 뉴스 사이트에서 찾아볼 수 있게 했다.

사회적으로도 큰 변화를 가져왔다. 우선 인터넷은 일반인들이 과거에는 접근할 수 없었던 정보에 쉽게 접근할 수 있게 했다. 기자가 아닌 보통 사람들도 정부의 정책은 물론 각계 전문가들의 연구, 온갖 사회통계, 판례 등을 인터넷을 통해 알 수 있게 됐다. 또 시민이 정부와 직접 커뮤니케이션 할 수 있는 채널이 마련되었다. 시민들은 정부나 국회, 정치인들의 홈페이지를 통해 자신의 의견을 전달하거나 항의할 수 있게 되었다. 이와 함께 인터넷은 시민들의 자유로운 의견 교환의 장(McChesney, 1996)으로 활용되었고 시민운동의 매개체로 부상하기 시작했다.

이와 같이 등장 초기부터 정치적으로나 경제적으로 큰 영향을 미치기 시작했기 때문에 인터넷은 비디오 텍스트처럼 사라지지 않고 뉴미디어로 확고한 자리를 잡아나가기 시작한 것이다.

3) 뉴미디어와 기존 미디어의 긴장 관계

새로운 미디어의 등장에 가장 민감하게 반응하고 있는 곳은 기존 미디어 업계이다. 『뉴스의 역사』(스티븐슨, 2010)라는 책은 라디오가 등장할 때 신문과 라디오의 전쟁이 벌어졌다고 기술한다. '전쟁'으로 표현될 만큼 당시 새로운 미디어였던 라디오의 급격한 확산에 신문사와 통신사들은 긴장했고 라디오의 활동 영역을 축소하기 위한 다양한 제재 조치를 취했다. 예를 들어 신문과 통신사들이 라디오에 뉴스를 제공하지 않거나, 하루에 두 번씩만 제공하기로 약속하는 등 라디오가 신문과 통신사를 위협하는 뉴스 미디어로 성장하지 못하게 하는 조치들을 실행에 옮겼다. 이런 긴장 관계와 신문들의 경계는 텔레비전이 등장했을 때에도 그대로 반복되었다.

인터넷이 등장했을 때에는 어떠했는가? 인터넷이 등장한 초기에는 전혀 신경 쓰지 않던 미디어업계에서 인터넷이 사회적으로 영향을 미치며 확산되기 시작하자 인터넷이 기존 미디어에 어떤 영향을 미칠 것인가에 촉각을 곤두세웠다. 가장 관심을 가졌던 것은 인터넷과 같은 전자미디어의 확산 속에서 종이 신문이 계속 존재할 것인가에 대한 문제였다. 당시 CNN의 테드 터너(Ted Turner) 회장은 "인쇄신문은 사라질 것"이라는 극단적인 예측을 해서 화제가 되기도 했다(김택환, 1995). 당시에는 '뉴미디어가 나오더라도 기존 미디어를 대체한 경우는 거의 없으며 나름의 특성을 유지하면서 공존의 관계를 유지해왔다'는 미디어 경제학자 피카드(Picard, 1992: 41)의 분석을 믿으며 신문과 인터넷 뉴스는 서로의 장점을 살리면서 공존하리라는 의견이 지배적이었다(Nieman Reports, 1995: 69).

특히 컴퓨터 세대들의 성장으로 젊은 독자들을 잃고 있는 신문의 입장에선 인터넷은 또 하나의 기회라고 보는 견해도 있었다. ≪엘 파이스(El Pais Digital)≫의 편집인 마리오 루이스(Marilo Ruiz de Elvira)는 유럽저널리즘센터(European Journalism Centre)와의 인터뷰에서 "인터넷은 신문 독자들을 확대할 수 있는 세계적인 창구를 열어주었다고 생각한다. 이것은 어론에 대한 영향력뿐 아니라 전자상거래 등의 새로운 비즈니스 기회를 제공하고 있다. …… 우리는 인터넷을 위협적인 것이 아니라 기회라고 생각한다"라고 밝힌 바 있다(European Journalism Centre, 1998: 14). 이러한 견해는 기존의 신문사가 인터넷 뉴스 시장을 주도한다는 전제에서 나온 것이다. 그러나 신문 이외에도 방송사들이 인터넷 뉴스 서비스에 대거 참여했으며 MSNBC나 CNN 인터랙티브(CNN Interactive) 등은 이용자 방문 순위에서 1위를 차지했다(*Editor & Publisher*, 1998). 그 밖에도 통신사, 잡지사들은 물론이거니와 ≪딴지일보≫, ≪드러지리포트(Drudge Report)≫ 등 인터넷에서만 서비스하는 뉴스사들이 속속 늘어나기 시작했다. 이처럼 인터넷은 신문의 기회만을 늘려준 것이 아니라 기존의 모든 미디어와 미디어에 진출하려고 기회를 보고 있던 통신 회사, 컴퓨터 회사, 개인들에게도 기회를 준 것이다. 따라서 인터넷의 등장은 기존 미디어 시장의 경쟁을 더욱 치열하게 만들었고, 종이 신문은 기대와 달리 쇠퇴의 길로 접어들었다.

4) 관건은 이용자들의 선택과 잦은 사용

미디어들 간 신경전의 승패는 결국 이용자들에 의해 결정된다. 신문과 라디오가 전쟁을 벌이던 당시, 라디오가 신문을 압도하는 뉴스 미디어로 성장할 수 있었던 것은 이용자의 선택이 있었기 때문이다. 1939년에 ≪포천(Fortune)≫이 실시한 여론조사에서 조사 대상자의 63%는 신문으로부터 뉴스를 얻고 있었다(Hall, 1971: 18). 그러나 6년 뒤인 1945년 미국여론조사센터(National Opinion Research Center)의 조사에서는 조사 대상자의 61%가 라디오로부터 뉴스를 얻고 있는 것으로 나타났다(Hall, 1971: 18). 전쟁 시기여서 조사가 정확하게 이루어지기 힘들었을 것이고 조사 기관도 달라이 두 조사의 결과를 액면 그대로 비교할 수는 없다고 하더라도, 라디오를 이용하는 사람들이 많아졌다는 것은 확인할 수 있다. 이처럼 사람들의 새로운 미디어 선택과 잦은 이용은 뉴미디어와 올드미디어의 전쟁에서 승자를 결정하는 결정적 요소로 작용하게 된다.

그렇다면 인터넷은 어떠했을까? 1995년에 실시된 한 연구(Brumley and Bowles, 1995)에 따르면, 인터넷과 같은 컴퓨터 네트워크를 이용하는 행위가 이용자들이 신문이나 텔레비전, 라디오를 소비하는 시간에 대체로 영향을 미치지 않는 것으로 나타났다. 다만 기존 미디어를 소비하는 시간에 변화를 보였던 이용자들은 신문을 보거나 라디오를 듣는 시간보다 텔레비전을 보는 시간이 줄어들었다고 한다. 이것은 인터넷이 도입된 아주 초기의 상황이다. 웹 브라우저 '모자이크'가 1993년에 나왔으니 1995년이면 웹 브라우저가 나온 지 2년이 채 안 된 시기였던 것이다.

웹 브라우저가 보편화된 이후에는 인터넷이 기존 미디어의 소비에 영향을 준다는 연구 결과들이 많아졌다. 1998년 유럽의 조사전문기관인 햄브레이트앤드퀴스트(Hambrecht & Quist)사가 10만 명의 웹 이용자를 대상으로 실시한 조사에 따르면, 응답자의 22%가 인터넷을 이용하기 위해 텔레비전 시청 시간을 줄였으며, 조사 대상자의 12%는 신문과 잡지를 읽는 시간을 줄였다고 한다(European Journalism Centre, 1998: 27).

이러한 결과는 인터넷이란 뉴미디어의 등장이 기존 미디어들의 사회적·경제적 위상에 변화를 가져올 것이라는 예측을 가능하게 했고, 그러한 예측은 2000년대 초반부터 현실이 되었다. 내용 제작물 시장(즉 이용자 확보 경쟁)과 광고 시장의 이원적 시장에서 경쟁(Picard, 1992)하고 있는 미디어 기업에게 이용자들의 소비 시간 변화는 곧 광고 수익의 변화로 이어졌다. 더구나 인터넷 광고 시장은 인터넷 도입 초기부터 급속하게 증가했다.

국제인터넷광고협회(IAB: Internet Advertising Bureau)는 1997년 전 세계의 인터넷 광고 시장이 10억 달러에 달했다고 밝힌 바 있고, 국제조사기관(International Data Corporation)은 1997년 5억 달러를 넘었다고 발표했다(European Journalism Centre, 1998: 15). 이렇게 커진 광고 시장은 올드미디어들을 더욱 긴장시켰고, 인터넷 기반 미디어와 올드미디어 간의 경쟁뿐 아니라, 인터넷 산업을 놓고 올드미디어들 간의 경쟁이 더욱 치열해졌다.

2. 한국 사회 ICT 기반 미디어의 도입과 확산 시기 구분

로저스(Rogers, 1986)에 따르면, 미국의 텔레비전 확산 과정은 급경사의 S커브를 그렸다. "1950년대 미국에서 텔레비전이 폭발적으로 보급되었던 것처럼 특정 매스미디어가 한 대륙 전체를 휩쓸었던 적은 아직까지 없었다"라는 슈램(Schramm, 1961)의 말처럼 텔레비전은 급속도로 확산되었다.

1920년부터 보급되기 시작한 라디오는 텔레비전의 확산 속도보다는 조금 느려서, 도입된 지 5년이 지난 1925년이 되어서야 14%의 보급률[4]을 보였고, 10년 뒤인 1930년에야 40%의 보급률을 나타냈다(Rogers, 1986: 191). 또 1980년대 케이블TV보다 빠른 보급률을 나타내 관심을 모았던 VCR 역시 1980년 1%이던 보급률이 20%까지 성장한 것은 5년 뒤인 1985년이었다(Rogers, 1986: 135). 이런 확산 속도와 비교해보면 텔레비전의 확산 속도는 가히 놀랄 만한 정도라고 할 수 있다.

4 라디오 세트를 보유한 가구의 비율을 뜻한다.

이와 같은 뉴미디어의 확산은 개별 미디어들의 도입기와 도약기, 정착기를 드러내는데, 한 사회 안에서의 다양한 뉴미디어의 등장과 확산을 시기적으로 구분해 설명한다면 어떨까? 한 사회 안에서 뉴미디어의 확산 시기를 구분한다는 것은 어쩌면 어불성설일 수 있다. 새로운 미디어는 시간이 지나면 올드미디어가 되고, 특정 시기별로 등장하는 뉴미디어들의 확산 정도에도 차이가 있기 때문이다.

그러나 1990년대 이후 등장한 뉴미디어들이 ICT에 기반을 두고 있다는 것을 고려해, ICT를 기반으로 한 뉴미디어를 중심으로 한 사회 내에서의 ICT 기반 뉴미디어의 확산 시기를 구분해보는 것은 가능할 것으로 보인다. 이런 시도는 한국 사회에서의 ICT 기반 뉴미디어의 확산 과정을 이해하는 데 도움을 줄 것이고, 각 시기별 특징을 분석해봄으로써 향후 새로운 미디어가 도입될 때 시행착오 없이 한국 사회에 유용한 미디어로 자리 잡는 데 기여할 수 있다는 점에서 의의가 있다.

그런 의미에서 다소 논리적 비약이 있을 수 있겠지만, 시기별로 주목받은 ICT 기반 미디어와 관련된 주요 사건들을 중심으로 한국 사회에서의 뉴미디어 확산 시기를 구분해보았다. 1990년대 케이블TV가 등장하기 시작할 때부터 2016년까지 26년 동안 뉴미디어 확산 시기를 크게 ICT 기반 미디어의 도입기, 확산 1기, 확산 2기, 확산 3기 등 4기로 구분했다.

1) ICT 기반 미디어의 도입기(1990년대): 케이블TV 확산기, PC통신 확산·쇠퇴기, 인터넷 도입기

첫 번째 시기는 ICT 기반 미디어 도입기로, 1991년부터 1999년 말까지이다. 이 시기는 케이블TV 확산기, PC통신 확산·쇠퇴기, 인터넷 도입기이다. 1990년대 가장 각광받았던 뉴미디어는 케이블TV였다. 1991년 12월 '종합유선방송법'이 제정되었고, 1993년 사업자가 선정되었으며, 서비스 구역이 결정되었다. 당시 종합유선방송위원회가 케이블TV의 도입과 운영을 총괄하는 조직으로 활동했다. 종합유선방송위원회는 방송채널사용 사업자(PP: Program Provider), 종합유선방송 사업자(SO: System Operator), 전송망 사업자(NO: Network Operator)의 3분할 제도로 갖췄고, 전국을 116개 구역으로 나누고 20개의 PP와 6개의 NO 그리고 지역 SO도 선정했다.

케이블TV 도입 당시 신문에서는 케이블TV를 황금알을 낳는 거위로 표현하며 각광받은 뉴미디어 산업으로 소개했었다. 그러나 1995년 본 방송을 실시한 케이블TV는 얼마 지나지 않아 대규모 누적 적자를 기록했다. 1995년부터 1998년 7월까지 누적 적자가 PP는 8726억 원, SO는 1494억 원, NO는 2826억 원이었다(정재하 외, 2007). 그에 따라 시장 활성화를 위해 1999년 1월에 '종합유선방송법'이 개정되었다. 상호 겸영이 허용되었고, 복수 SO와 PP가 가능해졌으며, 외국인 지분을 33%로 확대했다. 또 PP의 자체 제작 비율도 폐지했다. 이처럼 1990년대는 한국 사회에서 종합유선방송이 도입되었으나 시작한 지 얼마 되지 않아 누적적자로 시장 개편이 이루어진 시기였다.

한편, 인터넷이 서비스되기 시작한 시기이기도 하다. 이 시기 한국에서 인터넷이 확산되는 과정을 살펴보면, 전국적으로 인터넷이 보급된 1994년 12월 인터넷 이용자는 13만 8000명이었다. 한 해 뒤인 1995년 12월에는 36만 6000명, 1996년 12월에는 73만 1000명으로 늘었다. 그러다가 1997년 12월에는 163만 4000명으로 크게 증가했고, 1998년 12월에는 310만 3000명으로 늘어났으며, 1999년 3월에는 368만 1000명이 인터넷을 사용한 것으로 나타났다.[5] 이러한 이용자 수를 연간 성장률로 계산해보면, 보급 후 1년

〈표 2-1〉 하이텔 토론의 광장과 유니텔 토론 마당의 발언 수

사이트명	기간	토론된 주제의 수	발언 수
하이텔 '토론의 광장'	1993년 3월 9일~1998년 7월 31일 (약 5년 5개월)	7,874개	316,722건 (한 주제당 40.2건)
유니텔 '토론마당'	1995년 6월 2일~1998년 7월 31일 (약 3년 2개월)	1,203개	94,223건 (한 주제당 78.3건)

자료: 김경희(1998).

후엔 165.2%, 2년 후에 99.7%, 3년 후엔 123.5%, 4년 후에 89.9%의 연간 성장률을 보였다.

그러나 한국 인구[6]에서 인터넷 이용자들이 차지하는 비율을 산출해보면, 인터넷이 보급된 첫해에는 0.3%, 2년 후엔 0.8%, 3년 후에 1.6%, 4년 후에는 3.6%, 5년 후엔 6.7%로 1998년에도 인터넷을 사용하는 사람들은 전체 인구의 7%를 차지하지 못했다. 1990년대 말까지 한국에서 인터넷은 확산 과정의 도입 단계에 있는 그야말로 뉴미디어였다.

1990년대 전성기를 누린 것은 PC통신이었다. 하이텔과 유니텔 등 PC통신 가입자 수는 1997년 12월 330만 명으로 1996년 174만 명보다 90%가 증가했다(한국전산원, 1998). 하이텔은 1997년 말 유료 가입자가 90만 명에 이르렀다(한국전산원, 1998). 이처럼 PC통신에 가입한 사람들의 수뿐 아니라 활동 내역을 살펴보면, 당시 이용자들이 PC통신을 활발하게 이용하고 있었다는 것을 알 수 있다. 하이텔의 '토론의 광장'에서는 처음 토론이 시작된 1993년 3월 9일 이후 1998년 7월 31일까지 5년 5개월여 동안 총

5 한국인터넷정보센터(http://www.nic.or.kr/net/user99.html).

6 통계청의 장래인구추계를 사용했다(국제통계연감, 1997).

7874개의 주제를 놓고 토론이 이루어졌다(김경희, 1998). 이 토론에 참여한 이용자들의 발언 수가 무려 31만 6722건에 달해 한 주제당 평균 40.2건의 발언이 있었다.

또 1995년 6월 2일에 첫 토론이 시작된 유니텔의 '토론마당'에서도 1998년 7월 31일까지 3년 2개월 동안 1203개의 토론방이 개설되었다(김경희, 1998). 토론에 참여한 이용자의 발언 수는 9만 4223건으로 한 주제당 평균 78.3건의 발언이 있었다.

2) ICT 기반 미디어의 확산 1기(2000~2007년): 인터넷 도약·확산기, 인터넷 뉴스와 소셜미디어 도입·도약기

ICT 확산 1기는 2000년대 초·중반으로, 인터넷 도약·확산기이다. 이 시기에는 인터넷뿐 아니라, 케이블TV, 지상파 방송 역시 큰 변신을 했다. 2001년 3월 PP등록제가 실시되었고, 홈쇼핑 채널이 추가로 신설되었으며, 지상파 방송의 PP진출이 본격화되었다. 또 2004년 3월에는 SO와 PP 소유 규제가 완화되어, 대기업이 SO를 소유할 수 있게 되었고, 외국인이 SO와 PP의 지분을 소유할 수 있는 상한선이 49%까지 확대되었다. 또 2002년 6월에는 위성방송이 본 방송을 시작했다. 이와 함께 2004년에는 지상파 DMB 서비스가 시작되어, 휴대폰으로 지상파 방송을 시청할 수 있게 되었으며, 지상파 이외의 다양한 콘텐츠를 DMB를 통해 이용할 수 있게 되었다.

1990년대까지만 해도 지상파 텔레비전의 독점시대라 해도 될 만큼 지상파 텔레비전의 영향력이 막강했지만, ICT 확산 1기에 접어들면서 지상파 텔레비전의 영향력은 줄어들기 시작한다. 지상파 텔레비전을 보더라도 케이블TV를 이용해 지상파 텔레비전을 보는 가구가 늘어나면서 지상파 텔레비전만을 직접 수신하는 가구가 크게 줄어들었다. 이러한 변화에 따라 지상파 방송사들도 인터넷 또는 케이블TV와 DMB를 활용한 다양한 콘텐츠 서비스를 기획해나갔다.

그러나 이러한 모든 변화의 중심에는 인터넷이 있었다. 지상파 방송사이든, 케이블TV PP이든, 통신사이든 모두 자사 홈페이지와 포털 등을 통해 이용자들과의 만남을 늘려나갔다. 1998년 전 국민의 6.7%만이 이용하던 인터넷은 1999년 이후 도약기를 맞아 엄청나게 빠른 속도로 확산되기 시작했다. 6세 이상 전 인구를 기준으로 1999년 10월 22.4%, 2000년 12월 44.7%, 2001년 12월 56.6%, 2002년 12월 59.4%로, 2000년대 초반에 6세 이상 전 인구의 60%가 인터넷을 이용하게 되었다.[7] 인터넷은 1999년에서 2002년 사이 엄청나게 빠른 확산의 물결을 타고 도약기를 거쳐 2000년대 중반부터는 정착기로 접어들었다.

이러한 인터넷의 확산에는 인터넷 기반의 다양한 콘텐츠와 커뮤니케이션 서비스들의 약진이 큰 역할을 했다. 1999년 12월 서비스를 시작한 ≪오마이뉴스≫는 시민 기자들의 활약으로, 4년 뒤인 2003년에 ≪시사저널≫이 여론 주도층 인사 1040명을 대상으로 실시한 언론매체 영향력 조사에서 주요 언론을 제치고 6위를 차지했다. 2004년, 2005년 조사에서도 ≪오마이뉴스≫는 가장 영향력 있는 매체 6위를 고수했다. ≪오마이뉴스≫는 2002년에는 주류 언론에서 다루지 않아 한국 사회에서 묻혀버릴 뻔했던 미군 장갑차에 사망한 여중생 사건을 꾸준히 보도해 사회 의제화하는 등 대안언론으로서의 역할을 톡톡히 해냈다. 또 2003년 ≪오마이뉴스≫에

---

7 언론진흥재단 미디어통계. 현재는 언론진흥재단의 홈페이지가 개편되어서 해당 사이트에서 미디어통계를 찾아볼 수가 없다.

〈그림 2-2〉 1999~2002년 인터넷 이용률의 변화 추이 (단위: %, 천 명)

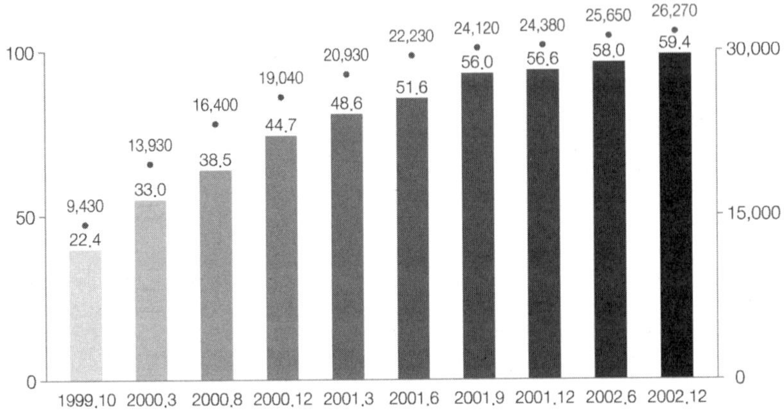

주: 6세 이상의 전 인구를 대상으로 조사했다.
자료: 언론진흥재단 미디어 통계.

김용옥 전 중앙대학교 석좌교수가 게재한 "헌법재판소의 신행정수도 특별법 위헌 결정은 위헌"이라는 칼럼에 대해 인터넷 이용자들이 낸 원고료가 2000만 원을 넘어 화제가 되기도 했다.

그러나 이 시기 인터넷 확산에 가장 큰 역할을 한 것은 싸이월드 미니홈피이다. 싸이월드는 1999년에 웹 기반 PDA 서비스의 일종인 개인정보관리 시스템으로 출발해, 2001년 미니홈피라는 템플릿 기반의 홈페이지 서비스를 중심으로 한 소셜네트워크 사이트로 진화하면서 많은 이용자를 모았다. 2004년에는 24~29세 성인의 90% 이상이 싸이월드를 이용하고 있었고(SKC, 2006), '싸이질'과 '1촌'이 일상어처럼 사용될 정도로 한국 사회를 휩쓸었다. 지금은 작고 초라해진 소셜미디어로 명맥이 유지되고 있지만, 2000년대 초·중반 싸이월드 미니홈피는 인터넷 업계에서 가장 잘나가는 소셜미디어였다.

3) ICT 기반 미디어의 확산 2기(2008~2012년): 방송통신융합 시대 개막, IPTV 확산기, 소셜미디어 확산기

ICT 기반 미디어의 확산 2기는 2008~2012년으로 설정해보았다. 이 시기에는 방송통신융합이 본격화된 서비스가 확산되는 시기이다. 그 대표적인 서비스가 IPTV(Internet Protocol Television)로, 인터넷과 텔레비전이 융합된 서비스이다. 즉, 인터넷망을 활용해서 프로그램이 방송되는 양방향 텔레비전이다. IPTV는 2008년 12월 서비스가 시작되어, 2009년 10월 가입자 100만 명을 돌파했고(허다혜, 2009), 2010년 초 가입자는 200만 명이 되었으며 2013년 10월 800만 명을 넘어섰다(이상순, 2013.12.6).

또 하나의 방송통신융합미디어인 DCS(Dish Convergence Solution Service)도 2012년 5월 KT 스카이라이프가 서비스를 시작했다. DCS는 '접시 없는 위성방송'으로, 위성방송과 IPTV를 결합한 서비스이다. 인공위성을 통한 무선망으로 전화국(KT)에서 신호를 수신 후 인터넷망을 통해 가입자의 집으로 신호를 전송해주는 방식이다. 기존의 위성방송과 달리 인터넷망을 통해 가입자의 집으로 전송되기 때문에 위성신호를 받는 접시 없이 방송을 수신할 수 있다. 그러나 2012년 8월 법적 근거가 미비해 서비스를 중단했다가 2015년 12월에 임시 허가를 받았다.

유료 방송과 인터넷, 이동전화 등 통신결합상품 가입자는 2012년 796만 명으로, ICT 2기에는 800만 명가량이 방송통신융합미디어를 이용했다. 그야말로 방송통신융합 시대가 열린 것이다.

또 이 시기에 빼놓을 수 없는 것은 소셜미디어의 확산이다. 이 시기는 트위터의 확산기라고 할 수 있다. 2009년 5월에 월간 방문자가 14만여 명이었던 트위터 사이트에 2010년 5월에는 월간 281만여 명이 방문하여, 전년 동월보다 19배 이상 증가했다(서소정, 2010.6.17). 트위터는 미국 오바마 대통령 당선에 큰 영향을 미친 것으로 관심을 모았고, 중국의 검열에도 불구하고 위구르의 강제 진압 사건 소식이 트위터를 통해 전 세계에 확산되었으며, 이란의 반정부시위도 트위터를 통해 알려졌다. 한국에서는 김연아 선수를 비롯한 유명인들이 사용하면서 화제가 되었고, 2010년에 치러진 6·2 지방선거에서 투표 인증샷으로 젊은이들이 투표에 참여하는 데 영향을 주어, 지방선거 투표율이 15년 만에 최고치(54.5%)를 기록했다.

그러나 트위터의 인기는 오래가지 못했다. 페이스북이 트위터의 방문자 수를 앞질러 한국 이용자들을 사로잡기 시작했다.[8] 페이스북은 2011년 한국의 대표적인 소셜미디어인 싸이월드 미니홈피를 추월했고, 월 1회 이상 접속자가 2012년 6월 600만 명, 2012년 9월 1000만 명을 돌파했다.[9]

또 이 시기는 국내에서 유튜브 확산의 S커브를 확인할 수 있는 시기이기도 하다. 2008년 12월 국내 동영상(UCC) 시장 점유율(페이지뷰 기준)이 2%에 불과하던 유튜브는 2009년 4월 15%를 넘어섰으며, 2012년 8월에는 60%에 육박했고 2013년 8월 말 기준 74%를 차지했다. 유튜브가 이처럼 빠르게 성장한 것은 2009년 4월 실시한 인터넷실명제 때문이라는 지적이 있다(김현아, 2013.10.8). 국내 서비스인 판도라TV, 다음TV팟, 아프리카TV 등은 인터넷실명제를 철저히 준수한 반면, 유튜브는 외국계 기업으로 이를 지키지 않아도 됐기 때문이라는 분석이다. 글로벌 서비스의 경쟁이 벌어지고 있는 ICT 환경에서 한 국가의 정책이 자국 산업에 미치는 영향이

---

8 '코리안클릭'에 의하면 2012년1월 월간 순방문자 수(UV: Unique View)는 페이스북 1139만 9766명, 싸이월드 1133만 481명, 트위터 674만 7486명이다.

9 더피알코리아 홈페이지 포스팅(http://www.theprconsulting.com/?p=4845) 참조.

〈그림 2-3〉 국내 동영상 사용자제작콘텐츠 서비스 시장 점유율(페이지뷰 기준) 변동

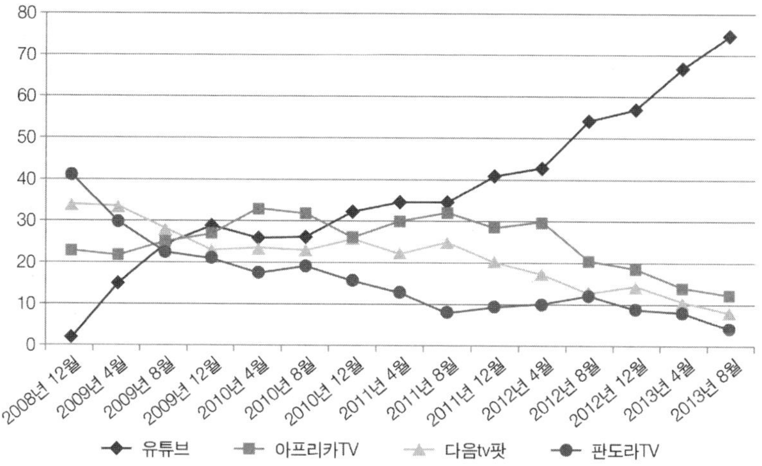

주: 국회 미래창조과학방송통신위원회의 유승희 의원이 미래창조과학부에 제출한 자료를 분석한 것이다.
자료: 김현아(2013.10.8).

얼마나 중요한 것인지를 생각해보게 하는 대목이다.

이러한 소셜미디어 이용자 증가에는 스마트폰 확산이 큰 역할을 했다. 방송통신위원회(2012)가 매년 실시하는 「방송매체이용행태조사」에 따르면, 스마트폰 이용자는 2010년에 조사 대상자의 3.8%에 불과했으나, 2011년에는 27.1%로 늘어났고, 2012년에는 57.5%나 되었다. 스마트폰은 국내에서 판매된 지 3년이 채 안 되어, 60%에 육박하는 확산율을 기록한 것이다.

4) ICT 기반 미디어의 확산 3기(2012~2016년): 스마트폰 전성기, 디지털방송 도약기, 소셜 콘텐츠 도약기

ICT 기반 미디어의 확산 3기는 2012년 후반에서 2016년까지이다. 2012년 12월 31일 아날로그 방송이 종료되었고 2013년 1월 1일 디지털방송이 시

〈그림 2-4〉 연도별 스마트폰 보유율(2010~2012년)

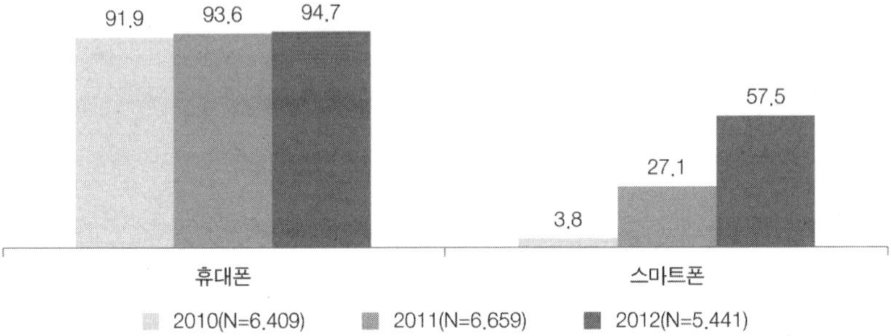

자료: 방송통신위원회(2012).

작되어, 본격적인 디지털 방송 시대가 열렸다. 이와 함께 모바일 웹 콘텐츠의 도약기라고 할 만큼 모바일을 통한 웹 콘텐츠의 이용이 크게 늘어났다. 2015년 10월에는 웹 예능 〈신서유기〉는 큰 인기를 모아, 네이버 조회수가 5000만 이상이었으며, 중국 QQ.COM의 조회 수도 1억을 돌파했다. 이에 힘입어 CJ E&M의 주가가 시작 전 7만 8400원에서 종료 시점에는 9만 8400원으로 급등하는 등 웹 엔터테인먼트의 밝은 미래가 점쳐졌다.

또 '먹방', '쿡방' 등 1인 방송이 아프리카TV와 유튜브 등을 통해 공유되면서 소셜 콘텐츠가 텔레비전 프로그램 이상으로 많은 사람의 주목을 받았다. 이에 따라 1인 방송 제작자들과 제휴해서 마케팅, 저작권 관리, 콘텐츠 유통 등을 지원, 관리하는 사업(Multi Channel Network: MCN)이 등장해 성장하기 시작했다. 또 언론사들은 카드뉴스, 애니메이션뉴스 등 모바일에 맞는 뉴스 포맷을 개발해 서비스했다. 특히 SBS의 '스브스뉴스'는 페이스북 등 소셜미디어를 통해 많은 이용자들에게 공유되는 콘텐츠로 인기를 모았다.

이러한 모바일 웹 콘텐츠의 확산에 큰 기여를 한 것은 스마트폰의 확산

〈그림 2-5〉 연도별 개인 매체 보유율(2013~2015년)

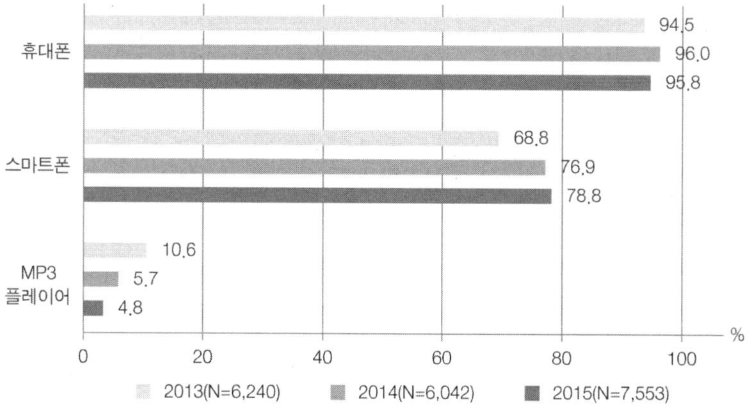

자료: 방송통신위원회(2015).

이다. 〈신서유기〉를 모바일 예능이라고 부르는 것도 모바일을 통한 시청이 많았기 때문이다. 2013년 1월 통신 3사를 합해서 스마트폰 가입자 수는 3300만 명을 넘어섰고(조화, 2013), 방송통신위원회(2015)가 실시한 「2015년 방송매체이용행태조사」에 따르면, 스마트폰 보유율이 78.8%나 되었다. 어린이나 노인 등의 연령층을 제외하면 대부분의 사람들이 스마트폰을 사용하고 있음을 알 수 있다.

한편, 정보통신정책연구원이 발표한 「2015년도 방송시장 경쟁상황 평가 보고서」에 따르면 유료방송 가입자 42.3%가 방송통신 결합 상품을 이용하고 있었다. 유료방송과 인터넷, 이동전화 등 통신결합상품 가입자는 2015년 6월 1199만 명으로, 2012년 796만 명보다 50.7% 늘어난 것으로 나타났다(전지연, 2016.4.29). 본격적인 방송통신융합 시대가 열린 것이다. 지금까지 살펴본 한국사회에서의 ICT 확산 시기별 구분은 〈표 2-2〉와 같다.

〈표 2-2〉 한국 사회 ICT 기반 미디어의 확산 시기별 주요 정책 및 사건

시기 구분		주요 정책 및 사건	
ICT 기반 미디어 도입기 케이블TV 확산기, PC통신 확산·쇠퇴기, 인터넷 도입기	1991.12.	종합유선방송법 제정	- 종합유선방송위원회 구성 - SO, PP, NO 3 분할 제도 규정 - 전국 116개 구역으로 분할 (PP 20개, NO 6개, 지역 SO 선정) - 대규모 누적 적자[1] - 상호겸영 허용, 복수 SO, PP 허용, 외국인 지분 33%로 확대 - PP 자체 제작 비율 폐지
	1993	구역확정 및 사업자 선정	
	1995.3.	CATV 본방송 실시	
	1994	인터넷 전국 서비스 개시	
	1999.1.	종합유선방송법 개정	
	1999.9.	무궁화위성 3호 발사	
ICT 기반 미디어 확산 1기 인터넷 도약·확산기, 인터넷 뉴스와 소셜미디어 도입·확신기	2001	싸이월드 미니홈피 등장	- 홈쇼핑 채널 추가 - 신규 채널 대거 등장과 지상파의 PP 진출 본격화 - 대기업이 SO 소유 가능, 외국인 SO와 PP지분상한 49%로 확대
	2002.10.	네이버 지식iN 서비스 시작	
	2002.3.	초고속 인터넷 대중화	
	2002.6.	위성방송 본방송	
	2003.6.	네이버 100만 지식iN DB 돌파	
	2004.3.	SO 및 PP 소유규제 완화	
	2004	지상파 DMB 서비스 시작	
ICT 기반 미디어 확산 2기 방송통신융합 시대, IPTV 확산기, 소셜미디어 확산기	2008.12.	IPTV 상용화	- IPTV 서비스 시작 - 2010년 초 IPTV 제공 3사 통틀어 가입자 수가 약 200만 명 돌파[6]
	2009.10.	IPTV 가입자 100만 명 돌파[2]	
	2010.5.	트위터 월간 방문자 281만 명[3]	
	2011	스마트폰 보유율 27.1%[4]	
	2012.5.	KT 스카이라이프 DCS 도입	
	2012.8.	유튜브 UCC 서비스 시장 점유율(PV기준) 60%에 육박[5]	
	2012.9.	페이스북 국내 이용자 1000만 명	
ICT 기반 미디어 확산 3기 스마트폰 도약기, 디지털방송 도약기, 소셜콘텐츠 전성기	2012.10.	모바일(스마트폰) 대중화	- 스마트폰 가입자 수 2000만 명 돌파
	2012.12.31.	아날로그 방송 종료	
	2013.1.1.	디지털 방송 시작	
	2015	스마트폰 보유율 78.8%[7]	
	2015.10.	웹 엔터테인먼트 성공	

주: **1** 1995년~1998년 7월 누적 적자가 PP는 8726억 원, SO는 1,494억 원, NO는 2,826억 원이었다. **2** 허다혜(2009)를 참고했다. **3** 랭키닷컴 2010년 5월 월간 방문자 수 조사 결과를 참고했다. 서소정(2010.6.17). **4** 방송통신위원회(2012). **5** 김현아(2013.10.8). **6** 이상순(2013.12.6)를 참고했다. **7** 방송통신위원회(2015).

3. 한국 사회 ICT 기반 미디어의 확산 시기별 연구 의제의 변화

ICT 기반 미디어의 확산 시기별로 연구 의제를 살펴보기 위해, 학술지에 실린 논문들을 분석했다. 분석 대상은 뉴미디어 관련 논문이 많이 게재되는 한국방송학회의 ≪방송학보≫와 ≪방송통신연구≫, 언론학·행정학·사회학·경제학 등 다학제 간 연구 모임인 사이버커뮤니케이션학회에서 발행하는 ≪사이버커뮤니케이션학보≫, 정보사회와 관련된 논문이 많이 실리는 정보사회학회의 ≪정보와 사회≫를 대상으로 했다. 다만, ICT 도입기에는 ≪방송통신연구≫와 ≪정보와 사회≫가 발행되지 않아 ≪방송학보≫와 ≪사이버커뮤니케이션학보≫만을 대상으로 분석했다.

1) 확산 시기별 논문의 주제 변화

확산 시기별로 논문의 주제 변화를 살펴보니, 도입기에는 정책 논문이 가장 많아 분석 대상의 43.5%였고, 확산 1기에도 정책 논문이 가장 많아 36.8%였다. 아무래도 ICT 기반 미디어가 도입되고 확산되기 시작하는 시기인 만큼 정책적으로 결정할 사항이 많아서 나타난 현상인 것으로 보인다. 또 이러한 결과는 한국의 ICT 기반 미디어의 확산이 국가(정부) 주도로 이루어진 경향을 시사해주는 것이기도 하다.

확산 2기가 되면서 개인 이용자와 미디어·테크놀로지에 대한 연구가 증가했다. 케이블TV, 인터넷 등 보급률이 80% 이상 되면서 이용자들이 많아졌기 때문에 개인 이용자들의 미디어 이용 행위와 미디어·테크놀로지 자체에 대한 관심이 커진 것으로 보인다. 확산 3기가 되면서 개인 이용자에 대한 관심은 상대적으로 더 높아졌다. ICT 기반 미디어 이용자가 많

〈표 2-3〉 시기별 논문의 주제 변화 (단위: 건, %)

	도입기 (1990년대)	확산 1기 (2000~2007년)	확산 2기 (2008~2012년)	확산 3기 (2012~2016년)	전체
정책	10 (43.5)	84 (36.8)	25 (21.9)	9 (8.7)	128 (27.2)
산업, 시장, 사업자	2 (8.7)	37 (16.2)	9 (7.9)	11 (10.6)	59 (12.6)
공중, 사회	6 (26.1)	33 (14.5)	14 (12.3)	13 (12.5)	66 (14.1)
개인 이용자	4 (17.4)	45 (19.7)	33 (28.9)	43 (41.3)	125 (26.7)
미디어, 테크놀로지	1 (17.4)	29 (12.7)	33 (28.9)	28 (26.9)	91 (19.4)
합계	23 (100.0)	228 (100.0)	114 (100.0)	104 (100.0)	469 (100.0)

아짐에 따라 개인 이용자를 연구하는 것이 더 용이해진 것도 그 원인이겠지만, 미디어 생태계에서 이용자가 차지하는 비중이 더 커졌기 때문으로 생각된다. 확산 1기부터 나타난 현상이긴 하지만, 확산 2기와 확산 3기로 가면서 이용자들은 단순한 미디어 수용자가 아니라 생산자이자 유통자로 변신하고 있어, 미디어 생태계에서 이용자가 가지는 비중이 더 중요해졌음을 반영한 결과로 볼 수 있다.

(1) 정책 논문의 세부 주제 변화

정책 관련 논문은 도입기, 확산 1기, 확산 2기, 확산 3기를 거치면서 감소하는 경향을 보였다. 도입기 분석 대상의 43.5%, 확산 1기 분석 대상의 36.8%. 확산 2기 분석 대상의 21.9%, 확산 3기 분석 대상의 8.7%로 줄어들었다. 이러한 현상은 ICT 확산과 이용에서 정책의 중요성이 줄어든 것도 있지만, 미디어 생태계가 국가(정부) 주도에서 개인, 공중 중심으로 변

〈표 2-4〉 시기별 정책 논문의 세부 주제 변화 (단위: 건, %)

	도입기 (1990년대)	확산 1기 (2000~2007년)	확산 2기 (2008~2012년)	확산 3기 (2012~2016년)	전체
정책 일반 (정책 수립 과정, 정책의제 등)	1 (10.0)	38 (45.2)	15 (60.0)	4 (44.4)	58 (45.3)
인프라		1 (1.2)			1 (0.8)
법제도화	3 (30.0)	16 (19.0)	2 (8.0)	1 (11.1)	22 (17.2)
도입·확산정책	5 (50.0)	7 (8.3)	2 (8.0)	1 (11.1)	15 (11.7)
규제정책	1 (10.0)	22 (26.2)	6 (24.0)	3 (33.3)	32 (25.0)
합계	10 (100.0)	84 (100.0)	25 (100.0)	9 (100.0)	128

화하고 있기 때문으로 보인다.

정책 연구에서의 논문 주제는 도입기에는 도입·확산 정책이 가장 많이 다뤄졌고, 확산 1기에서는 정책 수립 과정이나 정책 의제를 다룬 논문이 45.2%로 가장 많았으며, 그다음으로는 규제 정책이 26.2%로 많았다. 이것은, 도입기에는 처음 도입되는 뉴미디어들을 어떻게 도입하고 확산할 것인가에 대한 관심이 많았기 때문인 것으로 보이며, 확산 1기에는 뉴미디어가 확산되면서 여러 가지 문제가 발생하는 가운데 정책 의제를 설정하고 어떻게 규제할지를 고민해야 했기 때문으로 판단된다.

확산 2기와 3기에는 뉴미디어 정책의 방향을 제시하고 기존 정책을 평가하는 정책 일반 논문들이 각각 분석 대상의 60%, 44.4%를 차지해 가장 많았다. 상대적으로 법제도화와 도입·확산 정책, 규제 정책 관련 논문은 적었다. 확산 3기에서 특히 정책 관련 논문이 적었는데, 그것은 정책으로 뉴미디어 생태계에 영향을 미칠 수 있는 영역이 줄어들었기 때문으로 보인다. 또 테크놀로지의 비약적 발전으로 테크놀로지에 대한 정확한 이해 없이 정책 수립이나 제안, 평가가 어려워진 점 등도 정책 관련 연구가 줄어든 원인으로 보인다.

(2) 산업·시장·사업자 논문의 세부 주제 변화

이번 분석 결과 중 ICT 기반 미디어의 확산에서 중요한 역할을 하고 있는 산업 분야의 연구가 생각보다 적은 것은 경영·경제 관련 학술지를 분석에 포함하지 않았기 때문이다. 그러나 미디어 산업의 중요성이 커지면

〈표 2-5〉 시기별 산업·시장·사업자 논문의 세부 주제 변화 (단위: 건, %)

	도입기 (1990년대)	확산 1기 (2000~2007년)	확산 2기 (2008~2012년)	확산 3기 (2012~2016년)	전체
산업 일반		3 (8.1)	2 (22.2)	1 (9.1)	6 (10.1)
산업 특성, 산업 조직		4 (10.8)	1 (11.1)		5 (8.5)
시장 일반, 시장 원리, 시장 특성	2 (100.0)	14 (37.8)		4 (36.4)	20 (33.9)
경영 전략(경쟁 전략, 서비스 전략, 가격 전략)		9 (24.3)	5 (55.6)	5 (45.5)	19 (32.2)
사업자 간 관계, 사업자 간 경쟁		2 (5.4)	1 (11.1)	1 (9.1)	4 (6.8)
비즈니스 구조, 비즈니스 모델		1 (2.7)			1 (1.7)
사업(서비스)의 흥망성쇠		1 (2.7)			1 (1.7)
국가 간 무역		3 (8.1)			3 (5.1)
합계	2 (100.0)	37 (100.0)	9 (100.0)	11 (100.0)	59 (100.0)

서 미디어 경제와 경영 관련 연구자가 늘어난 경향이 나타났음에도 연구 결과가 별로 없는 것은 미디어 산업 관련 연구가 학술지에 실리는 논문으로 발전하기보다는 정부 산하 연구 기관에서 진행하는 정책 관련 프로젝트 보고서로 제출되고 학술적 논의로 발전하지 못했기 때문으로 보인다.

ICT 기반 미디어의 도입기에는 시장 관련 논문 2편 이외는 산업 관련 연구가 없었다. 아마도 당시에는 ICT 기반 미디어가 도입되는 시기라 산업으로 자리 잡은 ICT 기반 미디어가 적었기 때문일 것이다. 시기별 구분 중 산업 관련 연구가 가장 많은 시기는 확산 1기였다. 확산 1기에는 시장 원리와 특성을 다룬 논문이 가장 많아 37.8%, 그다음으로 경영전략(경쟁 전략, 서비스 전략, 가격 전략)이 24.3%로 많았다. 확산 2기와 확산 3기에는 경영 전략 연구가 각각 55.6%, 45.5%로 가장 많았다. 이 시기에는 본격적으로 뉴미디어 관련 산업이 자리를 잡아 기업별 경영 전략이 중요해졌기 때문으로 보인다.

(3) 공중·사회 논문의 세부 주제 변화

도입기에 공중·사회를 다룬 논문에서 '공중'보다는 '사회'에 초점을 둔 논문이 많아, 미디어와 국제관계를 다룬 논문 2편, 전자민주주의와 관련된 논문 1편이 발표되었다. 미디어와 국제관계는 위성방송과 관련해 일본 방송을 국내에서도 볼 수 있게 됨에 따라 한국 사회에 미칠 수 있는 영향을 논하는 논문이었다.

확산 1기부터 공중·사회를 다룬 논문이 많아졌는데, 이때 가장 많이 다룬 것은 사이버윤리 관련 논문으로 18.2%였다. 인터넷이 확산되고 토론방, 커뮤니티가 늘어나면서 이용자들이 글쓰기를 통해 타인에게 영향을 미치게 되는 일이 많아졌기 때문으로 보인다. 이어 공론장으로 인터넷을

〈표 2-6〉 시기별 공중·사회 논문의 세부 주제 변화 (단위: 건, %)

	도입기 (1990년대)	확산 1기 (2000~2007년)	확산 2기 (2008~2012년)	확산 3기 (2012~2016년)	전체
공론장		3 (9.1)	1 (7.1)	1 (7.7)	5 (7.6)
여론		1 (3.0)			1 (1.5)
미디어와 국제관계	2 (33.3)				2 (3.0)
전자민주주의, 민주적커뮤니케이션, 전자정부	1 (16.7)	4 (12.1)	1 (7.1)		6 (9.1)
선거/정치		1 (3.0)			1 (1.5)
사회변화	2 (33.3)	1 (3.0)			3 (4.5)
사회운동		1 (3.0)			1 (1.5)
정보사회의 개념·정의	1 (16.7)		4 (28.6)		5 (7.6)
정보사회의 부작용(전자감시, 프라이버시 등)		3 (9.1)	1 (7.1)	1 (7.7)	5 (7.6)
사이버윤리		6 (18.2)			6 (9.1)
사이버교육		1 (3.0)	1 (7.1)		2 (3.0)
수용자복지		3 (9.1)		1 (7.7)	4 (6.1)
라이프스타일		2 (6.1)		2 (15.4)	4 (6.1)
가치관, 사회화, 사회자본		5 (15.2)	6 (42.9)	8 (61.5)	19 (28.8)
기타		2 (6.1)			2 (3.0)
합계	6 (100.0)	33 (100.0)	14 (100.0)	13 (100.0)	66 (100.0)

조명한 연구, 수용자 복지에 관한 연구가 각각 9.1%로 많았다.

확산 2기에는 정보사회가 본격화됨에 따라 흔들리는 가치관과 사회화의 문제, 사회자본에 대한 연구가 가장 많아 42.6%였고, 이어 정보사회에 대해 다시 생각해보는 개괄적 논의(28.6%)가 그다음으로 많았다. 확산 3기에도 '가치관, 사회화, 사회자본' 관련 연구(61.5%)가 가장 많았다.

(4) 개인 이용자 논문의 세부 주제 변화

도입기에 개인 이용자 논문은 PC통신에서의 대인 커뮤니케이션을 다룬 연구와 미디어 이용에 대한 연구가 조금 있는 정도였다. ICT 기반 미디어가 확산되기 시작한 확산 1기로 가면서 본격적으로 개인 이용자 관련 연구가 이루어지기 시작했다. 확산 1기와 확산 2기, 확산 3기에도 미디어 이용에 대한 연구가 가장 많아 각각 75.6%, 75.8%와 90.7%였다. ICT 기반 미디어가 늘어나고 ICT를 채택한 이용자가 충분하게 많아짐에 따라 개인 이용자에 대한 연구가 증가한 것으로 보인다. 또한 앞서 기술했듯이 뉴미디어 생태계에서 이용자의 비중이 커짐에 따라 개인 이용자 연구가 늘어

〈표 2-7〉 시기별 개인 이용자 논문의 세부 주제 변화 (단위: 건, %)

	도입기 (1990년대)	확산 1기 (2000~2007년)	확산 2기 (2008~2012년)	확산 3기 (2012~2016년)	전체
대인커뮤니케이션	2 (50.0)	5 (11.1)	1 (3.0)	1 (2.3)	9 (7.8)
미디어 이용	2 (50.0)	34 (75.6)	25 (75.8)	30 (90.7)	91 (78.4)
(뉴)미디어 채택		5 (11.1)	4 (12.1)		9 (7.8)
미디어 중독		1 (2.2)	3 (9.1)	3 (7.0)	7 (6.0)
합계	4 (100.0)	45 (100.0)	33 (100.0)	34 (100.0)	116 (100.0)

난 것으로 해석해볼 수 있다.

(5) 미디어·테크놀로지 논문의 세부 주제 변화

미디어·테크놀로지 관련 논문은 도입기에는 1편에 불과했으나, ICT 기반 미디어가 확산됨에 따라 점점 증가했다. 확산 1기와 확산 3기에는 학술적으로 뉴미디어 관련 연구를 분석한 논문(27.6%, 42.9%)과 미디어 특성 관련 논문(24.1%, 25.0%)이 가장 많았다. 확산 2기에는 미디어 특성 관련 논문(36.4%)이 가장 많았고, 이어 뉴미디어 관련 연구를 분석한 논문(30.3%)과 미디어 변화(24.2%)에 대한 논문이 많았다. 뉴미디어는 테크놀로지와 밀접한 관련성이 있음에도 테크놀로지에 대한 연구가 매우 적다는 점이 특이했다.

〈표 2-8〉 시기별 미디어·테크놀로지 논문의 세부 주제 변화 (단위: 건, %)

	도입기 (1990년대)	확산 1기 (2000~2007년)	확산 2기 (2008~2012년)	확산 3기 (2012~2016년)	전체
테크놀로지 (방송기술, 기술적 특성)	1 (100.0)	2 (6.9)	2 (6.1)	1 (3.6)	6 (6.6)
미디어 특성		7 (24.1)	12 (36.4)	7 (25.0)	26 (28.6)
미디어 변화		5 (17.2)	8 (24.2)	1 (3.6)	14 (15.4)
콘텐츠 변화		2 (6.9)	1 (3.0)	3 (10.7)	6 (6.6)
미디어 대체		2 (6.9)		2 (7.1)	4 (4.4)
미디어연구		8 (27.6)	10 (30.3)	12 (42.9)	30 (32.9)
미디어 책임 (공익 등)		3 (10.)		2 (7.1)	5 (5.5)
합계	1 (100.0)	29 (100.0)	33 (100.0)	28 (100.0)	91 (100.0)

2) 확산 시기별 연구 대상 미디어의 변화

확산 시기별로 논문에서 연구한 대상 미디어를 분석해본 결과, 도입기, 확산 1기, 확산 2기, 확산 3기 모두 인터넷이 가장 많은 비율을 차지하고 있었다. 각각 45.5%, 37.8%, 48.1%, 48.3%로 나타났다. 이 결과를 토대로 보면 1990년대에서 2010년까지 한국 사회에서 가장 중요한 뉴미디어는 인터넷이라는 것을 확인할 수 있다. 그다음으로 많은 것은 방송으로, 방송 관련 연구는 도입기 분석 대상의 18.2%, 확산 1기 분석 대상의 10.8%, 확산 2기 분석 대상의 29.6%, 확산 3기 분석 대상의 24.1%였다. 모바일 연구가 가장 많이 이루어진 것은 확산 1기로 분석 대상의 24.3%를 차지했다. 스마트폰이 등장하기 전 피처폰 역시 한국 사회를 바꿔놓은 중요한 뉴미디어였음을 알 수 있다.

〈표 2-9〉 시기별 연구 대상 미디어의 변화 (단위: 건, %)

	도입기 (1990년대)	확산 1기 (2000~2007년)	확산 2기 (2008~2012년)	확산 3기 (2012~2016년)	전체
뉴미디어 전반	1 (9.1)	7 (18.9)	1 (3.7)	5 (17.2)	14 (13.5)
방송	2 (18.2)	4 (10.8)	8 (29.6)	7 (24.1)	21 (20.2)
통신(네트워크)		1 (2.7)			1 (1.0)
인터넷	5 (45.5)	14 (37.8)	13 (48.1)	14 (48.3)	46 (44.2)
모바일	3 (27.3)	9 (24.3)	5 (18.5)	3 (10.3)	20 (19.2)
테크놀로지		2 (5.4)			2 (1.9)
합계	11 (100.0)	37 (100.0)	27 (100.0)	29 (100.0)	104 (100.0)

〈표 2-10〉 시기별 인터넷 연구 조섬 대상 미디어의 변화 (단위: 건, %)

	도입기 (1990년대)	확산 1기 (2000~2007년)	확산 2기 (2008~2012년)	확산 3기 (2012~2016년)	전체
SNS 전반		1 (1.6)	7 (26.9)	22 (47.8)	30 (21.0)
블로그			5 (19.2)	1 (2.2)	6 (4.2)
트위터			4 (15.4)	11 (23.9)	15 (10.5)
페이스북			2 (7.7)	3 (6.5)	5 (3.5)
미니홈피 (싸이월드)			1 (3.8)		1 (0.7)
톡				1 (2.2)	1 (0.7)
커뮤니티, 토론방		9 (14.1)	2 (7.7)	1 (2.2)	12 (8.4)
인터넷 뉴스 전반		4 (6.3)		1 (2.2)	5 (3.5)
인터넷 기반 인터넷 뉴스		1 (1.6)			1 (0.7)
신문사닷컴		1 (1.6)			1 (0.7)
인터넷 방송, 영화 전반	1 (14.3)	2 (3.1)			3 (2.1)
UCC		4 (6.3)	2 (7.7)		6 (4.2)
홈페이지		1 (1.6)	1 (3.8)	1 (2.2)	3 (2.1)
인터넷 홍보, 광고, 마케팅, 프로모션		1 (1.6)		1 (2.2)	2 (1.4)
인터넷 전반	6 (85.7)	39 (60.9)	2 (7.7)		47 (32.8)
전화		1 (1.6)		1 (2.2)	2 (1.4)
웹드라마				1 (2.2)	1 (0.7)
소셜커머스				1 (2.2)	1 (0.7)
팟캐스트				1 (2.2)	1 (0.7)
합계	7 (100.0)	64 (100.0)	26 (100.0)	46 (100.0)	143 (100.0)

(1) 인터넷 관련 연구에서 초점 대상 미디어의 변화

인터넷 관련 연구에서 초점 대상이 된 미디어들은 확산 시기별로 차이가 있었다. 도입기에는 인터넷의 구체적인 서비스보다는 인터넷 전반을 다룬 논문이 가장 많았고 85.7%를 차지했다. 확산 1기에는 커뮤니티·토론방(14.1%)과 인터넷 뉴스(9.5%)를 다룬 논문들이 많았다. 이는 이용자들이 PC 기반 인터넷을 활용해 커뮤니티와 인터넷 뉴스를 많이 이용했기 때문으로 보인다.

확산 2기에는 소셜미디어 관련 연구(73.0%)가 대세였는데 그중에서도 블로그와 트위터 관련 연구가 많았다. 구체적으로 보면, 소셜미디어 전반을 다룬 연구가 26.9%, 블로그 19.2%, 트위터 15.4%, 페이스북 7.7%, 미니홈피 3.8%였다. 확산 3기에도 여전히 소셜미디어 관련 연구(80.4%)가 가장 많았지만, 블로그의 인기는 사라지고 트위터 연구가 더 많이 늘어났다. 구체적으로는 소셜미디어 전반을 다룬 연구가 47.8%, 블로그 2.2%, 트위터 23.9%, 페이스북 6.5%였다.

(2) 모바일 관련 연구에서 초점 대상 미디어의 변화

모바일 관련 연구가 등장한 것은 확산 1기부터이다. 확산 1기에는 전화 관련 연구가 가장 많아 75%였다. 확산 1기에는 피처폰이 대세였기 때문에 모바일에서 인터넷을 활용한 다양한 미디어에 대한 연구는 없었던 것이다. 확산 2기가 되면서 연구 대상은 좀 더 다양해졌지만, 여전히 전화 관련 연구가 가장 많아 분석 대상의 62.1%였다. 그래도 모바일을 활용한 소셜미디어에 대한 연구가 늘어서 분석 대상의 13.8%를 차지했다. 구체적으로는 소셜미디어 전반을 다룬 연구 2편과 블로그와 트위터를 다룬 연구가 각각 1편씩이었다.

〈표 2-11〉 시기별 모바일 연구 초점 대상 미디어의 변화 (단위: 건, %)

	도입기 (1990년대)	확산 1기 (2000~2007년)	확산 2기 (2008~2012년)	확산 3기 (2012~2016년)	전체
SNS 전반			2 (6.9)	2 (10.0)	4 (6.6)
블로그			1 (3.4)		1 (1.6)
트위터			1 (3.4)		1 (1.6)
메신저				1 (5.0)	1 (1.6)
쇼핑몰				1 (5.0)	1 (1.6)
인터넷 홍보, 광고, 마케팅, 프로모션			2 (6.9)		2 (3.3)
전화		9 (75.0)	18 (62.1)	10 (50.0)	37 (60.7)
모바일 전반		2 (16.7)	4 (13.8)	2 (10.0)	8 (13.1)
기타 모바일		1 (8.3)			1 (1.6)
애플리케이션			1 (3.4)	4 (20.0)	5 (8.2)
합계		12 (100.0)	29 (100.0)	20 (100.0)	61 (100.0)

확산 2기가 되면서 연구의 초점 대상 미디어는 좀 더 다양해졌다. 여전히 전화 관련 연구가 분석 대상의 50%를 차지했지만, 애플리케이션 관련 연구가 분석 대상의 20.0%를 차지했고, 그 밖에 소셜미디어(10.0%)와 메신저(5.0%), 쇼핑몰(5.0%), 모바일 전반(10.0%)을 다룬 연구 등이 있었다. 스마트폰이 보급되면서 인터넷을 활용한 미디어들을 모바일에서 이용하는 이용자들이 많아졌기 때문으로 보인다. 이러한 분석 결과를 볼 때, ICT 기반 미디어의 확산 1기, 확산 2기, 확산 3기로 가면서 전화를 다룬 비중

이 줄면서 인터넷을 활용한 다양한 미디어 활용에 대한 연구가 늘어났음을 알 수 있다.

4. 한국 사회 ICT 기반 미디어 확산: 정부 주도에서 테크놀로지·역동적 집단 이용자 중심으로

1) 뉴미디어 확산에서의 테크놀로지와 역동적 집단 이용자의 부각

(1) 뉴미디어 확산과 테크놀로지

2절에서는 뉴미디어 확산의 주체를 정부와 사업자(시장), 이용자, 사회와 공중으로 나눠서 살펴보았다. 이와 같은 뉴미디어 확산의 주체들은 모두 사람과 관련되어 있는데, 1990년대부터 2000년대까지만 해도 이러한 주체들이 상호작용을 통해 뉴미디어의 도입, 확산, 소멸의 과정을 이끌어 왔다. 그런데 2000년대 후반이 되면서 점점 더 테크놀로지가 뉴미디어 확산의 중심이 되고 있다는 생각을 떨쳐버릴 수 없다.

2009년에 도입된 아이폰으로 대표되는 스마트폰 시대의 개막은 테크놀로지의 중요성을 더욱 자각하게 만들었다. 작은 모바일폰에서 외부 세계와의 커뮤니케이션과 엔터테인먼트를 즐길 수 있게 되면서 모든 것이 바뀌었다. 아이폰을 만들고 보급한 것은 물론 사업자이고, 그 안에 서비스되는 콘텐츠와 커뮤니케이션 시스템을 서비스한 것도 이용자 또는 사업자이지만, 새로 개발된 테크놀로지 자체가 뉴미디어를 도입하고 확산하는 데 결정적 역할을 했다는 생각을 지우기 힘들기 때문이다. 특히 2016년 3월 9일부터 15일까지 이세돌과 알파고의 바둑 5국을 통해 인간의 능력을 넘어설 수 있는 테크놀로지의 가능성을 보면서 이러한 생각은 더욱 강화되었다.

한국의 뉴미디어 확산 과정을 살펴볼 때, 정부가 추진한 초고속통신망 구축과 정보화 정책이 인터넷 도입과 확산에 큰 역할을 했다. 1990년대와 2000년대 초반까지 뉴미디어 확산에서 핵심적 역할을 한 것은 정부의 인프라 구축과 정보화 정책이었다. 그러나 인터넷의 확산이 가능했던 것은 사람들이 손쉽게 인터넷을 이용할 수 있는 월드와이드웹과 웹 브라우저의 개발 없이는 이루어질 수 없었다. 정부의 정보화 정책과 테크놀로지의 구현이 잘 맞아떨어진 셈이다.

그런데 점점 더 테크놀로지의 영향력이 커져 가는 모양새이다. 아이패드와 아이폰의 등장, 소셜네트워크 서비스(SNS)의 도입은 사람과 사람 사이의 커뮤니케이션과 미디어 콘텐츠, 물건을 사고파는 시장의 생태계까지 모두 바꾸어놓았다. 전화 대신 카카오톡을 통해 대화하고, 오랜 기간 제작한 드라마 대신 1인 방송이 만든 짧은 동영상이 인기를 모으며, 온라인 마켓에서 식자재를 구입하는 것이 자연스러운 세상이 되었다.

물론 새로운 테크놀로지가 독자적으로 이런 변화를 이루어낸 것은 아니다. 그것은 새로운 테크놀로지가 사람들에게 유용한 미디어로 탄생하면서 사회와 공중의 필요와 맞아떨어졌기 때문에 가능했다. 그러나 앞으로 진행될 뉴미디어들의 확산 과정을 이해하기 위해서는 확산의 주체들(정부, 사업자, 이용자, 사회와 공중)과 같은 선상에서 테크놀로지를 고려해야 할 것으로 보인다. 그만큼 테크놀로지의 중요성이 커졌기 때문이다.

(2) 뉴미디어 확산과 역동적 이용자 집단

뉴욕대학교 교수 클레이 셔키(Clay Shirky)는 『끌리고 쏠리고 들끓다: 새로운 사회와 대중의 탄생(Here Comes Everybody: The Power of Organizaing Without Organization)』(2008)이라는 저서에서, 10년 전에는 일어날 가능성이 없었던 일들이 수시로 벌어지고 있는 새로운 집단행동의 출현과 그 역동성에 주목했다. 그는 인터넷, 블로그, 메신저 등 새로운 도구를 통해 사람들은 과거에 비해 광범위하면서도 신속하게 뭉칠 수 있었기 때문에 이런 현상이 일어난다고 진단했다.

뉴미디어 확산에 이러한 역동적 이용자 집단은 큰 역할을 한다. 상호작용성을 기반으로 하는 뉴미디어 확산에서 가장 중요한 특성은 많은 이용자가 함께 이용해야 한다는 점이다. 역동적 이용자 집단은 새로운 미디어를 혼자 이용하는 데 그치지 않고 자신의 이용 경험 등을 블로그나 페이스북 등 소셜미디어를 통해 적극적으로 알려서 더 많은 이용자들이 이용하게 한다. 또 역동적 이용자 집단은 새로운 미디어의 문제점을 발견하면, 서로 아이디어와 의견을 공유하면서 해결책을 강구하고 진화시켜나간다.

인터넷이 확산되는 초기에는 이러한 역동적 이용자 집단의 존재가 미미했기 때문에 한국 사회에서 뉴미디어 확산은 정부 주도로 이루어졌다. 그러나 2000년대 중반 이후 소셜미디어 이용이 보편화되면서, 역동적 이용자 집단은 뉴미디어 확산에 매우 중요한 역할을 수행하고 있다.

역동적 이용자 집단의 활동은 단지 새로운 미디어의 이용 방법을 공유하는 데 그치지 않는다. 미디어에 담기는 콘텐츠를 포함해, 미디어를 통해 소통되는 콘텐츠를 생산하고 전파시킨다. 스스로 직접 뉴스를 생산해 블로그나 뉴스 사이트에 올리기도 하고, 자신의 관심 분야를 스크랩해서 비슷한 관심사의 사람들과 공유하기도 한다. 또 사회 문제를 해결하기 위한 다양한 활동을 벌이기도 한다. 즉, 역동적 이용자 집단은 뉴미디어를 확산시키는 주체이자, 뉴미디어를 활용해 사회를 바꿔나가는 변화의 추진 세력이기도 한 것이다. 뉴미디어의 도입에서 확산과 사회 변화로 이어지는 흐름에서 핵심적 역할을 수행하는 중심적 위치에 있다고 하겠다.

2) 한국 사회 ICT 기반 미디어 확산 시기별 특성과 확산의 주체

한 사회 안에서 뉴미디어 확산 시기를 구분하는 것은 불가능하다. 뉴미디어는 시간이 지나면 올드미디어가 되고 뉴미디어별 확산 정도에서 차이가 있기 때문이다. 그럼에도, 앞서 2절에서는 특정 시기마다 사회적 영향력이 컸던 ICT 기반 미디어를 중심으로 한국 사회에서의 ICT 기반 뉴미디어의 확산 시기를 구분해보았다. 그런 시도를 한 것은 한국 사회에서의 뉴미디어 확산의 과정을 이해해보고, 각 시기별 특성을 분석해봄으로써 향후 새로운 미디어를 도입할 때 시행착오를 줄이기 위해서였다.

또 앞서 2절에서는 각 시기별로 학술지에 실린 연구 논문들을 분석해 어떤 주제와 미디어를 중심으로 연구가 진행되었는지를 살펴보았다. 이러한 분석은 학술지 논문들이 사회에서 논의되는 의제를 포함하고 있다는 전제에서 출발한 것으로, 논문에서 다룬 내용을 중심으로 각 시기 ICT 기반 미디어의 확산의 주체가 누구였으며 어떤 미디어와 주제를 중심으로 논의가 진행되었는지를 파악해보았다.

여기서는 2절에서 기술한 내용 중 핵심적인 발견점을 정리하면서 ICT 기반 미디어의 확산에서 그런 발견점들이 가진 함의가 무엇인지에 대해 논의하고 이 글을 마무리하고자 한다.

(1) ICT 기반 미디어 도입기(1990년대)

1990년대에 가장 주목받은 뉴미디어는 케이블TV였다. 1991년 12월 '유

〈표 2-12〉 한국 사회 ICT 기반 미디어의 확산 시기별 주요 미디어의 확산 정도

ICT 기반 미디어의 확산 시기별 구분	주요 ICT 기반 미디어의 확산 정도
ICT 기반 미디어 도입기 (1990년대)	· 케이블TV 확산기 · PC통신 확산·쇠퇴기 · 인터넷 도입기
ICT 기반 미디어 확산 1기 (2000~2007년)	· 인터넷 도약·확산기 · 인터넷 뉴스, 소셜미디어 도입·도약기
ICT 기반 미디어 확산 2기 (2008~2012년)	· 방송통신융합 시대 개막 · IPTV 확산기 · 소셜미디어 확산기
ICT 기반 미디어 확산 3기 (2012~2016년)	· 스마트폰 전성기 · 디지털 방송 도약기 · 소셜 콘텐츠 도약기

선방송법' 제정, 1993년 사업자 선정(PP, SO, NO), 1999년 1월 '종합유선방송법' 개정(복수 SO와 PP 허용, 외국인 지분 33% 확대, PP 자체 제작 비율 폐지)이라는 정책적 변화를 살펴보면, 케이블TV의 도입·확산은 정부 주도로 진행되었음을 알 수 있다.

이 시기에 나온 논문들을 보면, 정책 관련 논문이 가장 많았고, 그중에서도 법·제도화와 도입·확산 정책 관련 논문이 많았다. 뉴미디어 확산에 있어 정부의 역할이 중요했던 시기였음을 알 수 있다.

이 시기는 인터넷이 도입된 시기이기도 한데, 1994년 국내에서 서비스가 시작되어, 1999년까지 전체 인구의 10.7%가 사용하게 된 데에는 정부가 초고속통신망 구축 등 제반 인프라를 마련하는 데 큰 기여를 했기 때문이다. 학술지에 실린 논문 중에서 이 시기에 가장 많이 연구된 미디어는 인터넷이었고, 인터넷을 통한 구체적인 서비스나 콘텐츠보다는 인터넷 전반을 다루는 연구들이 주류를 이루었다. 인터넷과 사회 변화라든가, 전자민주주의, 전자정보, 정보사회의 개념, 시장의 일반적 특성을 다룬 논문들로, 거시적 논의들이 중심을 이루었다. 아무래도 구체적인 연구가 진행되

기에는 모든 것들이 불투명하고 구체적이지 않았기 때문으로 보인다.

이 시기에 도입되어 확산되다 사라져간 PC통신은 인터넷의 확산을 앞당긴 일등공신이었다. PC통신을 통해 사람들은 컴퓨터를 매개로 한 소통과 토론, 정보의 공유 등을 학습했기 때문에, 인터넷이 등장한 후 빠르고 쉽게 인터넷에 적응할 수 있었다. 콘텐츠 생산자 역시 PC통신을 통해 일정 정도 콘텐츠를 서비스해본 경험을 바탕으로 인터넷에 맞는 콘텐츠와 서비스를 개발할 수 있는 기초 체력을 키워나갈 수 있었다.

(2) ICT 기반 미디어 확산 1기(2000~2008년)

ICT 기반 미디어 확산 1기 초반에 가장 주목할 만한 일은 인터넷의 확산이었다. 2002년 12월, 6세 이상 전 인구의 59.4%가 인터넷을 사용한다는 통계는 1994년 첫 서비스 이후 8년 만에 전 국민 10명 중 6명이 인터넷을 사용할 정도로 인터넷이 보편화되었음을 알려준다.

이러한 인터넷의 확산에 기여한 1등 공신은 뭐니 뭐니 해도 싸이월드라는 한국형 블로그 미니홈피였다. 2000년대 초반 '싸이질', '1촌', '도토리'는 일상용어처럼 사용됐다. 24~29세의 90%가 미니홈피 이용자였고, 30대의 대다수도 '싸이질'을 했다.

인터넷을 통한 개인 커뮤니케이션 정착에 싸이월드가 기여했다면, ≪오마이뉴스≫는 인터넷을 통한 공론장 형성에 기여한 뉴스 미디어였다. '누구나 기자가 될 수 있다'는 캐치프레이즈를 내걸고 시작한 ≪오마이뉴스≫에 수많은 시민 기자들이 참여해서 이용자들의 공감을 불러일으키는 뉴스들을 생산했다. 1999년 12월에 서비스된 ≪오마이뉴스≫가 2003년 ≪시사저널≫이 선정한 언론매체 영향력 6위에 오른 것도 모두 시민 기자들과 그들이 생산한 뉴스에 공감해준 이용자들 덕분이다. 이렇게 보면 ICT 기반 미디어 확산 1기의 중심 주체는 이용자였다고 할 수 있다. 정부보다는 이용자들이 새로운 미디어와 콘텐츠의 확산에 큰 기여를 했다.

포털의 성장도 주목해볼 만하다. 2000년대 초반까지는 미디어 다음이, 중반부터는 네이버가 인터넷 검색과 콘텐츠의 유통에서 큰 역할을 수행했다. 미디어 다음은 기자들을 채용해 취재까지 할 정도로 콘텐츠 생산에도 열심이었으나, 네이버에 밀리면서 '직접 생산'에서 '가공 생산'으로 노선을 바꾸었지만 미디어로서의 역할을 수행하는 데 충실하고자 했다. 2000년대 초반 다음 카페의 인기는 상당했다. 또 아고라 등을 통해 이용자들이 사회적 이슈에 대한 활발한 토론을 전개할 수 있는 토대를 마련하는 등 사회적 여론 형성에 큰 역할을 했다.

반면 네이버는 검색 포털로서의 역할을 충실히 수행하면서 네이버 지식iN으로 인기를 모았고, 이용자가 늘어남에 따라 미디어 다음을 압도했으며 뉴스와 웹툰 등 콘텐츠 유통에서도 압도적 1위 자리에 올랐다. 2002년에 서비스를 시작한 네이버 지식iN은 이용자들이 직접 묻고 답할 수 있는 새로운 개념의 지식 공유 플랫폼으로, 2003년 6월 100만 지식iN DB를 돌파했고, 2004년 2월 1000만 지식iN DB를 달성해 『책으로 간 지식iN』을 발간하기도 했다. 서비스는 네이버가 했지만, 지식iN의 콘텐츠는 이용자가 쌓은 만큼 포털 기업과 이용자가 함께 이룬 성과라고 할 수 있다.

이 시기 진행된 연구 논문을 살펴보더라도 개인 이용자에 대한 연구가 가장 많이 증가했다. 이것은 미디어 생태계에서 이용자의 비중이 커졌기 때문으로 보인다. 물론 이 시기에도 가장 많은 연구는 정책 관련 논문이었다. 그러나 정책 논문의 세부 주제는 달라졌다. 도입기에는 법·제도화와 뉴미디어 도입·확산 관련 연구가 많았던 반면, ICT 기반 미디어 확산 1기에는 정책 의제, 정책 수립 과정 등 정책 일반 연구와 규제 정책 관련 연구가 중심을 이루었다. 새로운 미디어를 기반으로 한 기업들의 성장과 서비스, 인터넷을 통해 소통하고 콘텐츠를 소비하는 이용자들이 많아짐에 따라 정책 수립과 규제 방안이 무엇보다 중요해졌기 때문이다. 정부는 이제 뉴미디어 확산을 주도해나가는 주체가 아니라 뉴미디어 확산의 물결에서 제도를 정비하고 규제하는 관리자로 역할이 바뀌게 되었음을 알 수 있다.

이러한 상황을 보면, ICT 기반 미디어 확산 1기는 싸이월드와 ≪오마이뉴스≫, 다음, 네이버 등 인터넷 기업과 이용자들이 중심이 되어 새로운 미디어와 콘텐츠의 확산을 주도했음을 알 수 있다. 그중에서도 이용자들의 활발한 소통과 콘텐츠 생산이 무엇보다 중요한 원동력이었다고 할 수 있다. 그러한 뉴미디어 확산의 소용돌이 속에 정부는 시스템을 갖추고 규제하는 역할을 담당했다고 할 수 있다.

(3) ICT 기반 미디어 확산 2기(2008~2012년)

ICT 기반 미디어 확산 2기에서 사회 변화의 가장 주요한 원동력은 소셜 미디어의 확산이다. 트위터와 페이스북의 확산은 사람들의 커뮤니케이션 방식을 완전히 바꾸어놓았다. 2009년 4월 월간 방문자가 14만여 명이었던 트위터는 2010년 5월 월간 방문자 281만 명을 돌파했고, 당시 치러졌던 지방선거는 '투표 인증샷 보내기' 활동을 통해 15년 만에 최고치의 투표율(54.6%)을 기록하게 만들었다.

페이스북은 2012년 한 해 동안 어마어마한 성장을 보였다. 2012년 1월에는 페이스북(1139만 9766명)과 싸이월드(1133만 481명)가 비슷한 월간 방문자 기록을 세웠으나, 2월, 3월, 4월 그 차이는 급격하게 커졌고, 5월 들어 페이스북 이용자가 1264만 5311명이나 된 반면, 싸이월드는 963만 8800명으로 쇠퇴의 길을 걸었다.[10]

이처럼 ICT 기반 미디어 확산 2기에는 국내 미디어 기업이 아닌 외국에 본사를 둔 다국적 기업의 서비스가 한국 뉴미디어 확산에 큰 역할을 담당하게 됐다. 그렇게 된 원인은 여러 가지가 있겠지만, 정부의 과도한 규제정책이 한몫했다는 지적도 있다. 실제로 국내 UCC 콘텐츠 확산에서 2009년과 2010년 초까지는 다음TV팟, 아프리카TV, 판도라TV가 비슷한 시장 점유율로 경쟁을 하고 있었으나, 2010년 중반부터는 유튜브가 급성장하기 시작했고 2011년 이후부터는 압도적 1위를 달렸다.

이러한 유튜브의 성장에는 '인터넷 실명제 실시'라는 정부의 정책이 국내 동영상 기업의 성장세를 주춤하게 만든 데 따른 결과라는 분석이 나오고 있다(김현아, 2013.10.8). 인터넷과 같은 글로벌 미디어 내에서의 경쟁은 국내 기업끼리 이루어지는 게 아니고 글로벌 기업과 경쟁하게 되는 만큼 국내 정책 결정에 좀 더 신중해져야 할 필요성이 제기된다.

이 시기에 또 하나의 주목할 만한 변화는 방송통신융합 시대의 개막이다. 방송과 인터넷이 결합한 IPTV가 2008년 12월 서비스를 시작해서, 2009년 10월 가입자 100만 명, 2010년 초 200만 명을 돌파했고, 유료 방송과 인터넷, 이동전화 결합상품 가입자가 2012년 296만 명을 넘었으니 그야말로 방송통신융합 시대가 열린 것이다. 2009년 아이폰 출시를 계기로 도입된 스마트폰도 보유율이 2010년 3.8%, 2011년 27.1%, 2012년 57.5%를 넘어 본격적인 확산이 진행되었다.

이 시기에 진행된 연구에서 정책 관련 논문의 비중은 크게 줄었다. 그보다는 개인 이용자와 미디어 특성에 대한 연구들이 늘어났다. '개인 이용자'

10 코리안클릭 조사 내용(http://www.mobizen.pe.kr/tag/257).

관련 연구에서는 새로운 미디어 이용이 많아짐에 따라 미디어 채택과 이용 행태에 대한 연구가 많았고, '미디어·테크놀로지'와 관련해서는 새로 도입된 미디어의 특성과 미디어 생태계 및 콘텐츠의 변화에 대한 논문이 주로 발표되었다. 또 '공중과 사회' 관련 연구에서는 사회자본과 사회화, 가치관, 사이버교육 등 소셜미디어와 인터넷 확산에 따른 사회 변화와 가치관의 혼란에 관심을 두는 연구가 많았다.

이 시기 뉴미디어 확산의 주체는 이용자 집단이었다. 다양한 소셜미디어를 통해 뉴스와 사회에 대한 생각, 개인적인 관심사 등을 유통시키는 이용자들이 뉴미디어 확산의 주인공이라고 할 수 있다. 그러나 점점 이용자들이 새로운 미디어 테크놀로지에 압도되어가는 분위기도 감지되고 있다. 스마트폰, 태블릿PC, IPTV 등 다양한 테크놀로지의 등장으로 새로운 미디어를 활용하는 데 어려움을 느끼는 노년층과 소외계층이 발생했기 때문이다. 또 테크노포비아를 겪는 사람들이 생겨나면서 뉴미디어를 통한 정보 격차의 발생이 심화되기 시작하는 시기이기도 하다. 그런 점에서 정부의 역할이 더 중요해 보이지만, 정부 역시 새로운 미디어의 등장과 확산에 어떻게 대응해야 할지 확실한 방향을 제시하지 못했다.

(4) ICT 기반 미디어 확산 3기(2012~2016년)

ICT 기반 미디어 확산 3기는 스마트폰이 순식간에 확산되면서 모든 것이 변화했다고 정리할 수 있다. 스마트폰 보급률은 2013년에 68.8%, 2014년 76.9%, 2015년 78.8%(방송통신위원회, 2015)로, 도입된 지 5년여 만에 10명 중 8명이 스마트폰을 사용하게 되었다. 이에 따라 모바일 웹 콘텐츠의 인기도 올라가 2015년 10월 웹 예능 프로그램인 〈신서유기〉가 네이버 조회 수 5000만을 달성하고 중국 QQ.COM 조회 수 1억을 기록했다. 텔레비전

방송이 아닌 웹으로 만든 예능 프로그램인데도 이렇게 많은 사람들이 볼 수 있었던 것은 스마트폰의 확산이 큰 역할을 했기 때문이다. 같은 맥락에서 '먹방', '쿡방' 등 1인 방송이 확산되고, MCN(Multi Channel Network)이 큰 성공을 거두었으며, 카드뉴스 등 모바일에 적합한 콘텐츠들이 인기를 모으고 있다.

이러한 맥락을 고려할 때, ICT 기반 미디어 확산 3기의 원동력은 스마트폰이라는 디바이스에 있었다. 테크놀로지의 중요성이 점점 더 커져 가고 있음을 보여준다. 스마트폰의 확산은 사람들 사이의 소통방식을 전화에서 카카오톡과 같은 SNS로 바꿔놓았고, 쇼핑 행태도 모바일폰을 통한 쇼핑몰 이용으로 바꾸었으며, 기업 홍보나 콘텐츠 유통도 모두 모바일폰에 적합한 형태로 바꾸어버렸다. 새로운 테크놀로지가 개발되고 그것이 사람들의 필요와 맞물릴 때 뉴미디어의 확산은 정말 순식간에 이루어지는 것이고 그에 따라 모든 콘텐츠와 유통시장, 사람들 간의 소통방식까지 변해간다는 것을 확인할 수 있다.

참고문헌

강상현. 1994. 「정보경제의 현실화 '정보사회'의 이데올로기: 전석호 著『정보사회론』에 대한 논평」. ≪사회과학논평≫, 12호, 5~28쪽.

김경희. 1998. 「인터넷의 공론장으로서의 가능성」. ≪방송연구≫, 47~97쪽.

김우룡. 1991. 『뉴미디어개론』. 나남.

김택환. 1995. 「2000년대의 신문저널리즘」. ≪관훈저널≫, 59호, 113~136쪽.

김현아. 2013.10.8. "유튜브, 실명제 덕에 점유율 2%에서 74%로 국내시장 싹쓸이". ≪이데일리≫.

방송통신위원회. 2012. 『2012년 방송매체이용행태조사』. 방송통신위원회.

______. 2015. 『2015년 방송매체이용행태조사』. 방송통신위원회.

서소정. 2010.6.17. "트위터, 월 방문자 281만명…전년比 19배 증가". ≪아시아경제≫

스티븐스, 미첼(Mitchell Stephens). 2010. 『뉴스의 역사』. 이광재·이인희 옮김. 커뮤니케이션북스.

이상순. 2013.12.6. "IPTV 출범5주년 '가입자 천만시대' 눈앞". YTN.

전지연. 2016.4.29. "KT스카이라이프 DCS 세 달, 가입자 유치 "어렵다, 어려워"". ≪전자신문≫.

정재하 외. 2007. 「TV홈쇼핑 시장분석 및 정책방안 연구」. 방송통신위원회.

조화. 2013. 「스마트폰 이용자의 성별 연령별 이용현황」. ≪Internet & Security Focus≫, 11월호. 한국인터넷진흥원.

최정호·강현두·오택섭. 1996. 『매스미디어와 현대사회』. 나남.

한국전산원. 1998. 『국가정보화백서』. 한국전산원.

허다혜. 2009. 「2009년 하반기 국내 IPTV 시장 동향」. ≪방송통신정책≫, 21(22), 66~72쪽.

Brumley, R. V. and D. Bowles. 1995. "Impact of internet on use of traditional news media." *Newspaper Research Journal*, 16(2), pp. 14~27.

Editor & Publisher. 1998.2.13. "Growing internet news audience."

European Journalism Centre. 1998. *The future of the printed press: challenges in a digital world*. Maastricht: European Journalism centre.

Hall, M. W. 1971. *Broadcast Journalism*. New York: Hastings House.

McChesney, R. W. 1996. "The Internet and U.S. communication policy-making in historical and critical perspective." *Journal of Communication*, 46(1), pp. 98~124.

Newhagen, J. E. 1994. "Self-efficacy and call-in political television show use." *Communication Research*, 21, pp. 366~379.

Newhagen J. E. and S. Rafaeli. 1996. "Why communication research should study the internet: a dialogue." *Journal of Communication*, 46(1), pp. 4~13.

Nieman Reports. 1995. "Public-Interest Journalism: Winner or Loser in the On-Line Era?" Tagungsdokumentation in: Nieman Reports, 49. Jg., Nr. 2(Sommer).

Picard, R. G. 1992. "Risk and Insurance Management." in Stephen Lacy, Ardyth Sohn and Robert H. Giles(eds.). *Readings in Media Management*, pp. 219~227.

Poster, M. 1990. *Mode of information*. Cambridge: Polity Press.

Rogers, E. M. 1986. *Communication technology: the new media in society*. New York: The Free Press.

Schramm, W., E. B. Parker and J. Lyle. 1961. *Television in the lives of our children*. Stanford: Stanford University Press.

Shirky, C. 2008. *Here Comes Everybody: The Power of Organizing Without Organizations*. Penguin Books.

SK Communications. 2006. "Company and Cyworld Introduction." SK Communications.

03 뉴미디어 확산과 언론

뉴미디어 확산 과정에서 사설의 역할

홍주현

"애플과 미 정부의 사생활 보호를 둘러싼 논쟁이 부럽다"

애플 아이폰의 잠금장치 해제를 두고 미국 내 논쟁이 가속화하고 있다. 페이스북 등 실리콘밸리 기술기업과 시민단체들은 '해제 불가'라는 애플 편에 가담했다. 미 법무부는 애플에 암호 해제를 요구하고 있다. 고객 정보를 제공하라는 수사 당국과 고객 정보를 보호하려는 기술기업 간 충돌은 스마트폰 사용이 일상화되고 테러가 빈발하면서 반복되는 이슈지만 이번 논쟁은 여러 면에서 흥미롭다. …… 수사 당국은 검찰을 통해 법원에 애플의 협력 필요성을 요청했고, 법원은 애플에 협력을 명령했다. 국가안보 사안이라며 기업을 윽박지르는 수사 당국과 그런 공권력에 눌려 두 손 드는 한국적 상황과는 결이 다르다.

첨예한 사안을 공론화하며 해결책을 모색하는 움직임도 남다르다. 애플은 "명령을 수용하면 수많은 시민의 자유가 파괴된다"며 협력 불가 입장을 밝혔다. 미 정보 당국 입장에서는 애타는 일이겠지만 국가안보와 사생활 보호 사이의 간극을 풀어보자는 문제제기라고 할 수 있다(≪경향신문≫ 사설, 2016.2.21).

"간첩과 유괴 살인범의 휴대전화 감청도 못 해서야"

유괴 살인, 간첩 테러 사건처럼 위급하거나 중대한 사건이 터져도 수사 당국은 휴대전화 감청을 할 수 없다. 감청 장비가 없기 때문이다. 이를 알고 있어서인지 간첩들은 난수표 대신 휴대전화로 북한 지령을 받는다고 한다. 마약 납치 강도처럼 점조직 형태로 이뤄지는 범죄는 대포폰 등을 이용해 수사를 교란하는 추세다. 활용도가 가장 높은 휴대전화(75% 이상)를 이용한 범죄에 우리 수사기관은 속수무책이다. ……

우리 국민은 국정원의 과거 불법 도청 전력 때문에 합법 감청에도 거부감이 강하다. 그러나 개정안은 감청 사실이 자동으로 기록되고 삭제되지 않도록 했으며 전용선을 통해 암호로 전달해 유출을 막는 장치로 불법 도청 방지와 사생활 보호를 강화했다. 무엇보다 법원의 역할이 중요하다. 미국 등 선진국에 비해 우리 법원은 감청영장 발부율이 너무 높다는 지적이 있다(≪동아일보≫ 사설, 2014.1.6).

위 두 사설은 시기는 다르지만 커뮤니케이션 기술이 발달하면서 개인의 사생활 및 정보보호가 우선인지 아니면 공익을 위해서 스마트폰에 저장된 개인의 정보를 수사기관이 접근할 수 있는지에 대해 상반된 입장을 보여준다. ≪경향신문≫은 미국 법원의 유연한 태도와 국민의 사생활을 보호하려는 기업의 태도를 높이 평가했다. ≪동아일보≫는 국가 기관의 정보 수집을 어느 정도 허용해야 한다는 입장이다. 정부가 위기 상황에서 또는 범법자의 경우에 한해 스마트폰에 내재된 개인정보를 수집할 수 있는가의 문제에 대해 언론사의 정치적 성향에 따라 의견이 엇갈리고 있다.

뉴미디어가 한 사회에 도입되고 사회적으로 정착되려면 여론의 지지가 중요하다. 뉴미디어 도입 과정에서 호의적인 여론을 형성하기 위해 언론의 역할이 중요하다는 점에서 지난 몇십 년간 언론이 뉴미디어 의제를 어떻게 다루었는지 규명해보는 것은 의미가 있다. 뉴미디어 도입 과정에서 언론의 정부 정책에 대한 지지 여부는 뉴미디어의 성공과 밀접한 관련이 있다(Sorok et al., 2009). 그런데 언론이 자신의 정치적 성향 또는 자사 이기적인 관점에서 뉴미디어 도입을 논의한다면, 우리 사회에서의 미디어 도입과 확산이 왜곡될 가능성이 있기 때문에 주목해야 한다. 언론이 정부의 뉴미디어 정책을 지지하는 데에는 정책의 필요성, 정책 효과 등 여러 요인이 있겠지만, 이 연구는 뉴미디어 도입이 언론 당사자에게도 영향을 줄 수 있는 민감한 문제라고 보았다. 많은 사회적 이슈를 보도하는 데 있어 언론이 정파적 성향에 따라 보도해왔다는 기존 연구 결과(김경희·노기영, 2011; 김세은, 2010, 김영욱·임유진, 2009; 최현주, 2010)를 통해 볼 때, 언론의 정치적 성향이 정부의 뉴미디어 정책 지지에 영향을 줄 수 있다고 보고, 언론의 정치적 성향과 뉴미디어 정책 사이에는 어떤 관계가 있는지 주목해보고자 한다.

뉴미디어 도입을 위한 초기 비용이 천문학적인 수치인만큼 언론은 정부의 뉴미디어 도입이 사회적으로 필요한지 비판적으로 검토할 필요가 있다. 뉴미디어의 도입은 정부의 의지만으로 가능한 것도 아니고, 뉴미디어를 확산시킬 수 있는 조직과 공익을 위한 정부의 통치가 중요하기 때문이다(McQuail, 1992). 뉴미디어 도입 과정에서 한국의 언론은 이러한 역할을 제대로 수행했는가?

1995년 케이블TV 개국을 앞두고, 언론들은 필요한 PD 인력이 400~500명

선이라고 전망하면서 케이블TV의 성공을 예측했다(≪연합뉴스≫, 1993.11.25). 하지만, 1995년 개국한 케이블TV는 제작 인력 및 인프라 부족으로 적자를 면치 못했다. 위성 스카이라이프나 DMB의 실패도 뉴미디어의 수요와 사회적 확산을 예측하지 못한 결과라고 할 수 있다.

뉴미디어의 확산 과정에서 뉴미디어 이용 비용은 매체의 대중화와 밀접한 관련이 있는 만큼[1] 언론은 정부의 뉴미디어 가격 책정 및 보조가 제대로 이루어지고 있는지도 살펴봐야 할 것이다. 그러나 한국 사회에 뉴미디어가 도입될 때 언론의 정치적 성향이 당시 정권의 뉴미디어 정책에 대한 태도에 영향을 미친 것으로 보인다. 한 예로, 진보 정권이 집권한 2006년 8월 7일 ≪동아일보≫는 "방송위, 정권엔 붙고 신기술은 밀어내고"라는 사설에서 "방송위가 친정부적 시민단체 출신 위주로 구성돼 급변하는 뉴미디어 환경을 외면하고 있다"라고 비판했다. 또 보수 정권이 집권한 2015년 3월 ≪한겨레≫는 "'청와대 낙하산 집합소' 된 유료방송업계"라는 사설에서 IPTV방송협회와 위성방송 스카이라이프, 케이블방송협회까지 뉴미디어 업계를 모두 청와대 출신들이 장악했다고 비판했다. 이러한 보도는 사실에 기반을 두고 작성했겠지만, 언론이 정치적 성향에 따라 정부의 뉴미디어 정책 중 특정 부분을 부각해 보도했을 가능성이 있음을 보여준다.

선행 연구(이재경, 2003; 최영재, 2014)에서도 밝혀졌듯이 정부의 정치적 성향이 기자의 뉴스 선택에 영향을 미치고, 정권의 정치적 성향으로부터 방송이 독립적으로 운영되는 것이 쉽지 않은 상황에서 언론과 정권의 정치적 성향 일치 여부가 '뉴미디어의 도입과 확산' 관련 보도 태도에 어떤

1 2012년 10월 스마트폰 이용자가 2000만 명을 넘게 된 데에는 휴대폰 보조금 정책이 영향을 미쳤다.

영향을 미쳤는지 고찰하고, 언론이 어떤 역할을 했는지 규명해고자 한다.

1. 뉴미디어 확산 과정에서 언론의 역할

뉴미디어 확산 과정에서 언론은 뉴미디어 도입의 필요성을 독자들에게 알리고, 뉴미디어와 관련된 정부의 정책을 비판하거나 지지하면서 영향력을 행사한다. 한 사회에서 뉴미디어를 도입하는 것은 단순히 새로운 매체를 사회에 확산시킨다는 것 이상의 의미를 지닌다. 뉴미디어의 도입을 위해서는 초기 설치 비용이 천문학적이므로 정부의 지원과 투자가 필수적이기 때문이다. 대표적인 사례로 위성방송을 들 수 있다.

한국 최초의 위성인 무궁화 1호 위성은 1995년 미국 케이프커내버럴 우주기지에서 발사되었으며 총사업비 3400억 원이 투입되었다. 1990년대 정부가 우주 개발을 결정하고, 1990년 초부터 준비했으며 1992년 우리별 1호, 1993년 과학로켓 1호를 발사했다. 무궁화 1호 위성은 3개의 방송용 중계기와 12개의 통신용 중계기를 탑재했으며, 이후 1996년 1월 무궁화 2호 위성이 발사되었고, 1999년 9월 무궁화 3호가 궤도에 올랐다. 위성이 성공적으로 발사됨으로써 한국은 초고속 위성 인터넷과 다채널 디지털 위성방송이 가능해졌다.

국내 유일의 위성 사업 업체인 KT SAT는 2016년 11월부터 순차적으로 무궁화 5A호, 무궁화 7호를 발사했다. 무궁화 5A호는 2006년 8월 발사한 무궁화 5호의 대체 위성으로 향후 초고해상도(UHD) 위성방송 서비스의 수요가 증가할 것에 대비해 통신용 중계기 외에 방송용 중계기도 탑재했다. 〈그림 3-1〉은 무궁화 5A호의 커버리지를 보여주는데, 인도차이나, 인

〈그림 3-1〉 무궁화 5A호 커버리지

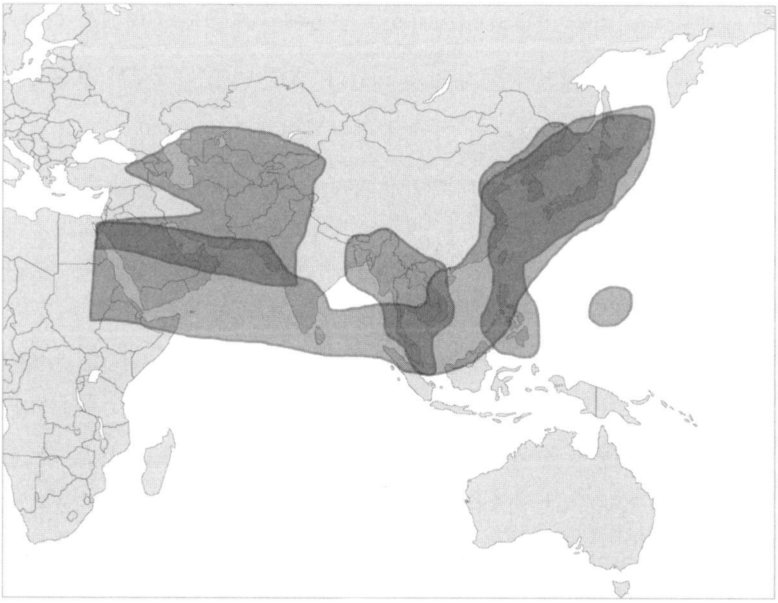

자료: KT SAT.

도네시아, 인도, 필리핀 등 섬으로 이루어진 지역 전체를 커버할 수 있다. 섬으로 이루어진 지역은 광케이블을 설치하는 데 한계가 있어 위성 서비스 수요가 높기 때문에 사업적으로도 가치가 있다고 판단했다. KT의 위성 발사 비용은 위성 제작비, 보험, 관제료 등을 합쳐 4100억 원에 달한다.

이와 같이 뉴미디어의 도입에는 정부의 정책적 결정뿐만 아니라 국민들에게 뉴미디어 도입의 필요성을 알리고, 사업 효과를 알리기 위한 언론의 역할도 중요하다. 언론의 역할을 실증적으로 밝히기 위해 1990년대 초 뉴미디어가 도입된 이래 2016년 3월까지 신문 사설을 분석했다. 신문 사설에 대한 분석을 통해 뉴미디어와 관련된 의제의 변화를 살펴보고 신문이 뉴미디어의 확산에 어떤 역할을 했는지 규명했다.

뉴미디어 의제가 어떻게 변화했는지 알아보기 위한 장기간의 분석 동안 새로운 뉴미디어 기술이 지속적으로 등장했으며 디지털 미디어 환경에서 신문의 위상은 예전과 같지 않게 되었다. 2015년 10월 「신문 인쇄의 현재와 미래」 보고서에 따르면 일반인 응답자의 35%는 '종이 신문이 10년 내 사라질 것'이라고 했으며(김위근·이홍천, 2016), 영국 ≪인디펜던트(The Independent)≫는 2016년 3월 종이 신문을 더 이상 발간하지 않겠다고 선언했다(Sweney, 2016.2.12). 이에 앞서 2013년 아마존닷컴의 회장 제프 베저스(Jeffrey Bezos)는 ≪워싱턴포스트(The Washington Post)≫를 인수했다. 제프 베저스는 "미래의 신문은 독자 수 감소로 살아남기 힘들다"라면서 아마존 닷컴의 유통망을 활용해 독자 수를 늘리겠다는 전략을 내세웠다. 유력 일간지가 종이 신문의 발간을 중단하고 온라인 신문만 발행하기로 한 것이나 유력 권위지가 인터넷 기업에 합병된 것은 오늘날 신문의 위상이 어떠한지 보여주는 좋은 사례이다.

물론, 종이 신문의 미래가 비관적이지만은 않다. 신문사들이 신문을 제작할 때 새로운 기술을 활용해 깊이 있는 보도를 하는 것에 관심을 갖기 시작했기 때문이다. 모든 종이 신문사들은 온라인 사이트를 운영하고 있으며 ≪뉴욕 타임스(The New York Times)≫의 경우 2012년 멀티미디어팀을 만들고 이듬해 '스노우폴(Snow Fall)'이라는 탐사보도 기사로 2013년 피처(feature)기사 부문에서 퓰리처상을 수상했다.[2]

종이 신문의 미래가 불안하고, 독자 수가 감소하고 있는 상황 속에 신문은 디지털 생태계에서 살아갈 방법을 모색하고 있다. 속보성을 앞세운 온

---

2 http://www.nytimes.com/projects/2012/snow-fall/#/?part=tunnel-creek 참조.

라인 매체들이 무한 경쟁을 하고 있는 상황에서 종이 신문은 오히려 깊이 있는 분석과 새로운 관점으로 독자들에게 다가갈 필요가 있다. 독자들은 신문이 끈질긴 취재와 충분한 자료를 근거로 쟁점에 대해 깊이 있는 분석을 해주길 원한다(김위근·이홍천, 2016). 뉴미디어 시대에 신문의 해석 기능, 비판 기능이 더욱 절실하게 요구된다고 하겠다.

2. 뉴미디어의 종류

뉴미디어는 신문과 방송 같은 올드미디어를 제외한 새로운 매체를 의미한다. 케이블, 인터넷, 위성 등 커뮤니케이션 기술의 발달로 등장한 새로운 미디어가 모두 뉴미디어에 포함된다. ICT를 기반으로 새로운 미디어가 등장한 것이다. 구체적으로 케이블TV(종합유선방송), 위성방송, 인터넷과 모바일을 포함하며, 방송과 통신의 융합으로 등장한 위성TV, IPTV(인터넷 TV), 인터넷 방송(웹 콘텐츠), 모바일 TV 등도 뉴미디어로 볼 수 있다(〈그림 3-2〉).

〈그림 3-2〉에서 볼 수 있듯이 뉴미디어는 전화기, 라디오와 텔레비전과 같은 올드미디어와 반대되는 개념으로 텍스트와 오디오, 디지털 비디오, 상호작용적 멀티미디어와 가상현실을 통합할 수 있는 것을 말한다(Logan, 2010). 서로 다른 형태의 정보를 디지털 신호로 전환해서 저장하고, 전송, 분배가 가능하게 되면서 뉴미디어가 개인과 사회에 미치는 영향은 적지 않다. 수용자들은 많은 양의 정보를 접하게 되었으며, 다른 사람과 정보를 공유하면서 지식을 확장시키고, 세상을 보는 시각을 넓힐 수 있게 되었다.

뉴미디어는 고정된 개념이 아니라 변화하는 개념이기 때문에, 시기에

〈그림 3-2〉 뉴미디어의 발전과 분류

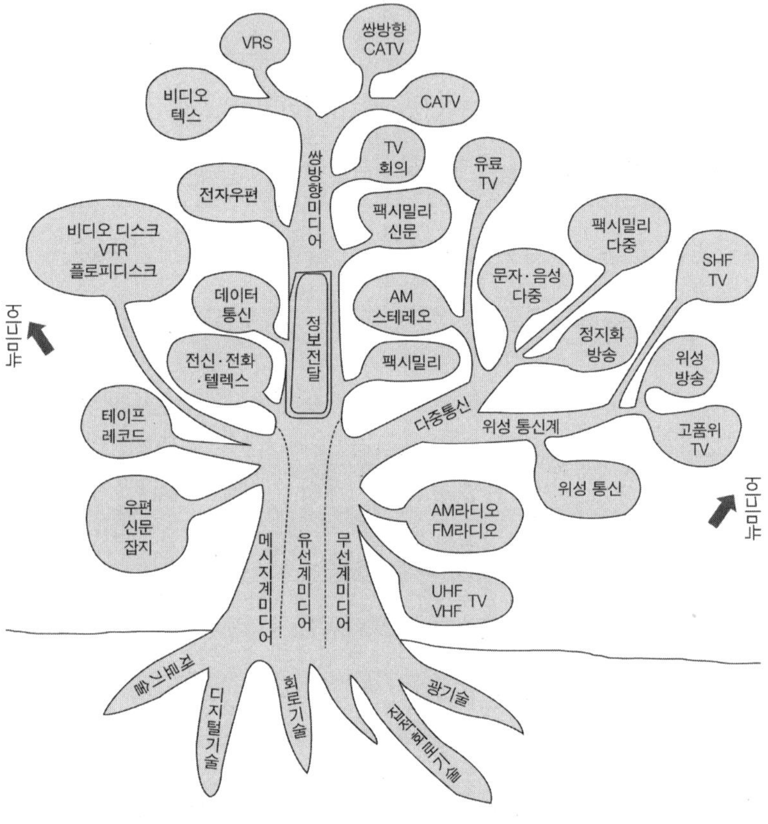

자료: 컴퓨터인터넷IT용어대사전.

따라서 달라지며, 사회마다 다르게 적용될 수 있다. 한국 사회에서도 시기에 따라 등장한 뉴미디어가 다르다. 이 연구에서는 시기별로 한국 사회에서 뉴미디어로 지칭된 미디어를 대상으로 했으며, 1990년대 이후를 연구 대상으로 삼았기 때문에 신문, 지상파 방송과 같은 올드미디어를 제외한 케이블, 인터넷, 위성 등 커뮤니케이션 기술의 발달로 등장한 미디어를 모두 다뤘다. 구체적으로 케이블TV(종합유선방송)와 위성방송, IPTV, 인터넷, 모바일을 포함한다.

매스미디어가 불특정 다수에게 메시지를 동시에 전달하는 특징이 있는 반면 뉴미디어는 상호작용성(interactivity), 의견의 다양성(diversity), 비동시성(asynchronisms), 개인화(personalization)의 특성이 있다. 인터넷과 모바일의 결합으로 이동성(mobility)이 강화되면서 이용자들은 언제, 어디서나 원하는 매체를 통해 정보를 공유하고 확산시킬 수 있다.

상호작용성은 '선행 반응에 대한 반응'으로 뉴미디어의 가장 중요한 특징이다. 매스미디어와 달리 뉴미디어에서 메시지 생산자(제작자)와 메시지를 이용하는 사람 간에 즉각적인 피드백이 가능하다. 이용자들은 방송 프로그램이나 뉴스에 대해 인터넷, 모바일을 통해 즉각적으로 댓글을 올리거나 프로그램에 '좋아요' 같은 느낌을 표현하고, 메시지를 복사, 공유하거나 확산시킬 수 있다.

다양성은 채널이 증가하면서 가능해졌다. 인터넷, 위성방송, 케이블TV 등 매체가 많아지고, 채널이 증가하면서 이용자들의 선택의 폭이 넓어졌다. 채널이 많아지면서 여러 매체에서 이용자의 다양한 의견을 담아낼 수 있게 되었다. 온라인 매체가 증가하면서 사회 전체 차원에서는 의견의 다양성이 담보되었다고 할 수 있다.

메시지의 송신과 수신이 동시에 이루어지던 방송과 달리 뉴미디어는 메시지의 생산과 수신에 차이가 있다. 프로그램에 대한 다시 보기 서비스를 이용한다든지 이용자들이 원하는 장소와 시간에 인터넷에 올라온 뉴스를 소비할 수 있다는 점에서 비동시성의 특징이 있다.

개인화는 매체 이용이 개인적으로 이루어진다는 것이다. 매스미디어는 불특정 다수에게 메시지를 전달한다는 점에서 메시지의 수신이 공적으로 이루어졌다. 다매체 다채널 시대에 이용자들은 자신의 취향에 따라 채널을 선택하고 접근 가능성이 높은 매체를 원하는 시간에 이용한다. 모바일의 등장은 미디어 소비의 개인화를 촉진했는데, 개개인이 소유한 모바일을 통해 미디어를 소비할 수 있게 되면서 더욱 사적인 특징이 강해졌다.

언론은 매스미디어와 구별되는 이러한 뉴미디어의 장점을 높게 평가하며 뉴미디어의 등장을 긍정적으로 전망하기도 하고, 정부의 자본이 많이 투입된다는 점에서 뉴미디어 도입·확산 정책을 비판하기도 한다. 미디어 시장의 특성상 뉴미디어의 도입과 확산을 위해서는 정부의 정책적 지원과 초기 투자비용이 많이 드는 데다 뉴미디어가 기존 미디어에 미칠 영향력이 적지 않기 때문에, 뉴미디어 도입에 언론은 민감할 수밖에 없다. 문제는 뉴미디어 도입의 긍정적 효과 또는 부정적 효과를 가늠하는 데 있어 여론에 미치는 언론의 영향력이 크기 때문에 언론의 자사 이기적 보도는 지양해야 한다는 것이다. 뉴미디어 도입이 개별 언론사에 미치는 영향을 고려한 보도는 한국 사회의 발전과 뉴미디어 확산에 부정적 영향을 줄 수 있기 때문이다.

뉴미디어가 등장하면서 수용자가 이용할 수 있는 정보량이 급증했고 수용자의 힘이 커졌다. 이 과정에서 뉴미디어의 효과에 대한 의견도 엇갈린다. 〈그림 3-2〉에서 제시한 것처럼 다양한 뉴미디어가 사회에 도입될 때 언론은 뉴미디어의 효과를 어떻게 다루었는지, 어느 측면에 주목했는지 알아보기 위해 뉴미디어 효과를 개인적 측면, 사회적 측면, 정책적 측면으로 구분해 알아보았다. 기술결정론의 관점에서 보면 커뮤니케이션 기술의 발달은 정보 공유를 통해 개인의 지식을 확장시키고 인간관계를 변화시키며 사회의 발전을 가져올 것이다. 뉴미디어의 등장을 단순히 사회적 측면이나 정책적 측면에서만 접근할 수 없고 개인적 측면에서의 논의도 주목할 필요가 있는 것이다.

개인적 측면에서 뉴미디어 의제는 뉴미디어가 개인에게 미치는 영향과 효과를 다루는 것으로 매체가 이용자 개인에게 어떤 영향을 주는지 알아보는 것이다. 사회적 측면에서 뉴미디어 의제는 뉴미디어의 사회적 기능 및 역할, 사회 발전에 미치는 효과 등을 의미한다. 정책적 측면에서 뉴미디어 의제는 정부의 정책과 관련된 내용으로 뉴미디어 도입이나 채널 개편, 방송통신위원회 구성 등 정부 정책과 관련된 내용이다. 개인적·사회적·정책적 측면에서 뉴미디어와 관련된 의제가 시대별로 어떻게 변화했는지 규명하고자 했다.

3. 사설의 여론 형성 기능

사설은 신문과 독자의 주요한 커뮤니케이션 수단이고, 사실과 객관적 수치, 통계 등 객관적인 근거를 토대로 논리적으로 주장을 하는 공간이다. 따라서 사설은 논리적인 근거를 사용하고, 감정적인 호소를 통해 독자를 설득하는 기능을 한다는 점에서 언론사의 뉴스 가치, 현실에 대한 시각, 관점을 보여준다(Washington Post, 2003).

뉴미디어 확산 과정에서 사설의 역할을 규명하기 위해서는 사설이 특정 시기에 뉴미디어 관련 이슈를 어떻게 다루었는지 살펴볼 필요가 있다. 뉴미디어의 도입이 정부의 정책적 판단과 밀접한 관련이 있다는 점에서 언론의 정치적 성향이 사설의 방향과 관련이 높을 것으로 보았다. 스트레이트 뉴스와 달리 사설은 주장을 강하게 제기할 수 있는 공간이다. 사설은 언론 정책, 뉴미디어 정책에 대한 신문사의 입장을 밝히고, 독자들이 현안에 대해 판단할 근거를 제시하기도 한다.

사설의 해설 기능은 쟁점에 대한 지식이 적고 이슈에 대한 태도가 정해지지 않은 사람들에게 더 영향을 미칠 수 있다는 점에서 사회의 의제 설정과 여론 형성에 사설의 영향력은 적지 않다고 하겠다. 뉴미디어 관련 사설을 분석할 때 언론의 정치적 성향은 중요한 요인이 된다. 정치적 성향에 따라 정부의 정책에 대한 찬반 입장이 엇갈릴 수 있기 때문이다. 언론의 사회적 현실 구성이론에 따르면 객관적 현실을 언론이 어떻게 틀 짓는지에 따라 독자들의 주관적 현실 구성이 달라진다(Shoemaker and Reese, 1992). 보수 언론의 독자와 진보 언론의 독자들 간에는 동일한 현실에 대해 서로 다른 상(image)을 지닐 가능성이 높다.

언론은 지면과 시간, 인력이 부족해 세상에서 일어나는 일들을 모두 취재할 수 없다(Tuchmann, 1978). 저널리스트에 의해 현실에서 발생하는 일들 중에서 중요한 것이 선택된다. 미디어가 특정 이슈를 쟁점화하는 것을 미디어 의제(media agenda)라고 하며, 미디어 의제는 언론에서 신문, 방송에 적합한 형식으로 구성된다. 내가 만약 ≪중앙일보≫의 독자라면 ≪중앙일보≫에서 보여주는 현실을 보게 되는 것이다. 직접 현실을 경험하지 않았기에 ≪중앙일보≫가 구성한 현실을 진짜 현실로 인식하기 쉽다. ≪한겨레≫의 독자라면 반대로 ≪한겨레≫에서 구성하는 현실을 실제 현실로 인식할 것이다. 〈그림 3-3〉은 이런 상황을 보여주는데, 실제 현실과 미디어에 의해 구성된 현실은 독자들이 사건을 인식하는 데 영향을 줄 수 있다. 독자들은 미디어를 통해 세상을 보기 때문이다. 독자가 어느 미디어를 지속적으로 이용하는지는 독자의 현실 인식에 영향을 줄 수 있다는 점에서 중요하다. 사설은 쟁점에 대한 찬성이나 반대 의견을 논리적 근거를 제시하면서 주장한다는 점에서 스트레이트 뉴스보다 독자들의 현실 인식에

〈그림 3-3〉 미디어에 의한 주관적 현실 구성 모델

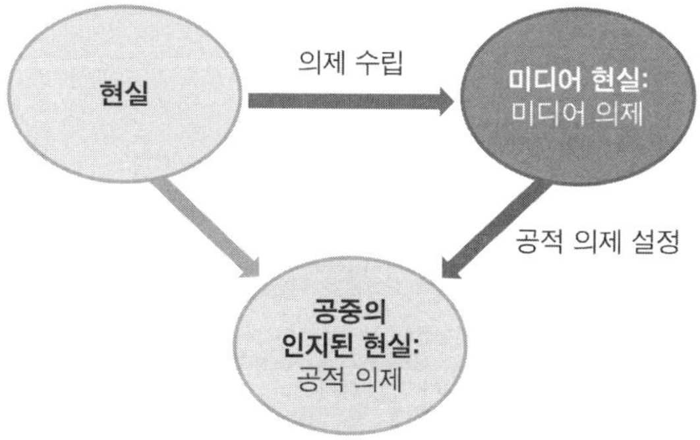

자료: Berger and Thomas(1991).

많은 영향을 줄 수 있다.

언론은 정부의 뉴미디어 정책의 필요성과 도입으로 인한 효과를 긍정적인 관점에서 접근하기도 하고, 정부의 예산 낭비, 불필요한 사업 편성 등 부정적인 관점에서 접근하기도 한다. 뉴미디어 정책에 대한 언론의 입장은 언론과 정부의 정치적 관계에 따라 달라질 수 있다. 일반적으로 언론과 정부의 관계는 긍정적 관계와 적대적 관계, 중립적 관계로 생각해볼 수 있는데, 긍정적 관계라면 정부의 뉴미디어 관련 정책에 대해 호의적인 태도를 취할 것이고, 적대적 관계라면 부정적 태도를 취할 것으로 예상된다.

뉴미디어의 도입부터 확산까지 의제가 어떻게 변화했는지 규명하기 위해 먼저 뉴미디어가 등장한 시기를 새로운 매체의 도입과 대중화를 기준으로 구분하고, 시기별로 어떤 이슈가 쟁점화되었는지 매체의 정치적 성향을 기준으로 비교해보고자 한다. 뉴미디어라는 개념은 올드미디어에 대해 상대적인 개념이므로 한 시기의 뉴미디어가 다음 시기에 올드미디어가 될 수도 있다. 따라서, ICT를 기반으로 뉴미디어가 등장한 시기를 구분하고, 시기별로 언론에서 어떻게 뉴미디어 의제를 다루었는지 알아보고자 했다. 이와 관련해 다음과 같은 세 개의 연구 문제를 제기했다.

첫째, ICT 기반 뉴미디어 도입 시기별로 뉴미디어 관련 의제는 어떻게 변화했는가?

둘째, ICT 기반 뉴미디어 도입 시기별로 뉴미디어 관련 보도의 주체에 차이가 나타나는가?

셋째, ICT 기반 뉴미디어 도입 시기별로 수용자·사회적·정책적 측면에서 뉴미디어 의제에 어떤 차이가 있는가?

4. 사설 네트워크 분석 설계

언론의 정치적 성향에 따라 뉴미디어 관련 의제가 어떻게 다른지 비교하기 위해 보수 성향의 ≪조선일보≫와 ≪동아일보≫를, 진보 성향의 ≪한겨레≫와 ≪경향신문≫을 선택했다. 이렇게 선정한 이유는 기존 연구를 통해 볼 때 정치 이념과 경제 이념에서 ≪조선일보≫와 ≪동아일보≫는 보수에 가까운 것으로 나타났으며, ≪경향신문≫과 ≪한겨레≫는 진보적 성향을 가진 것으로 분석되었기 때문이다(김경희·노기영, 2011). 또 이슈에 따라 약간의 차이를 나타내긴 했지만 ≪조선일보≫과 ≪동아일보≫는 전반적으로 보수 성향을 나타냈다는 분석도 있다(김세은, 2010; 최현주, 2010). '종부세 폐지' 이슈에서 ≪경향신문≫과 ≪한겨레≫는 진보 진영으로 분석되었으며(최현주, 2010), 북한문제에 대해서도 진보적 성향을 나타내는 것으로 나타났다(이원섭, 2006).

한 사회 안에서의 뉴미디어의 확산 시기를 구분한다는 것은 어떤 측면에서는 불가능한 일일 수 있다. 새로운 미디어는 시간이 지남에 따라 올드미디어가 되고, 특정 시기별로 등장하는 뉴미디어들의 확산 정도에도 차이가 있기 때문이다. 로저스(Rogers, 1986)는 새로운 미디어의 보급률을 기준으로 두고 뉴미디어의 확산 그래프를 그렸는데, 확산 속도와 확산율의 관계에 주목하면서 개별 미디어들의 도입기와 도약기, 정착기로 시기를 정의했다.

이 연구는 특정 시기마다 사회적으로 영향력이 컸던 뉴미디어를 중심으로 한 사회 내에서의 뉴미디어의 확산 시기를 구분해보는 것은 가능할 것으로 보았다. 그럼에도 불구하고 뉴미디어 도입 확산과 관련해 정부와 언론의 정치적 성향에 언론의 보도 태도를 분석하기 위해, 이 연구는 시기별로 주목받은 미디어와 관련된 주요 사건들을 중심으로 한국 사회에서의 ICT 기반 뉴미디어 확산 시기를 구분했다. ICT 기반 미디어의 도입기는 '종합유선방송법'이 제정된 시기로 1991년 12월부터 2001년 2월까지이고, ICT 기반 미디어의 확산 1기는 PP 등록제가 실시된 2001년 3월부터 2008년 11월, ICT 기반 미디어의 확산 2기는 IPTV가 상용화된 2008년 12월부터 2012년 9월, ICT 기반 미디어의 확산 3기는 모바일이 대중화된 2012년 10월부터 2016년 3월까지이다. ICT 미디어 도입기는 이동통신 혁명기로 PC통신을 중심으로 정보화가 자리 잡은 시기이고, 확산 1기는 인터넷 혁명기로 인터넷 기반의 포털이 급성장한 시기이다. 확산 3기는 모바일 혁명기로 보았다. 한국에서 모바일 이용자가 2000만 명을 넘은 2012년 10월 이후 모바일의 영향력이 커졌다.

시기별로 뉴미디어 관련 의제가 어떻게 변화했는지 비교하기 위해 〈표 3-2〉과 같이 신문 네 곳(≪조선일보≫와 ≪동아일보≫, ≪한겨레≫, ≪경향신문≫)을 선택했고, 시기별 분석 대상 매체의 사설을 추출할 때 〈표 3-2〉과 같은 키워드로 검색했다. 검색 키워드에는 뉴미디어와 정보사회 등 뉴미디어

〈표 3-1〉 시기별 분석 대상

시기 구분	분석 대상 매체
ICT 기반 미디어의 도입기(1991.12~2001.2)	≪조선일보≫, ≪동아일보≫, ≪한겨레≫, ≪경향신문≫
ICT 기반 미디어의 확산 1기(2001.3~2008.11)	
ICT 기반 미디어의 확산 2기(2008.12~2012.9)	
ICT 기반 미디어의 확산 3기(2012.10~2016.3)	

〈표 3-2〉 시기별 키워드 및 분석 대상 사설 건수

시기	분석 매체	건	키워드
ICT 기반 미디어 도입기	조선, 동아	14	정보화 사회, 뉴미디어, PC통신, 위성방송, 케이블TV, 종합유선방송
	한겨레, 경향	24	
ICT 기반 미디어 확산 1기	조선, 동아	21	정보화 사회, 뉴미디어, PC통신, 무궁화 위성, 위성TV, 케이블TV, CATV, 인터넷, IPTV, 위성방송, 위성, 스마트폰(2009년부터)
	한겨레, 경향	23	
ICT 기반 미디어 확산 2기	조선, 동아	29	정보화 사회, 뉴미디어, 인터넷TV, 초고속 인터넷, 유선방송, 위성방송, 위성, 케이블TV, PC통신, IPTV, 소셜미디어, SNS, 모바일, 스마트폰, 디지털 방송, 디지털 컨버터
	한겨레, 경향	29	
ICT 기반 미디어 확산 3기	조선, 동아	16	정보화 사회, 뉴미디어, 인터넷TV, 초고속 인터넷, 유선방송, 위성방송, 위성, 케이블TV, PC통신, IPTV, 소셜미디어, SNS, 모바일, 스마트폰, 디지털 방송, 디지털 컨버터
	한겨레, 경향	29	

관련 핵심 단어와 커뮤니케이션 기술의 발달에 따라 등장한 다양한 매체를 포함시켰다. 구체적으로 뉴미디어 관련 키워드는 뉴미디어, 정보사회, 정보화 사회이고 커뮤니케이션 기술의 발달과 관련된 키워드는 종합유선방송, 케이블TV, 인터넷TV, IPTV, 통신위성, 위성TV, 스카이라이프, 인터넷, PC통신, 모바일, 스마트폰, 종합편성채널, 종편, 소셜미디어, SNS이다. 모든 키워드를 입력해서 사설을 검색했다. 이와 같은 방법으로 최종 분석 대상 사설은 ≪조선일보≫ 및 ≪동아일보≫ 80건, ≪한겨레≫ 및 ≪경향신문≫ 105건이다.

〈그림 3-4〉 NodeXL 프로그램

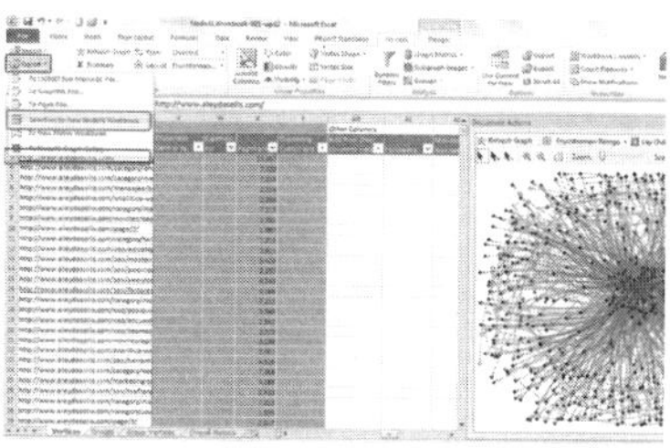

자료: http://www.stateofdigital.com/visualize-your-sites-internal-linking-structure-with-nodexl/.

시대별로 사설이 뉴미디어 의제를 어떻게 다루는지 규명하는 방법으로, 사설의 의미를 파악하기 위한 네트워크 분석을 실시했다. 본래 텍스트에 내재된 의미를 파악하기 위해 의미 분석(semantic analysis)을 실시하는데, 의미 분석은 텍스트에서 자주 언급된 단어가 중요하다고 보고 단어와 단어의 관계를 밝히는 것이다(Doerfel and Barnett, 1999). 텍스트에서 중요하게 사용된 단어를 파악해 전달자가 전달하고자 하는 의미를 파악한다. 여기서는 'NodeXL' 프로그램을 이용했다. NodeXL은 트위터, 유튜브, 페이스북 등 소셜네트워크서비스와 이메일 외 엑셀파일 등 다양한 자료를 네트워크 분석할 수 있다.

NodeXL은 노드(node)와 노드의 관계를 밝혀 네트워크에서 중요한 노드, 영향력이 있는 노드를 찾아낸다. 이 연구는 중심성(centrality) 분석을 통해 노드의 관계를 밝혔다. 중심성은 한 행위자가 전체 네트워크에서 위치하는 정도를 나타내는 것으로 매개 중심성, 인접 중심성, 위세 중심성 분석을 통해 핵심 단어와 영향력 있는 단어를 찾았다.

매개 중심성은 노드와 노드 간 최단 거리를 측정해서 그 평균값을 갖는 노드에 대한 정보이다. 이 노드는 중재자 역할을 담당한다. 매개 중심성을 통해 네트워크에서 가장 활발하게 상호작용을 하는 노드가 무엇인지 알 수 있다. 인접 중심성은 한 노드가 다른 노드에 얼마나 가깝게 위치하는지를 말한다. 노드와 노드의 최단 거리뿐만 아니라 노드와 연결된 노드의 총 거리까지 계산한 값이다. 인접 중심성은 네트워크 내 영향력이 높은 노드

〈그림 3-5〉 네트워크에서 매개 중심성, 인접 중심성, 위세 중심성 분석 결과

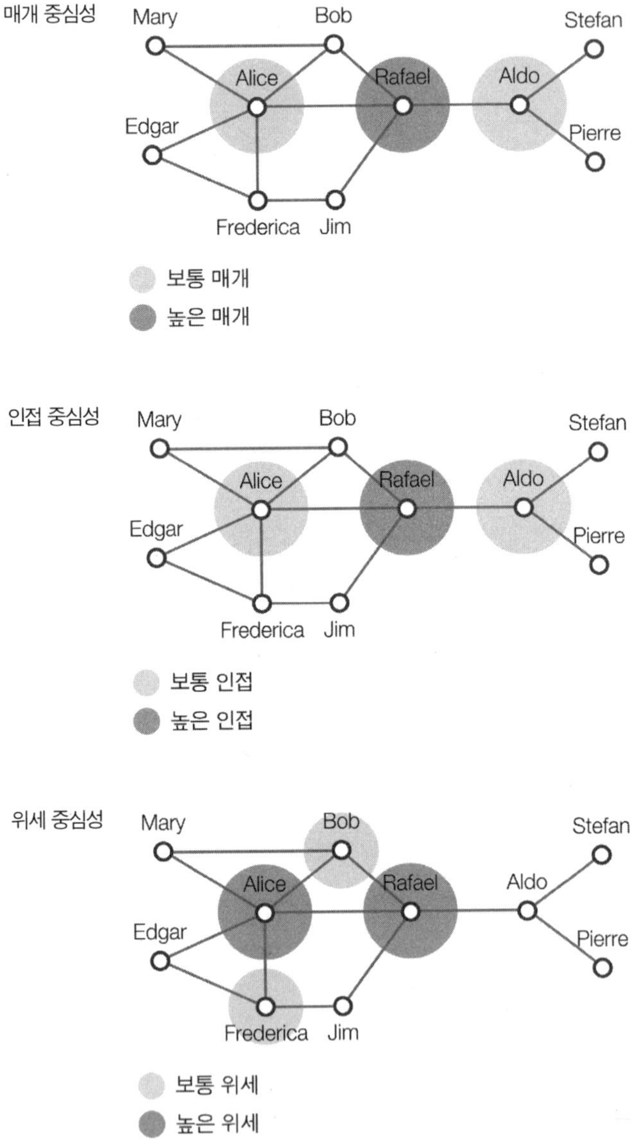

자료: http://www.fmsasg.com/socialnetworkanalysis/.

〈표 3-3〉 사설 의제를 측정하기 위한 유목 조작적 정의

	기능주의 관점
수용자	뉴미디어의 개인적 효과, 뉴미디어가 수용자에게 미치는 영향, 수용자의 뉴미디어 이용 동기
사회적	뉴미디어의 사회적 효과, 사회에 미치는 영향
정책적	뉴미디어 도입 필요성, 뉴미디어 정책의 문제점

가 무엇인지 알려준다. 위세 중심성은 노드가 얼마나 영향력이 있는 노드와 연결되었는지 측정한 값으로 위세 중심성 값이 클수록 영향력 있는 단어, 사람을 많이 안다고 할 수 있다. 〈그림 3-5〉는 매개 중심성, 인접 중심성, 위세 중심성을 보여준다.

〈표 3-3〉은 네트워크 분석 결과를 토대로 시기별 언론에서 다루는 의제가 개인적 의제인지, 사회적 의제인지, 정책적 의제인지 분류한 것이다.

5. 사설 네트워크 분석 결과

뉴미디어 관련 의제가 시기별로 어떻게 변화했는지 네트워크 분석을 통해 규명하고 사설에서 다룬 내용을 수용자 측면, 사회적 측면, 정책적 측면에서 구분해보았다. 먼저 뉴미디어 초기의 네트워크 분석 결과를 ≪조선일보≫, ≪동아일보≫와 ≪한겨레≫, ≪경향신문≫으로 구분해 분석했다.

1) ICT 기반 미디어 도입기

ICT 기반 미디어 도입기 ≪한겨레≫와 ≪경향신문≫의 사설에 대한 네트워크 분석 결과(〈그림 3-6〉)를 보면, '방송위-위원-인선', '방송위-선정-

〈그림 3-6〉 ICT 기반 미디어 도입기 ≪한겨레≫, ≪경향신문≫ 사설 네트워크 분석 결과

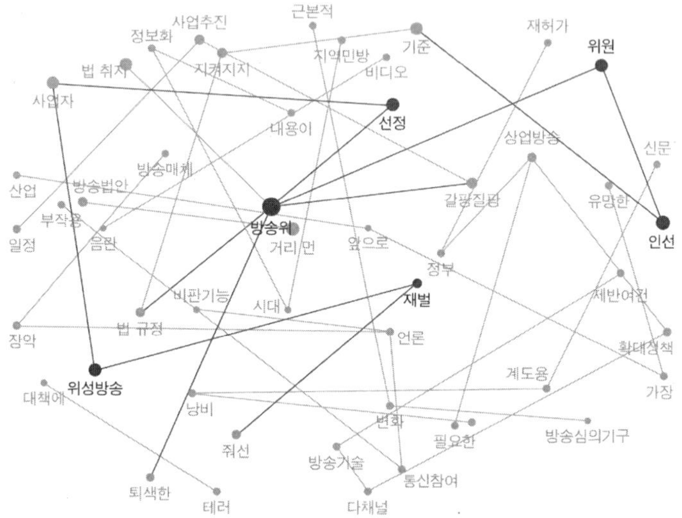

〈그림 3-7〉 ICT 기반 미디어 도입기 ≪조선일보≫, ≪동아일보≫ 사설 네트워크 분석 결과

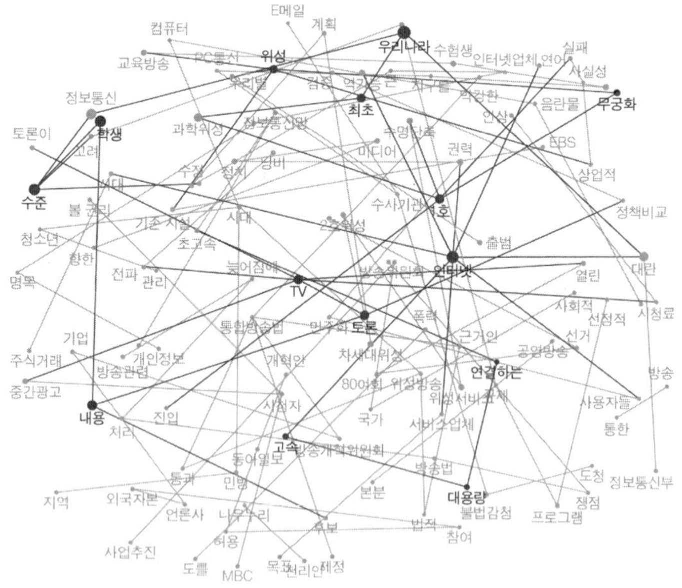

〈표 3-4〉 ICT 기반 미디어 도입기 분석 매체의 사설 중심성 분석 결과 비교

≪한겨레≫, ≪경향신문≫				≪조선일보≫, ≪동아일보≫			
주요 단어	매개 중심성	인접 중심성	위세 중심성	주요 단어	매개 중심성	인접 중심성	위세 중심성
방송위	295.000	0.010	0.152	우리나라	3854.333	0.002	0.014
위원	171.000	0.010	0.093	인터넷	3562.000	0.001	0.111
인선	160.000	0.009	0.032	수준	3348.000	0.001	0.002
선정	147.000	0.009	0.092	정보통신	3116.000	0.001	0.002
기준	147.000	0.008	0.020	학생	2666.000	0.001	0.001
사업자	132.000	0.008	0.036	토론	2457.000	0.001	0.000
법 취지	132.000	0.007	0.008	TV	2191.000	0.001	0.000
위성방송	122.000	0.007	0.034	1호	2042.000	0.001	0.002
거리 먼	122.000	0.006	0.008	최초	1951.833	0.001	0.007

사업자-위성방송-재벌-줘선-안 된다', '방송위-사업선정-갈팡질팡' 등 방송위의 위원 인선과 위성방송 사업자 선정의 문제를 지적했다. 이는 정부가 심혈을 기울인 위성방송 사업자 선정에 대해 재벌이 독점할 우려를 나타낸 것이다.

≪조선일보≫, ≪동아일보≫의 경우(〈그림 3-7〉) '인터넷-고속-대용량-연결하는'으로 연결되어 있고, '인터넷-사이버-주식거래'로 연결되어 인터넷으로 인한 사회 변화의 기대를 나타냈다. 이 시기 무궁화 위성 발사와 관련해서 '무궁화-1호-진입'과 '우리나라-최초-위성-과학위성'으로 연결되어 무궁화 위성 발사 성공을 강조했다. 이 밖에 '이메일-수사기관-감청-도청'으로 연결되어 수사기관의 이메일 감청을 비판했다.

ICT 기반 미디어 도입에 대한 중심성 분석 결과(〈표 3-4〉)를 보면, ≪한겨레≫, ≪경향신문≫의 경우 방송위, 위원, 인선, 선정, 기준 순으로 매체 중심성 값이 높아 방송위의 인원 구성과 관련된 논란에 많은 관심을 둔 것으로 나타났다. 또한 사업자, 위성방송, 선정, 갈팡질팡 등 위성방송 사업자

선정과 관련해 정부의 정책을 비판한 것을 알 수 있다. 통합방송법과 재벌, 언론, 통신참여 등의 매개 중심성이 높아 재벌의 방송 참여에 비판적인 태도를 취하는 것으로 나타났다.

≪조선일보≫, ≪동아일보≫의 경우 우리나라, 인터넷, 수준, 정보통신 순으로 매개 중심성 값이 높게 나타나 뉴미디어 정책에 대한 기대와 전망을 나타냈다. 학생, TV, 토론, 1호, 최초, 과학위성 순으로 나타나 무궁화 위성이 중요하게 자주 등장한 것을 알 수 있다.

2) ICT 기반 미디어 확산 1기

ICT 기반 미디어 확산 1기는 포털이 사회의 여론 형성 매체로 자리매김하기 시작한 시기이다. ≪한겨레≫, ≪경향신문≫은 '포털-뉴스-서비스-언론', '포털-길들이기', '포털-사회적 책임' 등 당시 의제 설정 매체로 부각하고 관심을 받은 포털을 주로 다뤘다(〈그림 3-8〉). 포털이 뉴스를 편집해 보도하면서 포털을 언론으로 볼 수 있는지 문제가 제기되었다. '미디어-환경-변화'와 '미디어-언론-소통-쌍방'으로 연결되어 인터넷과 포털의 등장으로 미디어 환경이 변화하고 있음을 강조했다. '포털-여론몰이', '블로그-확산'으로 연결되어 포털이 여론을 편향적으로 형성하는 도구가 될 수 있다는 우려를 제기했다. '방송-정치적-편향성'으로 연결되어 방송의 편향성 문제도 제기했다. '미디어-언론-소통-쌍방'으로 연결되어 인터넷의 등장과 함께 미디어도 독자와 쌍방향 소통해야 한다는 것을 강조했다.

ICT 기반 미디어 확산 1기 보수 언론의 사설 네트워크 분석 결과(〈그림 3-9〉)를 보면, 'KBS-독과점-훨씬-심한', 'KBS-정연주-사장-보고서를-낼 자격'으로 연결되어 KBS에 대한 비판을 제기했다. ≪조선일보≫, ≪동아

〈그림 3-8〉 ICT 기반 미디어 확산 1기 ≪한겨레≫, ≪경향신문≫ 사설 네트워크 분석 결과

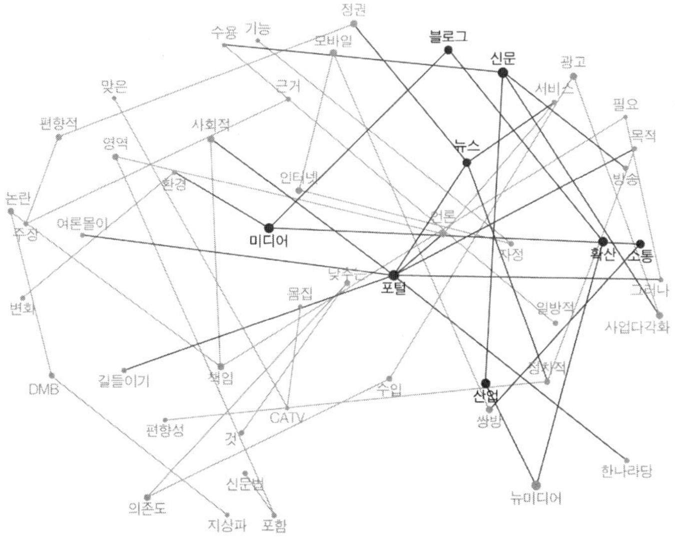

〈그림 3-9〉 ICT 기반 미디어 확산 1기 ≪조선일보≫, ≪동아일보≫ 사설 네트워크 분석 결과

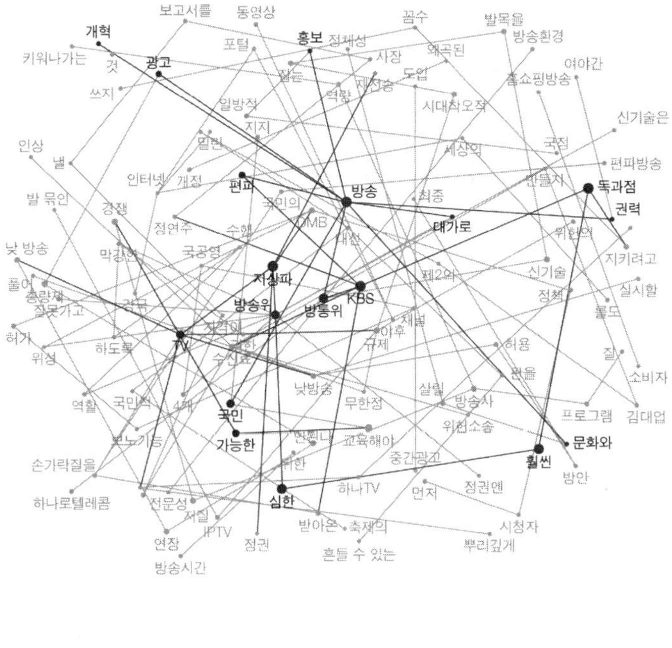

〈표 3-5〉 ICT 기반 미디어 확산 1기 분석 매체의 사설 중심성 분석 결과 비교

≪한겨레≫, ≪경향신문≫				≪조선일보≫, ≪동아일보≫			
주요 단어	매개 중심성	인접 중심성	위세 중심성	주요 단어	매개 중심성	인접 중심성	위세 중심성
포털	367.667	0.011	0.144	지상파	4541.333	0.001	0.069
신문	269.000	0.007	0.000	KBS	4295.000	0.001	0.002
산업	267.000	0.007	0.000	방송	4103.333	0.001	0.001
미디어	263.000	0.006	0.000	독과점	3677.167	0.001	0.001
뉴미디어	240.000	0.007	0.000	훨씬	3296.667	0.001	0.005
확산	238.000	0.007	0.000	심한	3284.667	0.001	0.011
블로그	234.000	0.007	0.000	방송위	2796.500	0.001	0.096
뉴스	182.667	0.010	0.093	TV	2475.167	0.001	0.017
소통	174.000	0.006	0.000	국민	2135.000	0.001	0.000

일보≫는 KBS에 대해 비판적인 입장을 취한 것으로 나타났다. 'KBS-편파-방송-권력'으로 연결되어 KBS가 정권에 유리한 방송을 하고 있음을 지적했다. 뉴미디어 정책에 대해서도 '신기술-발목을-잡는-일방적-국정'으로 연결되어 비판적인 입장을 나타냈다. '지상파-DMB-위성-보도기능', 'IPTV-규제-시대착오적'으로 연결되어 방통위의 정책을 비판했다. 'TV-낮방송-실시-안 된다', 'TV-낮방송-허용-방안'으로 연결되어 낮방송의 폐해를 지적했다.

ICT 기반 미디어 확산 1기 네트워크에 나타난 단어들의 중심성 분석 결과(〈표 3-5〉), ≪조선일보≫, ≪동아일보≫의 경우 지상파와 KBS, 방송, 독과점, 방송위가 높게 나타났다. 보수 언론은 지상파의 대표적인 공영방송인 KBS가 정권에 부합하는 경향을 비판하고 경계한 것으로 생각된다. 저질, 편파의 매개 중심성도 1056.000과 980.167로 높게 나타나 방송의 공정성, 공익을 강조했다. 이에 비해 ≪한겨레≫, ≪경향신문≫은 당시 중요한 뉴스 전달 매체로 자리매김한 포털에 주목했다. 포털, 신문, 산업, 미디

어, 뉴미디어 순으로 매개 중심성 값이 높았고, 뉴미디어, 확산, 블로그 등도 높게 나타나 보수 언론과 다르게 의제를 설정하고 있음을 알 수 있다.

3) ICT 기반 미디어 확산: 2기

ICT 기반 미디어 확산 2기 ≪한겨레≫, ≪경향신문≫은 '구글-개인정보-무한수집'으로 연결되어 인터넷에서 개인정보 노출의 위험성을 경고했다(〈그림 3-10〉). '미디어-융합-빨라지는데', '융합-가속화-법-제도'로 연결되어 미디어 환경의 변화에 따른 법제정의 중요성을 강조했다.

ICT 기반 미디어 확산 2기 ≪조선일보≫, ≪동아일보≫는 소셜미디어의 여론 형성과 확산에 주목했다(〈그림 3-11〉). 'SNS-경선쇼-민의-왜곡-해설-루머'로 연결되어 선거에서 소셜미디어의 부정적인 영향력을 경계했다. 또한 '모바일-여론-루머'와 '모바일-팬클럽'으로 연결되어 모바일의

〈그림 3-10〉 ICT 기반 미디어 확산 2기 ≪한겨레≫, ≪경향신문≫ 사설 네트워크 분석 결과

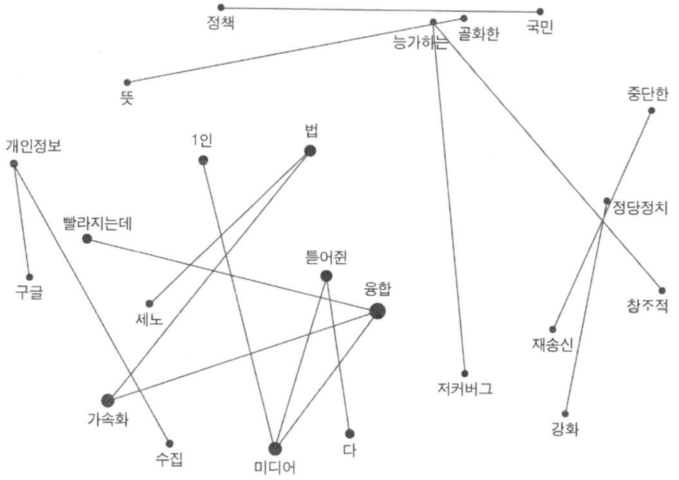

〈그림 3-11〉 ICT 기반 미디어 확산 2기 ≪조선일보≫, ≪동아일보≫ 사설 네트워크 분석 결과

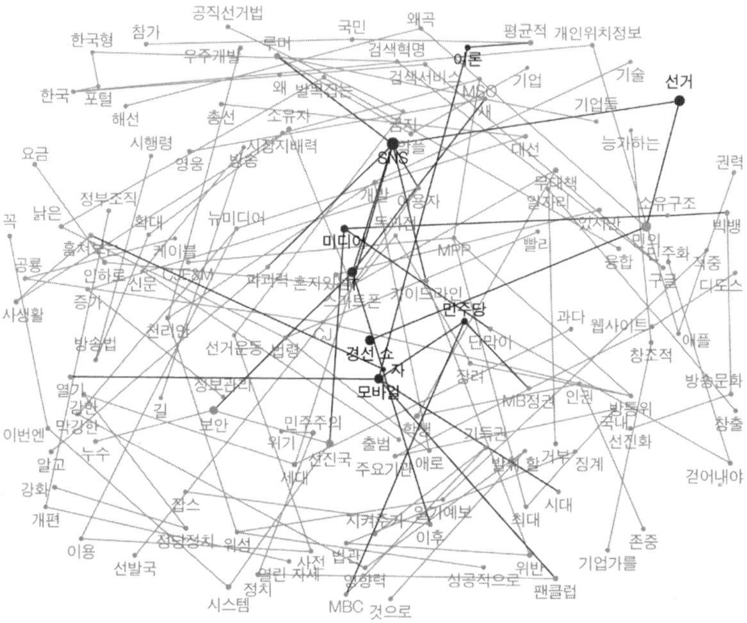

〈표 3-6〉 ICT 기반 미디어 확산 2기 분석 매체의 사설 중심성 분석 결과 비교

≪한겨레≫, ≪경향신문≫				≪조선일보≫, ≪동아일보≫			
주요 단어	매개 중심성	인접 중심성	위세 중심성	주요 단어	매개 중심성	인접 중심성	위세 중심성
미디어	53.000	0.033	0.168	SNS	3859.000	0.002	0.104
융합	50.000	0.033	0.158	민의	2355.000	0.002	0.014
가속화	30.000	0.028	0.077	선거	2277.000	0.002	0.034
법	22.000	0.023	0.050	모바일	2248.000	0.002	0.004
제도	12.000	0.019	0.023	IT	2048.000	0.002	0.042
빨라지는데	12.000	0.025	0.072	스마트폰	2033.000	0.002	0.036
	-	-	-	경선 쇼	2025,000	0,002	0.005
	-	-	-	보안	1544.000	0.002	0.015
	-	-	-	선진국	1349.000	0.002	0.005

정치적 영향력에 주의해야 한다고 경고했다. 더불어 '스마트폰-선진국-이용자-파괴력'으로 연결되어 인터넷과 모바일을 통한 부정적인 여론 형성에 민감한 반응을 보였다. 이는 인터넷과 모바일 이용자의 연령대가 젊고 진보적 성향의 사람들이 많다는 점에서 진보 진영에 긍정적인 여론이 형성될 것을 우려해 나타난 결과로 생각된다.

ICT 기반 미디어 확산 2기 중심성 값을 분석한 결과(〈표 3-6〉)를 보면, ≪한겨레≫, ≪경향신문≫의 경우 가속화, 법, 제도가 높게 나타났다. ≪조선일보≫, ≪동아일보≫의 경우 SNS, 민의, 선거, 모바일, IT, 스마트폰, 경선쇼 순으로 매개 중심성 값이 높아 인터넷과 모바일을 통한 여론 형성에 주목하고 있음을 알 수 있다. 열린우리당의 모바일 선거를 '경선쇼'로 부르면서 모바일 여론에 부정적인 태도를 나타냈다.

4) ICT 기반 미디어 확산 3기

ICT 기반 미디어 확산 3기 ≪한겨레≫, ≪경향신문≫은 '방송-독립성-먼-나라'로 연결되어 방송의 독립성이 지켜지지 않고 있음을 비판했다(〈그림 3-12〉). '언론-재구실-되도록'으로 연결되어 언론이 독립성을 갖고 비판 기능을 하지 못함을 지적했다. 이 밖에 '외국-메신저-텔레그램-사용자'로 연결되어 카카오톡에 대한 검찰의 개인정보 요구로 이용자들이 외국 메신저를 사용하고 있다고 했다.

ICT 기반 미디어 확산 3기 ≪조선일보≫, ≪동아일보≫의 사설 네트워크 분석 결과(〈그림 3-13〉) '방송-지상파-독점', '지상파-방통위-미창부-방송-관장-부처'로 연결되어 박근혜 정부의 방송 관장 부처의 변화를 언급했다. '스마트폰-통신-확산'으로 연결되어 스마트폰의 중요성과 영향력을

〈그림 3-12〉 ICT 기반 미디어 확산 3기 ≪한겨레≫, ≪경향신문≫ 사설 네트워크 분석 결과

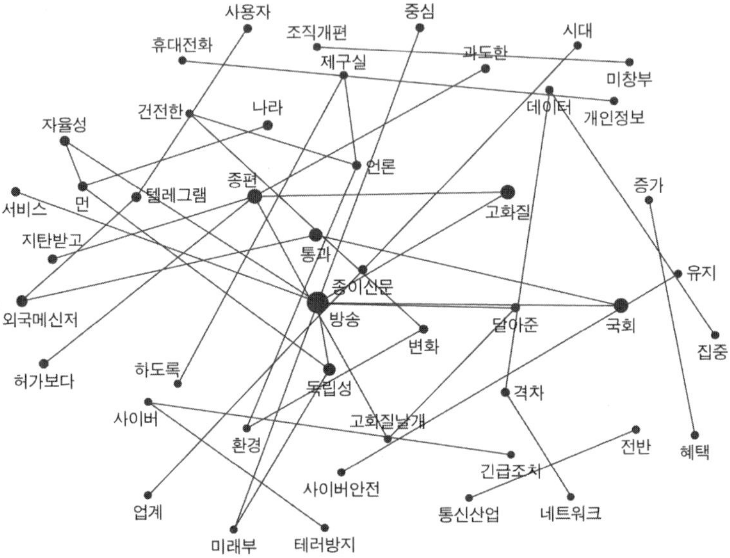

〈그림 3-13〉 ICT 기반 미디어 확산 3기 ≪조선일보≫, ≪동아일보≫사설 네트워크 분석 결과

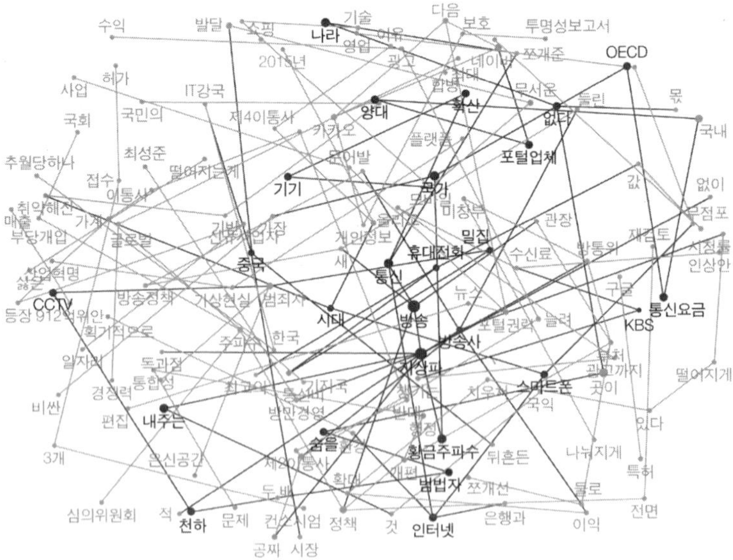

〈표 3-7〉 ICT 기반 미디어 확산 3기 분석 매체의 사설 중심성 분석 결과 비교

≪한겨레≫, ≪경향신문≫				≪조선일보≫, ≪동아일보≫			
주요 단어	매개 중심성	인접 중심성	위세 중심성	주요 단어	매개 중심성	인접 중심성	위세 중심성
방송	443.667	0.012	0.150	방송	7943.667	0.001	0.059
국회	221.000	0.010	0.054	지상파	7747.500	0.001	0.095
고화질	192.000	0.010	0.048	국가	4047.000	0.001	0.013
통과	149.000	0.008	0.048	OECD	3384.000	0.001	0.004
독립성	93.667	0.010	0.095	통신요금	3266.000	0.001	0.001
외국 메신저	93.000	0.007	0.005	인터넷	3086.500	0.001	0.011
먼	65.333	0.008	0.044	포털업체	2900.000	0.001	0.000
텔레그램	64.000	0.006	0.002	숨을, 네이버, 확산	2774.000	0.001	0.000
자율성	20.500	0.009	0.053	범법자	2646.000	0.001	0.000
서비스	33.000	0.009	0.044	천하	2532.000	0.001	0.000
허가보다	33.000	0.007	0.008	모바일	2582.000	0.001	0.001
지탄받고	33.000	0.007	0.008	정책	2270.833	0.001	0.027
과도한	33.000	0.007	0.008	CCTV	2250.000	0.001	0.000

강조했으며, '범죄자-CCTV'로 연결되어 CCTV로 인해 범죄자가 설 자리가 없다는 점을 언급했다. 이 밖에 '모바일-무서운'으로 연결되어 모바일의 영향력을 경계했다. 'OECD-통신요금-국내-비싼'으로 연결되어 국내 통신요금이 OECD 국가에 비해 상대적으로 높다는 것을 강조했다.

이 시기 중심성 값을 분석한 결과(〈표 3-7〉), ≪한겨레≫, ≪경향신문≫의 경우 방송이 443.667로 가장 크게 나타나 방송이 중요하게 언급되었음을 알 수 있다. 다음으로 국회, 고화질, 통과 순이었고, 독립성, 외국메신저, 텔레그램 순이었다. ≪조선일보≫, ≪동아일보≫의 경우 방송과 지상파, 국가, OECD, 통신요금, 인터넷 순으로 높았고, 포털과 모바일 정책, 스마트폰, 카카오도 높아 뉴미디어의 영향력과 부정적인 측면에 관심을

나타냈다.

6. 뉴미디어 관련 주체의 변화

시기별로 뉴미디어 관련 주체 및 의제가 어떻게 변화했는지 분석한 결과 뉴미디어 정책에 대한 찬반 입장이나 새로운 정책의 도입과 관련해서 주무 부서인 방송통신위원회나 방송위원회에 대한 비판이 주를 이루었다. 뉴미디어의 도입이나 활성화에 대해서는 신문에 따라 프레임이 다르게 나타났다(〈표 3-8〉).

ICT 기반 미디어 도입기에 ≪조선일보≫, ≪동아일보≫에서는 청소년, 지역 민방, 무궁화 위성, MBC, 방송위원회가 주체이고, ≪한겨레≫, ≪경향신문≫에서는 청소년, 상업방송, 위성방송, 국회가 주체이다.

ICT 기반 미디어 확산 1기에 사설의 주체는 방송사와 포털로 나타났다. ≪한겨레≫, ≪경향신문≫은 젊은 세대가 주로 이용하는 포털을 방통위가 길들이려 한다고 비판했다. ≪조선일보≫, ≪동아일보≫는 KBS 정연주 사장을 비판하며 KBS의 정치적 편향성과 독과점을 비판적으로 다루었다.

ICT 기반 미디어 확산 2기에 ≪조선일보≫, ≪동아일보≫는 모바일과 SNS 등 소셜미디어를 주로 다룬 반면 ≪한겨레≫, ≪경향신문≫은 구글의 정보 수집 등 개인정보보호를 쟁점화했다. ≪조선일보≫, ≪동아일보≫에서는 모바일 확산으로 인한 모바일 여론을 경계했으며, 모바일 여론이 대표성이 없고, 민의를 왜곡할 수 있다는 점을 강조했다. 이는 모바일 여론이 진보적 성향의 이용자들에 의해 형성된다는 점을 고려한 비판으로 해석된다. 이들은 당시 열린우리당의 모바일 경선을 정치쇼로 폄하했다.

〈표 3-8〉 네트워크 분석을 통해 본 뉴미디어 시기별 주체

뉴미디어 정책 / 언론	ICT 기반 미디어 도입기 1991.12~2001.2	ICT 기반 미디어 확산 1기 2001.3~2008.11	ICT 기반 미디어 확산 2기 2008.12~2012.9	ICT 기반 미디어 확산 3기 2012.10~2016.3
≪조선일보≫ ≪동아일보≫	서울방송, 지역민방, 무궁화1호, MBC, 방송위원회, 위성방송	방송사	모바일, SNS	지상파, 통신, 모바일
≪한겨레≫ ≪경향신문≫	상업방송, 위성방송, 국회	포털	구글	국회

ICT 기반 미디어 확산 3기 ≪조선일보≫, ≪동아일보≫는 지상파와 통신, 모바일을 주로 다루었고, ≪한겨레≫, ≪경향신문≫은 종편과 국회가 주체인 사설이 많았다. ≪조선일보≫, ≪동아일보≫는 지상파 독과점과 통신사 주파수 배정 논란 및 모바일의 영향력에 주목했다. ≪한겨레≫, ≪경향신문≫은 고화질 방송과 미디어법을 다루었다.

7. 수용자·사회적·정책적 측면에서 고찰한 뉴미디어 의제의 변화

〈표 3-9〉는 수용자 측면, 사회적 측면, 정책적 측면에서 뉴미디어가 어떤 영향을 주는지 분석한 것이다. 수용자 측면은 뉴미디어가 개인에게 주는 영향을 다룬 것이다. 사회적 측면은 뉴미디어의 사회적 효과 및 영향을 다룬다. 정책적 측면은 뉴미디어 관련 정책을 다루고, 정책에 대한 비판도 더했다. 〈표 3-9〉에 따르면, 수용자 측면에서 뉴미디어 관련 이슈와 관련해 도입기 ≪조선일보≫, ≪동아일보≫는 정부의 이메일 검색을 비판했고, ≪한겨레≫는 음란 비디오가 청소년에 미치는 영향을 비판했다. 확산

〈표 3-9〉 수용자·사회적·정책적 측면에서 고찰한 언론사별 의제 분석 결과

		≪조선일보≫ ≪동아일보≫	≪한겨레≫ ≪경향신문≫
수용자	도입기	정부의 이메일 검색	10대 음란비디오 영향
	확산 1기	-	-
	확산 2기	스마트폰 세대(혼자 이용)	구글 개인정보 수집
	확산 3기	-	경찰의 스마트폰 감시 논란, SK플래닛의 빅브라더식 개인정보 수집
사회적	도입기	-	도서관 정보화, 방송의 공익성·독립성
	확산 1기	UCC 부정적 영향력	(보수층의) 포털 여론몰이, 정치적 목적 포털 길들이기 반대
	확산 2기	선거에서 SNS의 부정적 영향력, 기업 활동에서 SNS 루머의 영향, 모바일 정치 민주주의 위기, 민주당 모바일 경선 민의 왜곡	-
	확산 3기	모바일 영향력	다음·카카오 합병의 의미, 포털 투명성 보고서, 새누리당의 포털 길들이기, 모바일 쇼핑 혁명
정책적	도입기	서울방송 TV 개국, SBS 전파 낭비, 방송광고법 문제, 방송위원회 구성, 위성방송, 위성과외 비판	사이버테러 대책, 21세기 미디어센터 상업방송 확대 제고, 방송사 재허가, 방송개혁, 위성방송 주체, 통합방송법안 비판
	확산 1기	방송광고총량제, 방송위 역할 비판 (저질프로그램 규제 못함), 방송위 지상파 TV 낮방송 허용, 정부 방송 보도 허용 비판, KBS 강제 수신료 위헌소송, IPTV 규제 비판	10주년 CATV 운영 및 프로그램의 질, 지역 지상파 DMB 논란 책임
	확산 2기	IT 보안 선진국 시스템, 미디어법 거부 비판, 천리안 위성을 통한 일기예보, 케이블 CJ 독과점 논란, 첨단기술 융합 막는 법령 고쳐야 함	방문진 구성 비판, 언론법 사회적 합의기구 구성
	확산 3기	OECD 통신요금, 방송 지상파 독점	방송위 독립성, 메신저 규제

2기 ≪조선일보≫, ≪동아일보≫는 스마트폰 세대가 친구들과 어울리지 않고 스마트폰을 혼자 이용하는 현상을 비판했다. 확산 2기 ≪한겨레≫에서는 구글의 개인정보 수집을 비판했고, 확산 3기 스마트폰 감시와 통신사의 무차별적인 개인정보 수집을 다뤘다.

사회적 측면에서 도입기 ≪한겨레≫는 도서관 정보화의 중요성과 방송의 공익성·독립성을 다뤘다. 확산 1기 ≪조선일보≫, ≪동아일보≫는 UCC의 영향력을 염려했고, ≪한겨레≫는 보수층이 포털을 통한 여론몰이를 시도하고 있다고 비판하면서 정치적 목적의 포털 이용을 언급했다. 확산 2기 ≪조선일보≫, ≪동아일보≫는 소셜미디어와 모바일이 정치에 미치는 부정적 영향을 경계했고, 확산 3기에는 인터넷 은행과 4차 산업혁명을 다뤘다. ≪한겨레≫는 확산 3기에는 다음과 카카오 합병과 모바일 쇼핑을 다뤘다. 또한 확산 1기와 마찬가지로 보수 정권의 포털에 대한 정치적 영향력을 경계했다.

뉴미디어 의제와 관련해서 정책적 측면의 쟁점화가 가장 많았다. 도입기에는 공통적으로 상업방송의 개국 문제를 다뤘다. ≪조선일보≫, ≪동아일보≫는 방송광고법과 방송위원회 구성을 비판했고, ≪한겨레≫는 통합방송법안, 방송사 재허가, 위성방송 주체 문제를 다루면서 사이버테러 대책 문제도 제기했다. 확산 1기 ≪조선일보≫, ≪동아일보≫는 지상파 낮방송, KBS 강제 수신료 위헌문제, IPTV 규제, 방송광고 총량제 등 당시 방송정책을 비판했고, ≪한겨레≫는 CATV와 위성방송 DMB 논란을 다뤘다. 확산 2기 ≪조선일보≫, ≪동아일보≫는 미디어법, 케이블TV 독과점 및 첨단기술 융합 관련 개정을 다뤘고, ≪한겨레≫는 구글의 정보 수집을 비판했다. 확산 3기 ≪조선일보≫, ≪동아일보≫는 주파수 정책과 제4이동통신사 할당 등 정부의 통신정책을 다뤘고, ≪한겨레≫는 사이버 사찰법,

테러방지법을 쟁점화했다.

아래는 〈표 3-9〉에서 다룬 신문의 사설을 보여주는 사례이다. 먼저, 수용자 측면에서 구글의 개인정보 수집을 비판하고, 스마트폰이 개인과 청소년에게 미친 부정적인 영향을 언급한 신문 사설이다. 2010년 8월 11일 자 ≪한겨레≫는 경찰이 구글 한국 법인을 압수수색한 것을 비판하면서 무분별한 개인정보 수집을 우려했다. ≪동아일보≫는 2012년 7월 27일 자 사설에서 스마트폰이 등장하면서 어린이와 청소년이 대화가 사라지고 부모나 친구들과 같이 있지만 상호작용이 없는 현실을 비판했다. 커뮤니케이션 기술의 발달로 인간의 상호작용 수단이 증가하면서 인간의 삶의 질이 높아졌지만 개인정보 유출이나 이로 인한 피해가 증가하는 현상을 지적했다. 스마트폰의 경우 누구나 쉽게 정보에 접근할 수 있고 이용자가 원하는 장소와 시간에서 정보를 소비할 수 있다는 점에서 이용자에게 유용한 도구로 평가받고 있다. 커뮤니케이션 수단이 증가했음에도 불구하고, 이용자들은 한 공간에 같이 있어도 상대방과 대화를 하지 않고 오히려 부모와의 대화도 줄어드는 등 부작용이 크다는 점을 지적했다.

> 경찰이 그제 미국 검색 서비스 업체 구글의 한국 법인을 압수수색했다. 거리 사진 보기 서비스(스트리트뷰)용 자료를 모으면서 개인정보까지 무단 수집한 혐의를 조사하기 위해서라고 한다. 구글은 거리 사진 촬영과 직접 관련 없는 민감한 정보까지 수집했다. 무선공유기 같은 무선랜기기 분석 장치까지 갖추고 개별 기기의 고유 식별번호와 위치 따위를 일일이 파악했다 …… (≪한겨레≫, 2010.8.11, 일부).

스마트폰의 등장으로 이용자들을 카카오톡과 같은 애플리케이션을 통해 그물망처럼 연결됐다. 그러나 7개월 사이 카카오톡 메시지 전송이 3배로 늘어난 만큼 우리의 인간관계가 친밀해지고 소통이 증진됐다고 보기는 어렵다. …… 눈앞에 실존하는 인간관계를 무시하면서 모바일상의 누군가와 대화하는 이런 모습을 미국 매사추세추공대(MIT) 셰리 터클 교수는 '함께 있지만 혼자 있는(alone together)' 현상이라고 명명했다. 이런 현상은 무선인터넷 서비스가 최고 수준인 한국에서 더욱 심하다(≪동아일보≫, 2012.7.27, 일부).

사회적 측면에서 뉴미디어를 다룬 ≪한겨레≫는 2008년 8월 18일 자 사설에서 포털을 언론으로 보고 이를 정부가 규제를 하는 것을 비판했다. 포털이 여론의 다양성 측면에서 사회적으로 긍정적인 영향을 미치고 있음에도, 정부가 변화된 미디어 환경을 고려하지 않고 과거의 잣대로 포털을 규제하고 있다는 것이다. ≪동아일보≫는 2012년 1월 14일 자 사설에서, 선거에서 모바일의 부정적인 영향력을 비판했다. 모바일 이용자가 젊은 층이고, 결집력이 크기에 민주당 경선에 대표성이 담보되지 않은 여론이 반영될 가능성이 높다는 것이다. 모바일이라는 뉴미디어가 등장한 이후 언론이 모바일의 영향력을 우려한 것으로 생각된다.

정부 여당은 이미 촛불정국 뒤 포털에 대한 규제 조치를 여럿 내놓았다. 게시물 삭제 강제화 등의 대책이 마련됐고, 사이버 모욕죄 신설도 추진되고 있다. 여론의 다양성을 북돋우기보다는 비판적 여론을 통제하려 한다는 지적을 받을 조처들이다. 이런 맥락에서 이번 법 개정이 추진된다면 정치적 목적의 '포털 길들이기'일 뿐이다 …… (≪한겨레≫, 2008.8.18, 일부).

내일로 다가온 민주통합당 지도부 경선에서 모바일 투표 참가자가 40만 명을 넘었다. 모바일 투표 결과가 민주당 당권의 향배를 가를 결정적 변수가 될 전망이지만 모바일 투표를 평균적인 국민이 참여하는 행사로 보기는 어렵다. 응집력이 강한 세력이 모바일 표심(票心)을 좌우하기 때문이다 …… (≪동아일보≫, 2012.1.14, 일부).

정책적 측면에서 뉴미디어를 다룬 사설을 보면 ≪한겨레≫는 1996년 11월 30일 자 사설에서 신문이 위성방송 사업에 참여할 수 있도록 허용하는 '대기업 진입 규제'를 풀려는 정부의 정책을 비판했다. ≪동아일보≫는 2008년 5월 19일 자 사설에서 'IPTV 관련 정부의 규제를 풀어야 한다'고 주장했다. 정책적 측면에서 언론사는 사설을 통해 법적 규제나 허용 등 뉴미디어 도입이나 운영과 관련된 문제를 다뤘고 법적인 측면에서는 뉴미디어 의제를 제기했다.

공정위의 한 가부는 사견임을 전제로 "언론시장은 일반 상품시장의 독과점보다 그 폐해가 훨씬 크다"며 "정부도 손을 못 댈 정도로 여론을 주도하고 있는 게 현실 아니냐"고 반문했다. 방송마저 장악할 경우 그 부작용은 더 커질 것이다. 신문재벌에 위성방송을 허용하기로 한 것은 이 때문에 문제가 된다.

국민세금으로 쏘아 올린 위성이 헛돌고 있다는 지적도 과장됐다. 무궁화위성은 지금도 통신용으로는 잘 활용되고 있다 …… (≪한겨레≫, 1996.11.30, 일부).

정보기술(IT) 강국이라는 한국이 인터넷TV(IPTV)의 출발은 미국과 유럽에 비해 크게 뒤졌다. 방송통신위원회가 열흘 전 입법예고한 '인터넷멀티미디어방송사업법(IPTV법)' 시행령에 관한 공청회가 23일 열린다. 방송 통신업계가 5년간 손꼽아 기다린 IPTV의 법적 기반이 이제야 만들어지고 있는 것이다……
(≪동아일보≫, 2008.5.19, 일부).

참고문헌

김위근·이홍천. 2016. 「신문인쇄의 현재와 미래」. 한국언론진흥재단 연구보고서.

김경희·노기영. 2011. 「한국 신문사의 이념과 북한 보도방식에 대한 연구」. ≪한국언론학보≫, 55(1), 361~387쪽.

김세은. 2010. 「조선-중앙-동아일보의 유사성과 차별성: 1면 구성과 사설의 이념성을 중심으로」. 한국언론학회 한국 신문 저널리즘의 성찰 및 미래 전략 세미나 발표문.

이재경. 2003. 「언론인 인식을 통한 한국사회와 언론 자유의 조건 연구」. ≪한국언론학보≫, 47(2), 54~77쪽.

최영재. 2014. 「공영방송 보도국의 정파적 분열: 민주화의 역설, 정치적 종속의 결과」. ≪커뮤니케이션 이론≫, 10(4), 476~510쪽.

최현주. 2010. 「한국 신문 보도의 이념적 다양성에 대한 고찰」. ≪한국언론학보≫, 54(3), 314~348쪽.

≪연합뉴스≫. 1993.11.25. "케이블TV 인력스카우트 열풍".

≪동아일보≫. 2014.1.6. "간첩과 유괴 살인범의 휴대전화 감청도 못해서야".

≪경향신문≫. 2016.2.21. "애플과 미 정부의 사생활 보호를 둘러싼 논쟁이 부럽다".

Berger, P. L. and L. Thomas. 1991. *The Social Construction of Reality*. Penguin Books. http://perflensburg.se/Berger%20social-construction-of-reality.pdf

Doerfel, M. and G. Barnett. 1999. "A Semantic Network Analysis of the International Communication Association." *Human Communication Research*, pp. 589~603. http://www.galileoco.com/literature/postdoerfelbarnett.pdf

Sweney, Mark. 2016.2.12. "Independent and Independent on Sunday print closures confirmed."http://www.theguardian.com/media/2016/feb/12/independent-and-independent-on-sunday-closures-confirmed.

MaQuail, D. 2010. *Mass Communication Theory*(6th edition). SAGE publications. file:///C:/Users/JUHYUN/Downloads/McQuails+Mass+Communication+Theory+2010.pdf.

Logan, R. K. 2010. *Understanding New Media: Extending Marshall McLuhan*. Peter Lang Gmbh.

Sorok, S. et al. 2009. "Mass Media and Policymaking." http://www.snsoroka.com/files/Media&Policymaking.pdf.

Shoemaker, P. and S. Reese. 1992. *Mediating the messages: Theories of Influences on Mass Media Content*. Longman publication. https://journalism.utexas.edu/sites/journalism.utexas.edu/files/attachments/reese/mediating-the-message.pdf.

Tuchmann, G. 1978. *Making News: A study in the construction of reality*. The Free Press.

Washington Post. 2003. "Talk of the Town." *Inside Journalism*, 1(4), pp. 1~15. https://nie.washingtonpost.com/sites/default/files/Editorial%20Page.pdf.

04 ICT 기반 미디어 이슈

신문 사설의 시기별·정파별 프레임과 담론을 중심으로

김은영

1. 서론

만약 누군가가 새로운 미디어를 처음 접하게 된다면 어떠한 감정적 반응을 보일까? 아마도 첫 반응은 놀라움일 것이다. 그리고 기존 미디어에서 경험하지 못한 다양한 기능에 대한 신기함은 곧 호기심으로 연결되고, 이후 반복적인 활용을 통해 뉴미디어는 친숙한 미디어로 탈바꿈할 것이다. 이처럼 뉴미디어가 익숙한 올드미디어로 변하는 과정, 즉 새로운 미디어의 일상화는 삶의 모습을 그 이전과는 구분지어가는 과정일 것이다.

대표적으로 ICT 기반 미디어의 등장과 확산은 현대인들의 정보 탐색 방식과 가용 가능한 정보량이 급격하게 확장되는 변화를 가져왔다. 특히 국내의 경우 1994년 인터넷이 상용화되면서 사람들의 정보 탐색 방법과 정보량은 커다란 변화를 겪게 된다. 과거 사람들이 지인이나 책, 신문 등 직접적인 경로를 통해 정보를 탐색했다면, 현대인들은 소위 '정보의 바다'라고 불리는 인터넷 접속을 통한 간접적인 경로를 통해 정보를 얻는다. 또한 과거 개인이 얻을 수 있던 정보량이 한정되었던 것에 비하면, 현대인들은 끝없이 연결된 하이퍼링크와 하이퍼텍스트의 의미 관계망 속에서 그 끝을 가늠할 수 없는 무한한 정보를 얻게 되었다.

사람들의 관계 맺기 방식 역시 뉴미디어 등장 이전과는 차별화된 모습이다. 소셜미디어의 등장은 사람 간의 직접적인 접촉 없이 관계를 형성하고 유지하는 것을 가능하게 만들었다. 현대인들은 소셜미디어를 활용해 직접 만나본 적이 없는 이들과 안부 인사를 나누고, 삶의 일부분을 공유하고, 감정 역시 교류한다. 이러한 소셜미디어로 관계를 맺고 유지하는 방식은 현대인들에게 자연스러운 삶의 행태가 되었다. 이렇게 타인과의 접촉 없이 이루어지는 소통 방식은 사람들 간 관계의 범위를 무한대로 확장하는 한편, 시공간에 구애받지 않는 새로운 관계 맺기 양식을 보여준다.

그렇다면 우리 사회에서 ICT 기반 미디어에 대한 이야기 방식은 어떻게 나타날까? 아마도 다양한 미디어들의 도입과 확산, 쇠퇴가 맞물리면서 각 시기별로 새로운 미디어에 대한 이야기들이 저마다 차이를 보일 것이라 예상할 수 있다. 대개 새롭게 등장한 미디어들은 확산과 전성기를 거쳐, 어느 순간 정체기에 머물다 쇠퇴하는 길을 걷기 때문이다. 이에 따라 특정 뉴미디어가 지닌 막대한 영향력은 역동성을 갖기 마련이다.

특히 뉴미디어의 도입과 활용에 따른 인간 삶의 무수한 변화들은 언론의 주요한 관심사일 수밖에 없다. 이는 언론의 역할이 독자들에게 새롭고 가치 있는 정보를 제공하고 해설하는 데에 있기 때문이다. 이에 따라 언론사들은 ICT 기반 미디어를 둘러싼 다양한 사회 현상에 관심을 기울일 수밖에 없다. 또 다른 언론사의 중요한 기능은 다양한 사회현상과 정책에 대한 비판적 분석을 통해 사회적 의제를 제시하고 논쟁의 장이 되는 것이다.

이에 언론 보도가 새로운 미디어를 어떻게 틀 짓기하고, 어떠한 담론을 도출하는지에 따라 새로운 미디어의 사회적 의미와 영향력에 대한 해석이 달라질 수 있다.

더욱이 언론이 생산하는 ICT 기반 미디어에 관한 이야기 방식은 다른 영역보다 중요한 의미를 지닌다. 이는 뉴미디어의 채택과 활용, 확산과 같은 미디어 지형의 재편이 정부 주도적으로 진행되는 국내 ICT 기반 미디어 영역의 특성에 기인한다. 즉, 국내에서는 일반 사용자들의 직접 경험, 평가를 통한 유용성과 가치 판단에 기반을 둔 자연스러운 뉴미디어 확산 과정을 거치지 않는다. 반면, 국가 주도로 특정 ICT 기반 미디어가 도입되는 시점이 선택되고 정부의 지원 속에서 새로운 미디어들이 확산되는 과정이 되풀이되었다. 수용자들은 새로운 미디어에 대한 정보를 언론에서 접하는 간접 경험에 의존할 수밖에 없다. 따라서 기존 뉴스 미디어에서 생산한 뉴미디어에 대한 프레임과 담론이 당대의 뉴미디어에 대한 이 사회의 시각을 살펴보는 데 중요한 지점이 된다.

또한 국내 신문사들은 정파성을 명확하게 내세우진 않지만, 일련의 뉴스 논조를 통해 보수와 진보로 구분된다. 그렇다면 신문사의 논조와 ICT 기반 미디어의 프레임·담론의 관계가 신문 사설에서 어떻게 나타나는지 살펴볼 수 있을 것이다. 즉, 신문사들은 때론 경쟁자이자 협력자인 뉴미디어를, 정파를 초월해 일관되고 공통적인 시각으로 다루는지 아니면 정파라는 틀 속에서 상이한 시각으로 바라보는지를 살펴볼 수 있다.

이 장에서는 ICT 기반 미디어에 대한 지식 구성에 미친 올드미디어의 영향력을 고려해 먼저 뉴스 미디어에 의한 지식 구성과 미디어의 역할에 대한 논의를 살펴본다. 또한 미디어가 정보를 제공할 때 활용하는 나름의 틀인 프레임과 담론에 대한 기존의 논의를 정리했다. 이를 토대로 1990년대부터 2016년까지 시기별·정파별 뉴미디어에 대한 프레임과 이를 정당화하는 프레임 기제를 통해 미디어 담론을 밝혀내고자 했다. 이를 위해 실제 분석은 신문 사설을 대상으로 삼아 ICT 기반 미디어에 대해 갖는 프레임과 담론을 밝혀내고 그 특징을 정리했다.

2. 뉴스를 통해 세상 이해하기

현대인들은 아침에 일어나 기지개를 켜기도 전에 스마트폰 화면의 잠금장치를 해제한다. 그리곤 밤새 전해진 메시지, 뉴스, 날씨 등을 확인한 후 비로소 진정한 아침을 맞이한다. 이후 하루 종일 인터넷을 통해 연결된 세상에서 쏟아지는 다양한 소식을 접한다. 이러한 세상 정보와의 끊임없는 접촉은 잠들기까지 지속된다. 이렇듯 아침부터 밤까지 모든 일상 속에서 수많은 정보가 쏟아지는 가운데 현대인들은 자신에게 필요한 정보를 선별해 활용한다.

특히 주요 정보원인 뉴스는 아침 신문이나, 텔레비전 뉴스 시청 혹은 지하철이나 버스에서 스마트폰을 통해 다양한 세상 이야기를 전한다. 이러한 뉴스 탐색의 과정은 바쁜 일상에서 맞이하는 휴식의 틈까지 파고들었다. 어느새 현대인들의 잠깐의 여유는 정보의 바다를 유랑하는 것으로 채워진다. 이렇듯 뉴스를 주요한 원천으로 하는 정보 탐색은 하루 일과를 정리하는 순간까지 이어지는 현대인들의 일상화된 모습이다.

이처럼 ICT 기반 미디어가 현대인의 삶 속에 깊이 각인된 것은 전 국민을 언제 어디서나 정보의 바다로 인도하는 스마트폰의 급성장을 통해 확연히 나타났다. 집이나 직장과 같은 한정된 물리적 공간에서 이용 가능한 인터넷 서비스와 달리, 스마트폰은 이동성(mobility)이라는 가장 큰 매력을 내세워 이 시대 대표적인 뉴미디어의 자리를 차지했다. 또한 언제 어디서나 현실세계와 가상세계를 연결하는 유비쿼터스(Ubiquitous)를 실현하는 첨병이며, 현대인의 친구가 된 것이다.

그렇다면 현대인의 삶 속에서 분리될 수 없는 미디어의 뉴스나 정보는 수많은 현대인들에게 어떠한 역할을 하고 있을까? 무엇보다 미디어는 사람들이 세상을 알고 이해하는 데 큰 영향력을 발휘한다. 아마도 자신이 알고 있는 것이 대부분 어디에서 왔는지를 생각해본다면 쉽게 이해할 수 있을 것이다. 대부분의 사람들은 본인을 비롯해 가족, 친구와 같이 가까운 사람들에 대한 정보는 본인이 직접 경험하거나, 주변의 사람들에게 이야기를 듣는 방식으로 알고 이해한다. 그렇다면 본인과 직접 연관이 없는 정보들은 어떻게 알고 있는 것일까? 많은 이들이 직접 겪지 못했지만 국가의 경제문제와 정치 상황, 심지어 가보지 못한 다른 나라의 상황과 문제점을 인지하고 있다. 이처럼 개인이 직접 경험하지 못한 정보는 수많은 미디어를 통해 간접적으로 접한 정보에 의한 것이다. 즉, 사람들은 온라인 뉴스 혹은 텔레비전 뉴스, 신문 등의 보도를 통해 세상과 세상의 변화를 인식하고 이해한다.

하지만 매스미디어는 의식적이건 무의식적이건 나름의 틀, 프레임(frame) 속에서 사회적 현실을 구성한다. 즉, 객관적인 정보를 제공할 수 없는데, 이는 미디어가 사회적 현실을 구성하는 수많은 요인으로 일정한 틀을 형성하고 있기 때문이다. 이처럼 매스미디어의 뉴스를 사회적 현실을 구성하는 틀로 파악하는 접근은 구성주의적 시각(construction perspectives)에서 비롯되었다. 이때 구성주의적 시각이란, 매스미디어가 현실을 거울처럼 객관적으로 반영하기보다는 뉴스의 선택과 배제를 통해 적극적으로 사회적 현실을 구성해낸다는 접근 방식이다.

특히 뉴스미디어에 대해 터크먼(Tuchman, 1978)은 "뉴스는 세상을 향하여 나 있는 창"이라고 정의하면서, 사람들은 그 창을 틀로 하여 자신과 세상을 알게 된다고 설명한다. 이때 틀 형성에 영향을 미치는 다양한 요인으로는 해당 사회의 권력 구조 혹은 문화, 역사 그리고 뉴스 제작에 참여하는 제작자들이 지닌 사고의 틀과 제작 관행, 미디어와 메시지의 특성 등을 꼽을 수 있다. 이러한 각각의 요인들은 상호작용하면서 나름의 틀을 형성해 사회 현상을 재구성한다. 특히 뉴스의 경우 해당 이슈의 보도 여부, 분량, 구성에 대한 제작자들의 사고 틀과 뉴스 제작 관행이 존재한다. 이는 그 어느 요인보다도 사회적 현실을 특정의 현실로 재구성하는 데 중요한 역할을 한다.

뉴스 미디어의 틀이 해당 이슈를 특정한 틀 속에서 수용자들이 지식을 구성하고 세상을 이해하도록 유도한다는 것이 중요하다. 즉, 이러한 프레임 속에서 뉴스는 사람들이 세상을 인식하는 방식에 영향을 미치는 이데올로기적 효과를 지닌다(Gitlin, 1980). 이는 개인의 생각·행동에 미디어가 강조한 이슈나 대상의 특정한 속성이나 특성이 특정 관점에 따라 영향을 받게 됨을 의미한다(McCombs, 2004; 이완수, 2011).

현대인들은 다양한 언론 매체를 통해 정보를 얻음으로써 사건을 간접적으로 접하며, 미디어가 말하는 방식, 내용, 관심 정도에 따라 사건과 세상을 인식하고 이해한다. 결국 현대인들은 미디어를 통해 현실을 구성하는 것이다.

3. 현실을 재구성하는 뉴스 프레임과 미디어 담론

1) 뉴스 프레임의 개념과 기능

앞서 언급되었듯이, 사람들은 모든 것을 다 직접 경험할 수 없기 때문에 사회 현실을 일정한 틀 속에서 재구성한 뉴스를 통해 세상을 알게 된다. 이때 '틀'이라는 것은 무엇이고, 이 틀을 만들어내는 다양한 요인들은 무엇이며, 이들 간의 관계 그리고 이데올로기적 영향력 등에 대해 자세히 알아볼 필요가 있다.

우선 틀 혹은 프레임이라는 것은 단순히 이야기하면, 시각이나 가치관을 만드는 특정한 방식이라고 말할 수 있다. 프레임에 대한 연구는 언론학 분야에서 다양하게 진행되었는데, 연구자마다 프레임에 대한 정의는 다양하다. 고프먼(Goffman, 1974)은 프레임을 대중들에게 사건을 지각하고 파악하며 명명할 수 있도록 해주는 해석 기제로 정의했다. 이러한 광의적인 접근 방식에 따르면 프레임은 사람들에게 미래 행동에 대한 방향을 제시하거나 실제 행동으로 행하는 일 혹은 어떤 사건에 대해 특정 맥락으로 이해할 수 있는 것 등 적용 범위가 매우 광범위하다.

하지만 대부분의 학자들은 프레임에 대한 협의의 접근 방식을 보여준다. 엔트먼(Entman, 1993)에게 프레임은 구성된 현실에 대해 어떤 부분을 선택하고 집중하게 만드는 논리적 얼개를 의미한다. 여기서 선택(selection)과 현저성(salience)은 인식된 현실의 어떤 부분이 선택되고 더욱 강조되는 것을 말한다. 이에 뉴스 미디어의 기사는 특정한 요인을 현저하게 부각시킨다. 이처럼 현저성은 특정한 정보를 수용자로 하여금 더 주목하게 하여, 그 의미를 두고두고 기억할 수 있도록 한다.

겜슨(Gamson, 1983) 역시 프레임을 사건의 특정 부분을 이해하기 위해 핵심 아이디어를 제안하는 그 무엇으로 파악한다. 일례로, 미국의 베트남전 개입에 대해 베트남을 공산당의 침략으로부터 보호하기 위한 정당한 행위였다는 내용으로 보도한 당시 미국 언론의 보도 행위를 살펴보자. 이러한 프레임에 노출된 미국 국민은 미국의 군사행동을 정당하고 도덕적인 행위로 받아들였고 이에 저항하는 베트남에 대해서는 부정적 여론이 형성되었다. 이처럼 엔트먼(1993)과 겜슨(1983)은 프레임에 대해서, 이슈를 전하는 뉴스 보도가 이야기로서 조직되는 방식이라고 주장한다. 또한 언론의 프레임은 수용자들이 특정 이슈나 사건에 대해 어떻게 생각할지에 대한 틀을 제공하는 것임을 알려준다.

이외에도 프레임은 공공 이슈에 대한 서사(narrative)를 구성해 의미를 부여하는 방식(김훈순, 1998), 혹은 이슈 또는 쟁점 등의 현실을 사회적으로 재구성하는 틀(이원섭, 2011), 혹은 현실의 어떤 측면은 강조하고 다른 측면은 축소함으로써 일정한 방향의 해석을 유도하는 줄거리(송용회, 2005; 유승현·황상재, 2006) 등으로 다양한 개념화가 이루어졌다. 이러한 논의들은 엔트먼과 겜슨이 언론사의 특정 부분에 대한 강조와 축소 혹은 생략 등이 특정한 방향으로의 이슈 해석을 유도하는 것이라는 설명과 맞닿아 있다.

그렇다면 프레임은 어떠한 기능을 수행할까? 이에 대해 엔트먼(1993)의 논의를 살펴보면, 첫째 뉴스 프레임은 이슈를 특정 문제로 정의하는 기능을 한다. 즉, 이슈의 발생 원인이 무엇인지, 그리고 문화적 가치를 토대로 어떠한 혜택과 손실이 있는지를 결정한다. 둘째, 프레임은 문제의 원인을 진단하는 기능을 한다. 즉, 해당 이슈를 누가 유발했는지를 규명해 원인을 진단하는 것이다. 셋째, 뉴스 프레임은 해당 이슈에 대한 도덕적 평가를 수반한다. 이는 먼저 문제의 원인이 무엇인지를 규명한 후, 이에 대해 평가하는 것을 의미한다. 넷째, 뉴스 프레임은 해당 이슈에 대한 해결 방안을 제시하고, 해결의 가능성을 강조해 이를 정당화하는 역할을 한다. 하지만 여기서 주의할 점은 하나의 뉴스 보도가 위에서 제시된 네 가지 기능 가운데 한 가지 이상의 기능을 수행할 수도 있으며, 반면에 앞서 제시된 네 가지 기능 중 어떤 것도 수행하지 않을 수도 있다는 것이다. 또한 특정 뉴스 프레임이 모든 기능을 반드시 포함하지 않을 수도 있다. 이처럼 프레임은 뉴스가 영향력을 행사하는 방식을 기술하는 데 매우 유용한 개념이다. 따라서 프레임 분석에서 텍스트의 의미를 결정하는 주요 과제는 해당 뉴스의 프레임을 확인하고 기술하는 작업이라고 볼 수 있다(김훈순, 1998).

한편, 뉴스의 이야기 내용 자체에 중점을 둔 기틀린(Gitlin, 1980)의 프레임 기법(frame devices)과 엔트먼(1993, 1991)의 연구는, 텍스트 내에서 프레임이 활용하는 기법을 밝히는 이데올로기적인 영향력을 논의한다. 특히 뉴스 텍스트에서 프레임이 어떻게 나타나는지에 대한 연구는 미디어가 이슈나 사건들을 다루는 방식이 어떠한 사회적 함의를 지니는지를 분석한 것이다. 즉, 미디어 내용에 주된 관심을 두면서 미디어가 현실을 어떤 형식으로 틀 짓고 있는지 분석해 그 분석 결과에 따라 뉴스 프레임이 담고 있는 의미작용과 사회적 영향력을 해석하는 작업이라는 점에서 의미가 있다(김훈순, 1998).

2) 미디어 담론의 개념과 중요성

담론에 대한 출발은 푸코의 견해로부터 살펴볼 수 있다. 푸코에게 담론은 '특정한 역사적 시기에 특정한 주제에 대해 말하도록 하는 일련의 진술과 지식을 드러내는 언어행위'이다(푸코, 2012). 이러한 푸코의 개념을 다른 말로 표현하면, '특정한 역사적 시기'는 특정한 시공간이라는 사회적 맥락 속에서, '특정한 주제에 대해'는 특정한 사건, 사고, 이슈에 대해, '일련의 진술과 지식'은 다양한 말과 글에 의한 인지 체계, '말하도록 하는'과, '언어행위'는 실천 행위를 의미하는 것이다. 결국 담론은 사회문화적 맥락에서 이해되어야 할, 다양한 사회적 이슈에 대해 특정한 시각이나 입장을 인식하고 이를 실천하도록 만드는 다양한 형태의 텍스트라고 볼 수 있다. 결국 이러한 담론은 프레임과 마찬가지로 현실을 재구성하는 역할을 한다고 볼 수 있다.

그런데 일상에서 담론은 단독으로 활용되기보다는 '정치 담론', '정책 담론', '사회 담론', '미디어 담론' 등 다른 단어들과 조합된 형태로 사용된다. 각각의 영역에서 담론은 사회적 쟁점이 되는 사항에 인식의 틀로 작용하는데, 여기에는 특정한 이해관계가 반영되거나 투사되는 것이다(최종환 외, 2014). 이 가운데 미디어 담론은 '사회의 눈' 역할을 담당하는 언론을 통해 사회적 쟁점을 이해하는 것을 의미한다. 이때 미디어 담론은 각양의 시각적 기호, 이미지 그리고 이들과 결합된 음성적 효과를 포함해 나타난다(이기형, 2006). 미디어 담론은 수용자가 사회적 쟁점의 내용 및 형식을 이해하는 데 있어 절대적 영향을 미친다.

또한 미디어 담론을 특정 기사로 한정하여 논의하면, 이는 언론사의 사회석 의미 부여하기(agenda-building)와 틀 짓기(framing)라고 이야기할 수 있다(양정혜, 2000). 결국 뉴스 프레임은 뉴스가 생산하는 담화를 도출하는 데 기초가 되며, 이를 통해 수용자는 미디어가 제시하는 현상의 본질을 파악할 수 있게 된다는 것이다. 이는 담론을 단순히 언어의 집합체가 아닌, 사회적인 실천 행위로 이해하는 것이다. 이때 주목할 점은 다양한 세력 간의 경쟁이 벌어지는 담론 공간은 언제든 변화의 가능성이 있는 '열린 체계'

가 된다(이기형, 2006). 이로 인해 자신의 담론을 주류화하려는 다양한 뉴스 프레임은 여러 담론들이 경쟁하는 역동적인 장이 된다.

강국진·김성해(2011)는 미디어 담론의 중요성을 다음과 같이 제시한다. 이들은 미디어 담론을 '지적 설득과 동의생산'이 이루어지는 과정에서 공개적인 소통이 이루어지는 장이며, 집단적 협업을 통해 정교하게 재구성된 공공지식으로 개념화한다. 더 나아가 텍스트적 실천, 담론적 실천 그리고 사회적 실천이 동시에 작동하는 언어학적 담론 전략으로 정리했다. 이에 따라 미디어 담론은 다양한 정치적 세력들이 장악해야 하는 전략적 요충지이자, 특정 언론사가 재구성한 특정한 규범과 가치가 내재된 언어학적 담론 전략이라 볼 수 있다.

한편, 미디어 담론은 국가와 언론의 권력관계와 이데올로기적 관계에 따라 다양하게 형성되기도 한다. 즉 미디어는 정치권력의 입장에 따라 다르게 담론 전략을 구사하는데 수용자들이 진실과 다른 의미로 사건을 인식하도록 유도하는 역할을 한다.

뉴스 프레임과 미디어 담론에 대한 논의들은, 뉴스 미디어가 객관적이고 전문적이고 권위 있는 형식을 통해 그 내용을 수용자에게 전달하지만 실제로는 그렇지 않음을 보여준다. 즉, 뉴스 보도에 작용하는 다양한 요인들이 특정 요소를 선택·배제·강조하여, 수용자가 특정 이슈의 내용을 특정 방식으로 이해하도록 이끄는 인지적·실천적 힘을 가진 것이다.

4. 사설의 역할과 언론의 정파성

사람들은 세상의 모든 사건을 직접 경험할 수 없으며, 뉴스 미디어에서 접하는 보도를 통해 세상을 이해한다. 이러한 점에서 언론의 역할은 중요하다. 특히 여타 보도 형식에 비해 사설은 특정한 의미를 지니는 공간이다. 사설은 논설위원들에 의해 해당 신문사의 특정 이슈에 대한 입장을 논리적으로 제시하는 보도의 특정한 유형이라고 볼 수 있다. 이는 사설을 통해 해당 신문이 그 어떤 기사들보다 체계화된 언술 구조를 갖고 있으며, 사회적 쟁점들에 대한 특정의 시각이나 이해관계를 반영함을 의미한다. 이처럼 사회적 쟁점들에 대한 해석과 설명을 통해 특정 시점이 강조된 신문사의 논평을 덧붙이기 때문에, 사설은 객관적인 사실만을 제시하는 일반 보도 유형보다는 특정 시기의 사회적·문화적 맥락을 고려한 분석에 효과적이다(김혜영·강범모, 2011). 따라서 전형적인 언어행위에 해당하는 공간인 사설을 분석하는 것은 특정 시기, 특정 이슈에 대한 담론 분석에 매우 적합하다고 할 수 있다.

또한 사설을 읽는 수용자들이 많지 않은 대신, 사설을 읽는 주요 독자층이 대부분 정책 수립을 담당하는 엘리트 계층이라는 점에 주목해야 한다(김호준, 1998; 임양준, 2013). 이는 신문 사설에서 다뤄진 특정 이슈에 대한 틀 짓기와 담론이 엘리트 수용자에게 영향을 미쳐 실제로 다양한 정책 수립과 사회의 여론 형성에 막대한 영향을 미칠 가능성을 높이기 때문이다.

또한 사설의 주요한 역할 가운데 하나는, 사설의 방향과 논조에 따라 해당 언론사의 이념 지향성을 구분한다는 것이다(이원섭, 2011). 국내의 언론사들은 정파성이 뚜렷하고 이러한 정파성이 해당 신문의 뉴스 보도에 영향을 미치고 있는 것으로 여러 연구 결과에서 나타나는데, 이를 가장 명확하게 확인할 수 있는 기사 유형이 사설이다.

그렇다면 정파성에 대해 알아보아야 할 것이다. 우선 언론의 정파성은 언론이 특정한 정치세력 및 집단을 일방적으로 지지함으로써 공공의 이익이 침해되는 것을 뜻한다(김동윤 외, 2013). 한국 언론의 정파성은 혼란한 상황 속에서 정부가 언론사를 특정한 방향으로 통제한 것에서 시작되었다(최진호·한동성, 2012). 정부 수립 이후 이승만 정권이 불안한 정국을 다지기 위해 언론을 통제하기 시작한 데서 그 뿌리를 찾을 수 있다.

이런 국내 언론사의 정파성은 객관적인 사실 보도의 원칙에 위배되는 것이 가장 큰 문제이지만, 언론사의 증가로 인한 보도 경쟁이 치열해지는 상황에서도 국내 언론사의 이념 스펙트럼은 여전히 진보와 보수, 중도 등으로 매우 좁은 범위 안에 한정되어(이진영.박재영, 2010), 사회의 세분화되고 다양화된 이념과 가치관의 변화를 반영하기에는 부족한 면이 있다.

그럼에도 가치판단 기준이 극명하게 대립되는 경우에는 미디어 정파성에 따른 현실 구성이 판이하게 다를 수 있으며, 사회의 지배적인 인식 틀을 변화시킬 수 있는 힘을 지닌다(임양준, 2013). 이에 따라 사회적인 관심사로 부각되는 사안의 경우 언론 보도의 프레임 방식이 수용자의 정치적 결정과 여론 형성에 큰 영향을 끼칠 수 있다는 점에서 매우 중요하다.

언론사의 정파성은 다양한 사회적 갈등을 일으킨 이슈에서도 명확하게 드러난다. 일례로 용산 참사에 관한 연구 결과를 보면(임양준, 2010), 보수지인 ≪조선일보≫, ≪중앙일보≫, ≪동아일보≫ 등은 경찰 및 정권의 입장을 옹호하는 반면, 진보지인 ≪한겨레≫와 ≪경향신문≫ 등은 노동자의 생존권 등에 관심을 기울이는 것으로 나타났다. 또한 보수지가 기득권과 정권, 여당의 입장을 되풀이하는 것과 달리, 진보지는 상대적으로 사회적 약자, 노동자의 입장을 대변하고 있음이 밝혀졌다. 이에 따라 해당 뉴스에 대해 보수신문을 구독하는 수용자는 부정적 인식을, 진보신문을 보는 수용자들은 비교적 온건한 입장을 띨 것으로 판단할 수 있다.

이와 같은 언론 정파성의 가장 큰 문제점은 총체적 진실은 외면한 채 특정 집단의 이익에 부합하는 왜곡된 사실의 조합이 진실인 것처럼 포장된다는 점이다. 결국 특정 사안에 대한 진실을 추구하기보다 당리당략에 의해 언론보도가 이루어지고 있다면, 대중은 사건의 실체와 본질을 잘못 이해하게 되고 결과적으로 왜곡된 여론이 형성된다(김동윤, 2013). 따라서 수용자가 언론보도를 무비판적으로 읽고 해석한다면 정부 정책에 대한 신뢰도 및 이해도가 상당히 왜곡될 우려가 크다(김경희·노기영, 2011). 근본적으로 오늘날 한국 언론이 직면한 객관성, 공정성, 신뢰성 위기의 뿌리에는 정치적 목적을 위한 자의적이고 주관적인 보도 행태에 있다고 말할 수 있다(김영욱, 2011).

따라서 신문 사설이 객관적이라고 상정하기보다는 특정 요인이 강조되고 특정 방향으로 이끄는 프레임과 담론의 장으로 이해하면서, 그 속에 내재한 틀과 담론을 찾는 작업은 중요하다. 이를 통해 언론사가 제공한 보도를 비판적으로 해석해 올바른 문제의식과 해결 방안을 찾는 것은 언론 보도 속에 내재하는 실체적 진실을 추구한다는 점에서 의미가 있다(최종환·곽대섭·김성욱, 2014).

5. ICT 기반 미디어 이슈에 대한 신문 사설의 프레임

앞서 살펴본 것처럼 인간의 지식이 직접 경험이 아닌, 언론 보도의 특정한 틀 짓기에 따른 간접 경험으로 재구성된 현실이라는 점에서 언론 보도의 프레임 분석은 중요하다. 특히 신문 사설은 논설위원들 간의 협의를 통해 주제 선정과 사설의 방향성이 결정된다는 점에서 여타 기사 유형보다 더욱 정제되고 체계화되었다고 볼 수 있다. 또한 사설에 담긴 논조는 해당 언론사가 특정 이슈에 대해 밝힌 견해라는 점에서 대표성을 지닌다. 더욱이 각종 정책을 입안하는 한국 사회의 엘리트 계층이 주로 신문 사설을 읽는다는 점에서 그 영향력은 크다. 이러한 신문 사설의 특이점은 특정 시기의 사회문화적 맥락 속에서 언론사의 보도 내용이 지닌 특정한 관점을 이해할 수 있다는 점에서 분석 대상으로서 가치를 지닌다.

이에 따라 한국 사회에서 시기별로 주목받은 미디어를 중심으로 1990년대 케이블TV의 등장부터 2016년까지의 26년 동안을 ICT 기반 미디어의 도입기, 확산 1기, 확산 2기, 확산 3의 4단계로 구분해 각 시기별 ICT 기반 미디어와 관련하여 신문 사설에서 어떤 이슈를, 어떠한 프레임을 통해 보도했는지를 살펴보았다.

국내에서 ICT 기반 미디어는 수용자가 직접 사용하고 그 가치에 대한 평가를 통해 도입되고 확산되는 과정을 거치지 않았다. 오히려 새로운 산업 진흥이라는 목표를 두고 정부 주도로 그 도입과 확산이 결정되었다는 점이 국내 미디어 산업의 특성이라고 볼 수 있다. 이러한 점에서 국내에서의 ICT 기반 미디어에 대한 언론 보도는 선제적인 차원에서 간접 경험을 통한 지식을 형성하고, 특정 방향으로 관련 이슈를 선도하는 역할을 하고 있다고 이해할 수 있다.

우선 ICT 기반 미디어의 시작점을 케이블TV로 정할 경우, ICT 기반 미디어 도입기는 1991년 12월부터 2000년까지로 구분할 수 있다. 이 시기에는 케이블TV가 확산되는 동시에, PC통신의 확산과 쇠퇴가 이루어지고 인터넷이 처음으로 선보였다. 다음으로 확산 1기는 2001년부터 2007년까지로, 인터넷의 확산이 급격히 이루어진 시기이자, 인터넷 뉴스와 소셜미디어가 새롭게 도입되고 놀라운 성장을 보이는 때이다. 또한 확산 2기는 방송통신융합이 본격적으로 이루어진 시기로 IPTV와 소셜미디어가 확산되

〈표 4-1〉 ICT 기반 미디어 시기 구분과 검색 키워드

시기 구분	해당 시기	검색 키워드
도입기	1990년대	정보화 사회, 뉴미디어, PC통신, 위성방송
확산 1기	2000~2007년	정보화 사회, 뉴미디어, PC통신, 위성방송, 무궁화위성, 케이블TV (CATV), 인터넷, IPTV, 위성
확산 2기	2008~2012년	정보화 사회, 뉴미디어, PC통신, 위성방송, 무궁화위성, 케이블TV (CATV), 인터넷, IPTV, 위성, 소셜미디어, SNS, 모바일, 스마트폰, 디지털방송
확산 3기	2013~2016년	정보화 사회, 뉴미디어, PC통신, 위성방송, 무궁화위성, 케이블TV (CATV), 인터넷, IPTV, 위성, 소셜미디어, SNS, 모바일, 스마트폰, 디지털방송

었다. 이를 시기적으로 구분하면, 2008년부터 2012년까지가 이 시기에 해당된다. 마지막으로 확산 3기는 스마트폰의 일상화와 디지털 방송, 모바일 콘텐츠가 급속히 도약한 2013년에서 2016년까지를 의미한다.[1] 이러한 뉴미디어의 도입과 확산에 대한 시대 구분은 임의적인 측면이 있음에도 분석의 용이성을 위해 새로운 미디어의 등장과 확산 등의 특성을 기준으로 시기를 구분했다는 점에서 효율적이다.

지금부터 살펴볼 분석은 각 시기별 신문 사설 가운데, 보수와 진보를 각각 대표하는 ≪조선일보≫, ≪동아일보≫와 ≪한겨레≫, ≪경향신문≫을 대상으로 했다. 각 시기별 분석 대상은 해당 신문사의 홈페이지에서 기사 검색 후 '지면기사'만을 선별했다. ICT 기반 미디어 시기 구분과 해당 시기별 분석 키워드는 〈표 4-1〉과 같다.

각 시기별 보수신문과 진보신문에서 ICT 기반 미디어에 대한 사설이 어

1 실제 분석은 2016년 3월까지 게재된 신문 사설을 대상으로 진행되었으며, 2016년 4월 이후의 신문 사설은 제외했다.

떤 프레임을 형성하는지, 이러한 프레임이 어떠한 담론 전략을 활용해 수용자들에게 특정한 지식 체계를 구성하고 의미를 생성하는지를 텍스트 분석을 통해 조사했다. 먼저 분석 대상인 ≪조선일보≫, ≪동아일보≫, ≪한겨레≫, ≪경향신문≫에서 각 ICT 기반 미디어의 시기별 다뤄진 신문 사설 양을 측정했다.

1) ICT 기반 미디어 확산 시기별 신문 사설 보도량 비교

ICT 기반 미디어와 관련한 신문 사설의 게재 건수, 즉 각 시기별 신문 사설 보도는 조금씩 편차를 보인다. 도입기는 54건, 확산 1기에는 81건, 확산 2기에는 64건, 확산 3기에는 36건이 보도된 것으로 나타났다. 확산 1기에 관련 신문 사설이 가장 많은 반면 확산 3기가 가장 적다. 이는 각 시기별 해당 기간의 차이에서 발생한 것이라 볼 수 있다. 확산 1기에 해당하는 기간이 가장 긴 7년인데 반해, 확산 3기는 4년으로 신문 보도량의 차이가 발생할 수밖에 없을 것이다. 하지만 각 신문사들이 개별 시기별로 다수의 ICT 기반 미디어와 관련한 사설을 게재했다는 점은, 언론사들이 각 시기별로 해당 이슈에 대해 지속적인 관심을 가지고 있음을 뜻한다.

정파성에 따른 보도량을 비교하면, 보수 성향인 ≪조선일보≫, ≪동아일보≫가 125건을, 진보 성향의 ≪한겨레≫, ≪경향신문≫는 110건을 보도한 것으로 나타났다. 이와 같은 결과는 진보보다 보수적인 언론이 새로운 미디어와 이를 통한 생활의 변화에 관심을 많이 갖고 있음을 보여준다. 특히 신문 사설의 특성상 단순 이슈 전달이 아니라, 이슈에 의해 야기되는 문제의 원인과 해결 방안을 제시한다는 점에서, 보수신문들이 ICT 기반 미디어가 가져온 문제들을 심층적으로 다루고자 하는 의지를 나타낸 것이

〈표 4-2〉 시기별·정파별 신문 사설 보도량 (단위: 건)

	≪한겨레≫, ≪경향신문≫	≪조선일보≫, ≪동아일보≫	시기별 보도량
도입기	19	35	54
확산 1기	47	34	81
확산 2기	25	39	64
확산 3기	19	17	36
전체 보도량	110	125	235

라 이해할 수 있을 것이다. 더욱이 보수신문이 사회의 안정과 공동체의 유지에 대한 관심이 높기 때문에, ICT 기반 미디어에 의한 사회의 변혁을 예의주시한 것으로 이해할 수 있다.

2) 시기별 주요 프레임

여기서는 신문 사설에서 뉴미디어 이슈가 어떻게 나타나고 해당 이슈를 일으킨 세력은 어떻게 규명하는지 알아본다. 또한 문제의 원인이 되는 세력에 대한 평가, 해당 이슈에 대한 처방과 해결 가능성을 어떻게 프레임하는지에 대해서도 살핀다. 그리고 이를 바탕으로, 각 시기별 뉴미디어에 대한 주요 프레임의 변화를 알아본다. 이후 ICT 기반 미디어와 관련된 이슈를 다룬 신문 사설들의 프레임에 중요성과 정당성을 부여하는 기제를 밝히고 담론을 도출했다.

(1) ICT 기반 미디어 도입기

도입기에는 디지털 시대 개막과 위성 발사로 인한 새로운 시대의 희망을 이야기하는, 긍정적이며 미래지향적인 사설 내용들이 등장한다. 아직 경험하지 못했지만, 과학기술의 변화를 목도하게 되는 지점으로서 '우리별 1호' 위성의 발사와 케이블TV의 시작, 무궁화 위성 발사와 같은 새로운 미디어에 대한 기대와 우려가 동시에 나타난다. 즉, 도입기에는 ICT 기반 미디어가 가져올 영향력을 예측하고 전망하면서 새로운 미디어 자체에 대해, 그리고 새로운 미디어가 촉발할 사회문화적 변화를 긍정적으로 혹은 부정적으로 제시하고 있다.

일례로, 새로운 미디어 출현에 대해 "젊음을 걸어도 좋은"(≪한겨레≫) 밝은 미래를 예상하며, 방송 구조와 방송문화가 수용자 중심으로 개편될 가능성(≪조선일보≫, ≪동아일보≫)을 이야기한다. 또한 공통적으로 4개사의 신문 사설들은 위성 발사의 의미를 우주로의 주권 확장으로 설명하고 있다. 이 외에도 ≪경향신문≫과 ≪동아일보≫의 사설은 실질적으로 국내 방송 산업의 발달에 초점을 둔다. 특히 신문들은 최초의 위성인 '우리별 1호'부터 '무궁화호'까지의 발사가 지닌 의미를 '선진국화와 주권 확장의 시작', '경제적·문화적 방송시장의 확대', '수용자 중심 방송통신 시장으로의 변화'로 각각 프레임하고 있다. 이러한 긍정적인 평가는 아직 ICT 기반 미디어가 도입되는 시기이기에 구체화된 것은 없지만 새롭게 등장한 미디어가 사회 전반적으로 긍정적인 변화를 일으킬 것이라는 미래에 대한 장밋빛 기대를 명확하게 보여준다.

반면, 신문 사설들은 ICT 기반 미디어가 초래할 부정적인 결과를 전망하면서 우려하는 평가를 내리기도 한다. 이들은 새로운 미디어가 등장하면서 기존 오프라인 공간 속에서 벌어지던 사건, 사고가 온라인이라는 가상공간으로 이동하는 현상의 등장과 증가를 걱정한다. 또한 온라인 공간에서 대량의 개인정보 유출이 빈번하게 이루어지는 신종 범죄의 등장에 대해 우려를 표한다. 구체적으로 인터넷 망국론(≪조선일보≫)을 제기하는 등 강한 어조로 ICT 기반 미디어에 대한 부정적인 영향력을 경고하고 있다. 이 시기 가상공간으로 이어진 대규모의 신종 범죄의 등장과 그에 따른 사회적·경제적 피해의 발생은 아직 국민들이 피부로 느낄 정도는 아니었지만 신문 사설들은 이를 예측하면서 ICT 기반 미디어 시대의 부정적인 면을 경고하고 있었다.

① ICT 기반 미디어가 가져올 긍정적 미래

㉠ 선진국화와 주권 확장의 시작

아무래도 ICT 기반 미디어가 도입되는 시기에는 새로운 미디어가 불러올 긍정적인 영향력에 대한 호의적인 평가가 다수이기 마련이다. 더욱이 새로운 미디어가 '최초' 혹은 '국내 기술'이라는 수식어가 붙게 되는 경우라면 그 의미를 높게 평가하게 된다. ICT 기반 미디어의 도입기에 벌어진 특징적인 이슈로, 최초의 과학위성인 '우리별 1호'와 방송통신위성인 '무궁화 1호'라는 인공위성 발사를 꼽을 수 있다.[2] 이에 대해 신문 사설들은 위성 발사를 통해 한국이 기술력 있는 선진국들 중심으로 이루어지는 우주 산업이라는 장에 동참하게 되었음에 크게 의미를 부여한다.

우선 스푸트니크호가 1957년 발사된 후 35년 만에 이루어진 위성 보유국(≪동아일보≫)으로서 우주산업이라는 미개척 분야에 첫발을 들인 것(≪동아일보≫, ≪한겨레≫)으로 평가한다. 또한 신문 사설들은 공통적으로 '위성

---

2 한국 최초 인공위성 '우리별 1호'는 1992년 8월 11일 프랑스령 기아나 쿠루 우주기지에서 발사되었으며, '우리별 2호'(1993)와 '우리별 3호'(1995)도 연달아 발사되었다. 또한 한국 최초 방송통신위성 '무궁화 1호'(1995)와 다목적실용위성 '아리랑 1호'(1999)가 개발, 발사되었다.

발사 = 선진국'이라는 등식을 성립시키면서, 이제 한국이 선진국과의 경쟁대열에 동참할 수 있는 출발점에 섰으며, 한국 사회가 선진국으로 도약할 수 있는 기반을 마련한 것으로 본다.

그런데 흥미로운 점은 무궁화 위성 발사와 관련된 사설들은 국가 경쟁력이 선진국 수준으로 상승되리라는 기대를 넘어서, 우리의 주권이 작은 한반도를 넘어서는 상징적인 사건으로 의미화했다는 점이다(≪경향신문≫, ≪조선일보≫). 이들의 기사를 보면, 주권이 무한의 우주 공간으로, 즉 가상의 영토가 무한의 우주까지 확장되었다고 기술하고 있다.

> 사람의 손으로 만든 별이 최초로 지구궤도에 쏘아 올려진 것은 1957년이다. 그로부터 35년 만에 비로소 우리도 우리 위성을 갖게 되었다. …… 그러나 이제 시작이다. 세계의 과학기술국들이 이미 오래전부터 연구하고 개발한 우주산업 분야에 우리는 이제야 첫발을 들여놓았다(≪동아일보≫, 1992.8.11).

> '우리별 1호'의 발사 성공은 우주산업이란 미개척 분야에 첫발을 내딛는 계기가 되었다. 지금까지 우주개발이나 우주산업은 우리가 좀처럼 뛰어들 수 없는 영역처럼 인식된 것이 사실이었다. …… 이제 우주는 자라나는 새 세대들에게 상상과 꿈의 세계가 아니라 그들의 젊음을 걸어도 좋은 과학적 성취의 현실세계로 성큼 다가올 것이다(≪한겨레≫, 1992.8.12).

> 이번 무궁화 위성 발사로 우리는 세계 20번째 상업용 위성 보유국이 되었으며 이를 계기로 선진 통신 방송국들 간의 경쟁대열에 서게 되었다. …… 이 사실은 우리의 주권 영공이 우주공간까지 확대된다는 상징적 의미를 갖기도 한다(≪조선일보≫, 1995.8.6).

> (무궁화 2호의 발사성공은) 위성방송의 대중화 시대와 무한대의 우주를 향한 우리의 도전이 본격화한 셈이다. …… 우리의 꿈은 위성 확보에만 그치는 것이 아니라 끝없는 우주의 주권을 차지한다는 원대한 미래계획으로 연결되는 것이다(≪경향신문≫, 1996.1.6).

㉡ 경제적·문화적 방송시장의 확대

국내 ICT 기반 미디어의 도입과 발전의 특징은 정부 주도로 이루어졌다는 데 있다. 즉, 기술 혁신에 의한 내부적 요인에 의해 추동된 것이 아니라, 국가의 경쟁력 확보라는 차원에서 국가가 주도적으로 도입 시기와 방식, 진흥, 규제를 앞장선다는 것이다. 이로 인해, 정부는 새로운 미디어 도입과 확산이 가져올 산업적·경제적 효과에 큰 관심을 보일 수밖에 없다. 언론도 정부 주도로 진행되는 ICT 기반 미디어 도입이 가져올 파장, 특히 경제적인 측면에 초점을 둬, 국제경쟁력 향상과 구체적인 산업 진흥 효과에 관심을 보인다(≪경향신문≫, ≪동아일보≫).

또한 위성방송이 가져올 문화적 영향력에 대해 기대를 드러내기도 한다(≪동아일보≫, ≪조선일보≫). 특히 방송통신위성인 무궁화 위성의 쓰임새에 주목하는데, 국경을 넘는 영상 콘텐츠로 인해 북한 등 주변국을 아우르는 문화적 영향력을 행사할 가능성에 관심을 표한다. 이를 통해 한민족 문화공동체가 이루어질 수 있다는 기대감을 표명한다.

> (무궁화 위성은) 남북한뿐 아니라 중국 연변과 러시아의 연해주까지 선명한 방송과 통신이 가능하게 됨으로써 동북아의 한민족 문화공동체가 가시화되고 통일이 될 경우에는 취약한 북한지역의 통신기반을 대신할 수 있다는 기대로 마음 든든하다(≪조선일보≫, 1995.8.6).

위성방송 시험 송출이 방송혁명에 대응하는 방송기술과 영상산업분야의 국제경쟁력을 높이는 적극적 계기로 활용되기를 기대한다(≪동아일보≫, 1996. 7.2).

빠르면 올해 안에 우리 앞에 선보일 위성방송은 관련 업계에 큰 영향을 미쳐 6조 8천억 원의 국민총생산(GNP) 증대와 6만여 명의 고용효과를 가져올 것으로 기대되고 있다(≪동아일보≫, 1999.2.14).

이번 법안의 중요성은 위성과 디지털방송이 가져올 사회적·경제적 파급효과이다. 위성방송이 본격화되면 7조 원의 생산 유발 효과, 9만 명의 신규 고용을 창출한다는 보고가 나와 있다(≪경향신문≫, 1999.12.2).

ⓒ 수용자 중심의 방송통신 시장의 변화

새로운 미디어의 등장은 한정적인 채널과 주파수가 늘어나는 기술적인 발전을 가져왔다. 위성방송으로 인한 채널의 급증, 주파수 추가로 인한 변화들이 발생한 것이다. 이러한 변화에 대해 신문 사설은 수용자가 중심이 되는 방송통신 환경으로의 변화를 지향할 것을 촉구한다. 이는 ICT 기반 미디어 등장 이전에는 한정된 채널과 주파수로 공급자 중심의 정책이 실현될 수밖에 없는 구조였지만, 이후에는 기술적 발전을 토대로 수용자 중심의 서비스 실현이 가능해졌음을 말한다.

신문 사설들은 앞으로 시청자의 선택권이 확대되고, 강력해진 수용자들의 선택권이 방송사로 하여금 프로그램의 질 향상을 위해 노력할 것을 요구한다고 보았다(≪조선일보≫). 또한 통신서비스 역시 가용할 수 있는 주파수가 급증하면서 기존에 국민 편익을 증진하기 위한 통신 정책이 필요함을 제시한다(≪조선일보≫). 이와 같은 사설들은 ICT 기반 미디어의 등장으로 수용자를 위한 양질의 서비스가 제공 가능하리라는 기대를 보여준다.

> 다채널 시대의 개막은 종래의 공급자 중심의 방송시장 구조를 수용자 중심으로 180도 바꿔 놓을 것이다. …… 이렇게 되면 시청자의 선택권이 확대되고 아울러 프로그램의 질 향상에 대한 요구가 커지게 될 것이다(≪조선일보≫, 1995.1.6).

> 우리가 우려하는 것은 통신정책의 수립과 집행이 재벌의 첨예한 경쟁에 휘말려 국민의 통신 편익이 아예 뒷전으로 밀리고 있다는 사실이다. 이번에 정보통신부가 주파수 추가 배정을 하지 않기로 함으로써 당장 타격을 받는 것은 바로 가입자인 국민들이다. …… 국민의 통신편익 증진과 경쟁력 강화에 초점을 맞춘 소신 있는 통신정책의 추진을 기대해본다(≪조선일보≫, 1995.10.8).

② ICT 기반 미디어가 가져올 부정적 미래

새로운 미디어의 등장으로 겪게 되는 위기 혹은 불안감에 따른 우려의 목소리가 사설에서 나타난다. 특히 사이버 범죄와 개인정보 유출과 관련한 신종 범죄가 등장하면서 사설들은 새로운 미디어의 등장과 이로 인한 다양한 현상들에 대한 불안감을 자극적인 언어들로 표현하고 있다. 이는 갈등과 같은 사회 문제 요소를 부각시키는 뉴스 자체가 지닌 특성과 더불어 문제 해결 방안을 포함하는 사설의 특성이 반영된 결과라 볼 수 있다.

㉠ 무질서한 공간, 사이버 세계

신문 사설들은 ICT 기반 미디어의 등장 이전에 경험하지 못했던 대규모의 무차별적인, 그리고 빠르게 확산되는 사이버 언어폭력과 사생활 침해와 같은 사이버상의 범죄에 대해 우려를 드러낸다. 다수의 사설들은 사이버 범죄와 관련해 '세기말의 판도라', '홍등가', '무법의 하이웨이', '사회악', '인터넷 망국론', '원시사회', '무법천지', '하수구'와 같은 부정적이고 자극적인 단어들을 사용해 인터넷과 컴퓨터에 대한 우려를 심각하게 제기한다. 특히 원색적인 비난을 담은 단어의 활용은 사이버 범죄에 대한 호기심을 자극한다. 한편, 이러한 사설의 내용은 현실 세계보다 혼란스러운 사이버 세계를 기술하고 불안감을 극대화하면서 온라인 공간을 무질서한 곳으로 해석하도록 유도하고 있다.

> 새로운 사이버의 세계는 21세기의 복음이 되기도 전에 세기말의 판도라 상자로도 될 수 있음을 여실히 보여주고 있다. …… 인터넷이 컴퓨터 통신의 홍등가로 전락하는가 하면 온갖 음란물과 범죄형 정보들이 횡행하는 무법의 하이웨이로 이용당하고 있기 때문이다(≪조선일보≫, 1995.9.20).

> 정보통신부가 이달 중 시행하겠다고 밝힌 'PC통신 실명제'는 무법천지나 다름없던 정보통신 매체에 윤리와 책임을 부과한다는 점에서 바람직한 조치다(≪조선일보≫, 1997.12.8).

> (정보화 사회는) 제대로 작동하지 않을 경우 차라리 원시사회만도 못한 대혼란에 휩쓸리게 할 수 있다(≪한겨레≫, 1999.9.21).

> 무한대로 늘어나는 사이버 세상에 적절한 규범을 만들지 못하면 장밋빛 정보 사회 대신 무법천지가 열리게 될지도 모른다(≪한겨레≫, 2000.2.28).

> 문제는 익명성과 비대면성이라는 매체의 특성을 악용해 문명의 이기를 저주와 증오의 하수구로 만들어 가는 일부 네티즌의 비열한 작태와 언어파괴다(≪조선일보≫, 2000.7.20).

> 정부는 최근 전국을 연결하는 정보고속도로 완공을 발표했으나 인터넷을 통한 사이버 사회악을 척결하지 않으면 전파경로만 확산시킨다는 점을 간과해서는 안 된다. …… 이대로 가다가는 '인터넷 망국론'이라도 대두할 지경이다(≪조선일보≫, 2001.2.12).

㉡ 재앙을 초래하는 개인정보 유출

'정보의 바다'라 일컬어지는 인터넷을 통해 개인정보가 빠르게 유출되는 범죄가 발생하기 시작하면서 신문사들은 이것이 초래할 부정적인 영향력을 우려한다. 역시 자극적인 문장들이 활용되는데, 대표적으로 "당신이 발가벗겨지고 있다"(≪경향신문≫)라는 문구를 들 수 있다. 이는 개인정보 유출에 대한 효과적인 제어장치가 없는 무기력한 상황을 지적하는 것이다. 또한 "인류의 사활을 좌우하는 엄청난 재앙"이 불러올 가능성을 지적한다(≪경향신문≫). 역시 새로운 범죄 양상에 대한 우려를 극적으로 표현하는 데 과장하는 행태를 보인다. 이렇게 인터넷을 부정적으로 보는 기사는 2000년 초반까지도 다수 등장한다.

> 인간의 이성에 의해 통제되고 관리되지 않는 과학기술은 자칫 인류의 사활을 좌우하는 엄청난 재앙을 불러오기 십상이다(≪경향신문≫, 1992.6.17).

> 정보화산업의 중추인 인터넷이 해커들로부터 보호받지 못한다면 전력공급

이 중단되고 교통망이 무너지는 것 이상의 재앙이 닥칠 것은 불 보듯 뻔하다(≪경향신문≫, 2000.2.11).

'당신이 발가벗겨지고 있다'. 정보와 시대에 인터넷 업체들의 관리소홀로 개인 신상정보가 무차별로 노출되고 있다는 보도는 충격적이다(≪경향신문≫, 2000.2.23).

이른바 '사이버 공간'을 통한 개인정보의 유출 현상이 점차 심각한 양상으로 나타나고 있다. 이메일 주소가 유출되어 누군지도 모르는 상대방으로부터 매일 엉뚱한 내용의 이메일이 날아드는 것은 그나마 애교에 속한다(≪경향신문≫, 2000.5.10).

앞서 살펴본 것처럼 ICT 기반 미디어 도입기의 신문 사설들은 현재보다는 미래에 대한 예측에 관한 것들이다. 이들 기사는 새로운 미디어의 등장에 따른 장밋빛 미래를 낙관적·긍정적으로 보는 한편, 신종 범죄 유형의 등장에는 비관적·부정적 프레임을 보인다. 구체적으로 위성 보유를 '선진국화와 주권 영토의 확장', '경제적·문화적 방송시장의 확대', '수용자 중심의 방송통신 시장으로의 변화'로 긍정적·낙관적으로 틀 짓고 있다. 반면, 인터넷에서의 범죄와 개인정보 유출과 같은 신종 범죄의 발생에 대해 신문 사설의 프레임은 '무질서한 공간, 사이버 세계'와 '재앙을 초래하는 개인정보 유출'이라는 틀로 설명하고 있다.

이와 같은 긍정적·부정적 프레임은, ICT 기반 미디어의 구체적인 영향력을 판단할 수 없는 도입기에 주로 예측과 전망에 관심을 기울인 것으로 이해할 수 있다. 이처럼 도입기의 신문 사설은 새로운 미디어의 등장과 그 결과를 긍정적·부정적 전망으로 나누어 틀 지었다. 그리고 이를 독자들에게 뉴미디어 활용과 성공에 대한 희망과 함께 전달하며, 그 결과에 대한 신중한 태도를 견지할 것을 요구하는 것으로 이해할 수 있다.

(2) ICT 기반 미디어 확산 1기

이 시기 ICT 기반 미디어가 본격적으로 새로운 방송통신서비스를 실시하게 되면서 국민들은 새롭게 등장한 미디어의 수혜자이자 소비자로 전환된다. 비로소 수용자들은 IPTV, 위성방송, 위성 DMB, 지상파 DMB와 같은 뉴미디어 서비스가 시작되면서 본격적으로 ICT 기반 미디어를 체험하게 된 것이다. 하지만 새로운 미디어 서비스가 시작하는 과정에서 각종 어려움들이 쏟아져 나오며 매끄러운 출발을 하지 못하는 상황들이 지속된다. 이에 대해 신문 사설들은 방송위원회와 정보통신부를 비롯한 정부 부처와 유관 기관 등의 정책 및 능력 부재를 '비효율적', '졸속', '파행', '넋을 놓아버린', '무소신', '눈치 보기'라는 단어를 사용함으로써 강하게 비판한다. 이와 같은 정부의 무능력에 대해 신문 사설들은 그 원인으로 '정부·유관 기관의 전반적인 무능력', '담당 기관의 무능력', '부처 이기주의'로 원인을 규명하는 프레임을 보여준다.

이 당시 신문 사설의 이목을 집중한 또 다른 이슈로는 와이브로(WiBro) 기술의 자체 개발과 제3세대 이동통신 국제 표준으로의 채택을 들 수 있다. 무선인터넷 기술인 와이브로와 관련해 신문 사설들은 자체 기술로 개발된 '토종 기술'이자 '원천 기술'이라는 점에 대한 자부심과, 방송통신기술의 종주국이자 강국인 미국에 의해 인정받은 기술이라는 점에 고무되어 '기술 종주국', '로열티 받는' 희망적인 미래에 대한 기대를 쏟아낸다. 이와 같은 '기술 종주국으로의 진입'이라는 프레임은 앞서 ICT 기반 미디어의 도입기에 나타났던 인공위성 발사를 통해 선진국의 문턱에 신입할 수 있다는 기대감의 연장선상에 있다고 볼 수 있다. 더불어 이러한 성공의 원인으로 와이브로 기술을 개발한 민간 기업과 연구진들의 노력을 언급하며 찬사를 보낸다.

① 정부·기관 능력 부재에 따른 뉴미디어 정책 표류

신문 사설들은 디지털 위성방송의 출범 직후, 각종 문제로 매끄럽게 방송을 하지 못하는 현실에 우려를 표한다. 이와 같이 정책 부재에 따른 뉴미디어 문제가 위성·지상파 DMB와 IPTV 시행에도 그대로 되풀이되는 상황을 지적한다. 사설들은 뉴미디어에 대한 정책이 부재하거나, 새로운 정책의 전환이 이루어지지 않고, 주체적이지 못한 방송 정책으로 인해 뉴미디어가 제자리를 못 찾고 있음을 지적한다. 구체적으로 신문 사설들은 '정부·유관 기관의 전반적인 무능력', '담당 기관의 무능력', '부처 이기주의'를 원인으로 규명하는 프레임을 보여준다.

㉠ 정부와 유관 기관의 전반적인 무능력

먼저 신문 사설들은 뉴미디어 정책 표류의 원인으로 정책을 수립하고 수행하는 정부와 유관 기관의 무능력을 지적한다. 이들은 정부와 유관 기관들이 국책 사업으로 뉴미디어 정책을 추진하면서도 관련 정책을 '부실'하고 '무리'하게, '졸속'과 '파행'으로 추진하는 상황을 비판한다. 심지어 정부와 유관 기관의 행태에 '넋 놓아버린 꼴'이라고 심하게 질타한다. 결국 ICT 기반 미디어 서비스가 정부 부처와 유관 기관의 무능력으로 '총체적 부실'과 '요란한 빈 수레'가 되어버렸다고 평가한다.

이렇듯 정부는 '무능'하고 '무책임'한 존재들이며, 오히려 '기업의 발목을 잡는' '지겨운' 존재들로 다뤄진다. 이러한 프레임은 ICT 기반 미디어 서비스의 시작과 이용에서 발생하는 혼란의 원인이 전반적인 정부의 정책 부재와 무능력에 의한 것이라 파악한다고 볼 수 있다.

정부의 뉴미디어 정책이 95년 케이블TV에 이어 또다시 졸속이었음을 드러낸 것이다(≪조선일보≫, 2002.3.2).

정부가 국책사업의 하나로 추진해온 위성방송이 부실한 준비와 무리한 일정으로 파행을 거듭하고 있어 크게 우려된다. …… '총제적 부실' '요란한 빈 수레'라는 말이 나올 만도 하다(≪경향신문≫, 2002.3.5).

지금 우리는 기업과 인력이 전력투구할 수 있도록 분위기를 조성해야 할 정부가 넋을 놓아버린 꼴이다(≪조선일보≫, 2003.12.11).

정부는 거꾸로 규제의 사슬로 기업의 발목을 잡고 있다(≪동아일보≫, 2006.8.10).

IPTV와 관련된 방송 및 통신의 지역 간 이해갈등을 반영하듯 현재 국회에는 법률안이 7개나 제출돼 있다. …… 관련 부분 간의 이해 대립을 조정하고 법 제정을 지원해야 할 행정부나 입법 주체인 국회 모두 무능하고 무책임하다. …… 허구한 날 '탁상의 원론'에서 맴도는 정부를 쳐다보기도 지겹다(≪동아일보≫, 2007.7.31).

㉡ 담당 기관의 무능력

앞서 전반적인 정부의 무능력에 대한 지적들이 있었다면, 여기서는 ICT 기반 미디어를 담당하는 특정 기관, 즉 방송위원회를 구체적인 서비스 지연과 정책 부재의 원인으로 특정한다. 특히 신문 사설들은 위성 DMB의 지상파 재송신과 IPTV 서비스에 제동을 건 방송위의 결정에 대해 '실망'을 느끼며, ICT 기반 미디어의 '진로가 막혀버린', '시대착오적 규제'라고 비판한다. 이들은 방송위가 지상파의 눈치를 보면서 '중심을 잡지 못하'는, '신기술의 발목'을 잡는 것이라고 강하게 기술한다. 여기에는 ICT 기반 미디어에 영향력을 행사하는 방송위원회가 제 역할을 감당하기보다는, 방송사의 목소리에 편향되어 미래지향적인 결정을 내리지 못하는 것을 ICT 기반 미디어 서비스 지연의 주요한 원인으로 파악하고 있음을 보여준다.

> 중심을 잡지 못하고 흔들리는 듯한 방송위의 태도는 실망스럽다(≪경향신문≫, 2004.10.8).

> 위성 디지털 멀티미디어 방송(DMB)의 지상파 재송신 문제와 관련한 방송위원회의 결정은 방송위가 그동안 숱한 비난을 받아 온 '무소신'과 '눈치 보기' 행태의 반복이라는 점에서 실망스럽다(≪동아일보≫, 2004.10.8).

> 위성 DMB사업이 방송위가 TU미디어의 지상파 TV프로그램 재송신을 불허함으로써 진로가 막혀버린 것이다(≪조선일보≫, 2004.10.8).

> 방송위가 이를 방송으로 보고 서비스를 막는 것은 신기술의 발목을 잡는 시대착오적 규제가 아닐 수 없다(≪동아일보≫, 2006.8.7).

ⓒ 부처 이기주의

이 당시 ICT 기반 미디어를 관장하는 주요 정부 부처로는 방송 소관의 방송위원회와 통신 소관의 정보통신부를 들 수 있다. 이때 신문 사설들은 방송통신융합을 지향하는 환경 속에서 여전히 부처 간 '이해 다툼'에 빠져 새로운 기술 발전이 가로막혔고 귀한 시간이 '허송'되고 있음을 지적하고 있다. 이러한 양 부서의 행태를 '낭비적이며 비효율적'인 '낡은 칸막이'라고 상황을 묘사한다. 이러한 원인으로 방송통신융합 환경 속에서 한국이 여전히 '후진국'일 수밖에 없다고 제기하고 있다. 결국 이해 다툼에 빠져 시대착오적인 규제를 일삼는 정부 부처가 새로운 서비스 시작을 지연시키는 주요 원인으로 그려진다.

> 부처마다 제각각 예산을 타내고, 유사·중복투자와 지원을 남발하는 개발 체제는 너무 낭비적이며 비효율적이다(≪조선일보≫, 2001.4.26).

> 방송위원회는 이 서비스를 방송으로 보는 반면 정보통신부와 케이티는 통신으로 봐야 한다고 맞서 해법을 못 찾고 있다. 논란이 오래 계속되는 건 이로울 것이 없다(≪한겨레≫, 2005.11.25).

> 정부는 방송은 방송위 소관이고, 통신은 정보통신부 소관이라는 아날로그 시대의 칸막이를 고집하고 있다(≪조선일보≫, 2006.1.14).

> 방송위원회는 통신·방송 융합서비스인 하나로텔레콤의 TV포털 '하나TV'가 방송법상 허가를 받지 않았다며 제재할 방침을 밝혔다. …… 신기술의 발목을 잡는 시대착오적 규제가 아닐 수 없다(≪동아일보≫, 2006.8.7).

> 방송위는 그간 기업들이 방송과 통신을 융합한 신기술 사업을 벌일 때마다 번번이 제동을 걸었다. …… 한국만 낙오자다. 방송은 방송위가, 통신은 정보통신부가 관할한다는 낡은 칸막이가 방송과 통신이 합쳐지는 새로운 기술발전을 가로막고 있는 것이다(≪조선일보≫, 2006.8.7).

> 우리나라에선 이것을 방송으로 볼 것이냐, 통신으로 볼 것이냐는 해묵은 이해 다툼에 빠져 서비스 개시도 못 하고 있다. 정보기술(IT) 강국이라 자부하는 나라가 유독 IPTV에서만은 후진국임을 자처한 꼴이다(≪경향신문≫, 2007.11.22).

② 기술 종주국에 대한 기대

이 시기 신문 사설들은 와이브로라는 원천기술의 개발과 3세대 이동통신 국제 표준으로의 채택에 주목한다. 이들 기사는 '원천 기술', '토종 기술' 개발로 ICT 기반 미디어 분야에서 '한발 앞서' 나가게 된 '쾌거'이자 '희망'으로 표현한다. 이는 향후 방송통신 시장에서 선진국과의 경쟁이 가능하고, 기술 종주국이 된 것에 대한 자부심을 표하는 기사들이다. 즉, 미국에 지불되었던 막대한 '특허 사용료 부담을 덜 수' 있으며 반대로 '로열티 수입을 기대'하는 '종주국한테 기술력을 인정받은' 사건인 것이다. 이렇듯 이들 기사는 새로운 기술로 얻게 될 경제적 효과를 넘어, 기술 종주국의 반열에 올라선 것에 대한 기대감을 보여준다.

또한 관련 사설들은 새로운 기술 개발을 통해 기술 종주국으로 나갈 수 있는 원인을 민간 기업과 연구원들의 노력에서 찾고 있다. 이에 기업은 '경제를 끌고 가는 힘'이 나오는 존재이며, '국가와 국민의 희망'이다. 또한 개발에 참여한 연구진들의 '애쓴 결과'이며, 이들이 '우리의 미래'라고 기술한다.

와이브로의 국제표준 채택은 한국이 차세대 통신기술 분야에서 한발 앞서 나가게 됐다는 뜻이다. …… 와이브로의 국제표준 채택은 우리도 드디어 원천기술을 갖게 됐다는 뜻이기도 하다. …… 앞으로 와이브로 시대가 열리면 거꾸로 우리가 그런 로열티 수입을 기대할 수 있다(≪조선일보≫, 2005.12.15).

불경기에 허덕이고 불볕더위에 시달리는 국민에게 한줄기 희망을 주는 쾌거가 아닐 수 없다. …… 4세대정보기술의 선점은 '기업이 국가와 국민의 희망'임을 재확인시키는 큰 성취다. 경제를 끌고 가는 힘은 기업에서 나온다(≪동아일보≫, 2006.8.10).

세계 통신시장을 주도하는 미국에 우리 기술이 수출된다는 사실은, 한국이 '만년 기술 수입국'에서 벗어나기 시작했다는 분명한 신호다. …… 종주국한테서 기술력을 인정받는 것은 좀처럼 흔하지 않은 일이다. …… 몇십 년 과학기술인들이 과학 기술인들이 애쓴 결과가 모여 질적인 도약 단계에 이르렀음을 상징하는 것이라고 할 수 있다(≪한겨레≫, 2006.8.11).

'정보기술 강국' 소리를 들으면서도 막대한 로열티를 주고 핵심 기술을 수입해온 우리가 독자 개발한 원천 기술로 세계시장을 선도할 수 있게 된 것은 한국 통신 산업의 쾌거다. …… 민관이 유기적으로 협력해 개발하고 상용화한 토종 기술이란 점에서 큰 의미가 있다. …… 국민이 10년 후 먹고살 원천기술 개발과 상용화에 매달리는 연구 기술인들이야말로 우리의 미래다(≪동아일보≫, 2007.10.20).

> 와이브로 국제 표준 채택으로 한국은 이동통신서비스 30년 역사에서 처음으로 선진국 업체들과 동등하게 경쟁할 수 있는 기반을 마련했다. 독자적 원천기술을 확보해 그동안 미국 퀄컴사 등에 물어야 했던 특허사용료 부담을 크게 덜 수 있게 됐다(≪조선일보≫, 2007.10.20).

이처럼 확산 1기의 주요 이슈 프레임은 '정부·기관 능력 부재에 따른 뉴미디어 정책 표류'와 '기술 종주국에 대한 기대'를 들 수 있다. 그런데 여기에서 주목할 점은 '무능력한 정부(기관) 대 우수한 민간'이라는 이항 대립적으로 원인을 규명하는 프레임이다. 이는 정부 주도의 국책 산업의 추진 과정의 미흡함과 그에 반해 성공적인 민간 역량을 대비하여 ICT 기반 미디어의 표류와 성공에 대한 원인을 파악하는 프레임이 확산 1기 신문 사설에 있었음을 보여주는 것이다.

(3) ICT 기반 미디어 확산 2기

확산 2기 사설의 주요한 특징은 모바일과 SNS 미디어의 영향력에 대한 주목이라고 볼 수 있다. 이러한 배경에는 그동안 국내 출시가 지연되었던 아이폰이 2009년 11월 28일 열띤 호응 속에서 인기몰이에 나서고, 2010년 1월 스티브 잡스가 시연회를 통해 아이패드를 선보인 것이 자리 잡고 있다. 이에 국내 ICT 기반 미디어 업계의 위기감이 팽배해졌으며, 신문 사설도 '시대의 흐름을 따라가지 못한' 기업들을 질책하는 동시에, 급변하는 미디어 생태계 내에서 생존하기 위한 전략을 세울 것을 제안하고 있다.

또 다른 특징으로는, 대세가 된 스마트폰, 모바일을 활용한 정치적 의사 표현이 많이 이루어지고, 심지어 정당 경선에서 모바일 투표가 도입되는 상황에 주목한 사설들이 쏟아진다. 이러한 사설들은 SNS의 정치적 파급력을 인정하는 것은 동일하지만, 이것이 민주주의 확대에 긍정적일지, 부정적일지에 대해서는 상이한 입장을 밝힌다. 즉, '참여민주주의의 심화'를 가져오는지, 아니면 민의를 '왜곡'하는지에 대해 이견을 드러내고 있다.

① 경쟁에서의 낙오에 대한 경고

앞서 언급했듯이, 애플의 아이폰, 아이패드의 국내 상륙과 인기몰이는 하드웨어에 치중했던 미디어 업계의 위기감을 고조시키는 역할을 했다. 이에 신문 사설들은 인프라 측면에서 우위를 점하던 국내 IT 업계가 '제자리걸음'하고 있음을 강하게 비판한다. 결국 이는 급변하는 흐름 속에 경쟁국과의 경쟁에서 '역전'당하고 '낙오', '추락'하여 퇴보의 위기에 빠진 IT강국의 미래를 우려하는 것이다.

또한 신문 사설은 경쟁에서 낙오하는 할 수 있다는 경고에 그치지 않고, 정부와 기업의 경쟁력 강화를 위한 여러 방안을 제시한다. 소위 '애플 쇼크'라고 일컬어지는 것을 극복하기 위해, 국내 인터넷 환경을 유선에서 무선 중심으로, 하드웨어에서 소프트웨어 중심으로 전환할 것을 촉구한다. 재빠른 체질 개선과 '혁신'을 통해 극복할 수 있음을 강조한다.

㉠ 퇴보하는 'IT 강국'에 대한 성찰

한국은 한때 초고속 인터넷망 구축 1위에 빛나던 'IT 강국'이었다. 하지만 확산 2기에 진입하면서, 애플의 성공으로 IT 업계의 흐름이 급변했고, 그동안 지지부진했던 ICT 기반 미디어의 도입과 확산으로 국내 IT 산업은 IT 강국의 자리에서의 '추락'과 경쟁 대열에서의 '낙오'의 위험에 빠졌다. 이에 신문 사설들은 전반적인 IT 업계의 상황, 즉 아이폰과 아이패드의 등장으로 소프트웨어·콘텐츠 중심으로 변한 세계적 '흐름을 따라가지 못하'

고 다른 나라에 '역전을 당'한 상황이라며 냉정하게 비판한다.

최첨단 방송통신융합 서비스인 인터넷TV(IPTV) 기술에서 한국이 경쟁국에 크게 뒤져 있다. …… 다른 나라들이 먼저 상용서비스를 시작해 역전을 당했다(≪동아일보≫, 2009.1.9).

한국만 해마다 뒷걸음질한 것이다. …… IT 인프라를 기반으로 한 다양한 서비스 수익모델 개발과 콘텐츠 사업에선 지난 10년간 제자리걸음을 해왔다(≪조선일보≫, 2009.9.21).

우리나라는 경쟁국보다 천연자원, 국토, 인구 면에서 현저히 열세다. 기술 수출액이 수입액의 절반이 안 될 정도로 기술 경쟁력도 낮다. 기업들이 기술 개발과 해외 시장 개척을 통해 끊임없이 혁신하지 않는 한 이런 한계를 극복하기 어렵다. 남이 개발하지 못하는 원천 기술을 얼마나 확보하느냐에 국운이 달려 있는 것이다(≪동아일보≫, 2009.10.19).

국내 IT 업계는 이런 흐름을 따라가지 못하고 있다. …… 국내 기업들은 손을 놓고 있었다. 스마트폰 시장에서 쓴맛을 보고도 똑같은 실패를 되풀이하고 있다. …… 하드웨어·소트프웨어·콘텐츠가 결합하며 세계 IT업계가 급변하는 지금 상황에선 남의 뒤만 따라가는 과거 성공모델로는 한국 IT산업은 낙오자가 될 것이다(≪조선일보≫, 2010.1.29).

애플의 뉴스를 흥미롭게만 들을 수 없는 이유는 'IT 강국'을 자처해온 우리 업계가 이런 흐름을 따라가지 못하고 있다는 우려 때문이다. …… 이 같은 추락의 결과가 구체화한 것이다(≪경향신문≫, 2010.1.30).

급변하는 세계 IT 산업의 흐름에 우리가 제대로 대처하고 있느냐는 것이다. 특히 아이패드는 MS 운영체제와 브라우저 등에 전적으로 의존하는 국내 IT 환경에서는 사용하기 어렵게 돼 있다. 변화를 주도하는 기기를 사용조차 할 수 없는 한국의 IT 상황은 심각한 문제가 아닐 수 없다(≪한겨레≫, 2010.2.1).

㉡ 무선·소프트웨어 중심으로의 변화

앞서 퇴보하고 있는 한국 IT 산업의 재도약을 위해 신문 사설들은 해법을 제시하는데, 그 주요 내용은 무선 인터넷과 소프트웨어로의 중심 이동이다. IT 강국을 뒷받침했던 초고속 인터넷망 구축은 유선에 기반을 둔 것이었다. 또한 국내 IT 산업 발전에 큰 기여를 한 민간 영역 역시 휴대폰 수출이었다. 하지만 스마트폰의 등장으로 산업 지형이 변화하게 되는데, 신문 사설은 이를 무선·소프트웨어로의 전환으로 구체화해 해결 방안을 기술하고 있다. 특히 '소프트웨어로의 권력 이동'에 대해 강조한다.

세계 인터넷 환경은 유선에서 무선으로 넘어간 지 오랜데도 한국만 유선 위주 인터넷 환경에 갇혀 있었다(≪조선일보≫, 2009.11.24).

애플과 구글이 잇따라 소프트웨어를 기반으로 휴대전화시장에 뛰어들면서 기존 휴대전화 제조업체들의 입지도 좁아질 것이다. …… 혁신하고 또 혁신하고 다시 혁신하는 것만이 살아남는 방법이다(≪조선일보≫, 2010.1.8).

휴대전화시장의 중심이 하드웨어에서 소프트웨어로 옮겨가는 추세에 맞추지 못한 것이다(≪조선일보≫, 2010.1.12).

신시장인 모바일 서비스에서는 뒤졌다. 이것이 관련 인프라에서부터 하드웨어 소프트웨어 콘텐츠 전반의 경쟁력 약화를 낳고 있다(≪동아일보≫, 2010.4.15).

국내 제조업체들은 생존을 위해서라도 독자적인 운영체제 개발을 포함한 소프트웨어 기술 확보가 절실해졌다(≪조선일보≫, 2011.8.17).

세계 IT 산업의 주도권은 이제 애플, 구글, 페이스북 같은 새로운 강자들의 손으로 넘어갔다. 오래전부터 거론됐던 '하드웨어에서 소프트웨어로의 권력 이동'이다(≪조선일보≫, 2011.8.22).

② 모바일과 SNS의 민주주의 확대 대 저하

신문 사설들은 모바일과 SNS의 정치적 영향력에 주목한다. 모바일을 통한 선거 운동과 전당대회 투표에 대해 사설을 통해 견해를 밝힌 것이다. 하지만 모바일이 '소통의 도구'로 민주주의를 확대할 것인가, '저주의 무기'로 민주주의를 저하시킬 것인가에 대해 상반된 입장을 밝힌다.

㉠ 민주주의 확대

사설을 살펴보면 신문사들은 모바일의 정치적 파급력 평가에 대해 상반된 입장을 견지하는 것으로 나타났다. 우선 ≪경향신문≫과 ≪한겨레≫는 SNS가 공사의 경계를 허물지만, '시민들의 자발적이고 창의적인 참여'를 이끌어내는 '소통 시스템'임을 인정한다. 이러한 SNS를 선거 운동에 활용하는 것에 대해서도 긍정적으로 평가한다. '돈 선거 차단'과 '시민의 정치 참여 확대'를 이뤄 '참여 민주주의를 심화'하는 데 기여한다며 환영하고 있다. 이는 뉴미디어의 선거 활용으로 정치적 관심이 고조되고, 자발적인 시민 참여를 통한 정치 활성화에 대한 기대를 드러낸 것이다.

> 몇 번의 선거를 계기로 SNS는 시민들의 자발적이고 창의적인 참여를 북돋우는 새로운 소통 시스템으로 자리 잡았다(≪경향신문≫, 2011.10.12).

> SNS가 사적 공간과 공적 공간의 경계를 허물고 있는 것은 사실이다. 그러나 벼룩 잡자고 초가삼간을 태우는 게 정당화될 수는 없다(≪경향신문≫, 2011.12.2).

> 인터넷을 이용한 선거운동이 가능해지면 선거비용을 대폭 줄일 수 있다. 그동안 선거 후보자의 누리집(홈페이지)에서만 허용되던 제한조건이 풀리면 정치 무관심층이나 젊은층의 참여가 높아질 수 있다는 장점도 있다(≪한겨레≫, 2011.12.30).

> 시민들의 참여를 성공적으로 이끌어낸 정치적 사건으로 기록될 만하다. …… 모바일 선거인단은 돈 선거 차단과 시민의 정치참여 확대라는 두 마리 토끼잡이를 효과적으로 수행하고 있는 셈이다(≪경향신문≫, 2012.1.9).

> 시민의 활발한 정치참여를 정당정치 강화의 호기로 만들 수 있다. 여야 없이 돈 안 드는 선거를 위해 모바일 투표를 활용하는 방안을 적극 검토해보기

바란다(≪한겨레≫, 2012.1.10).

우리는 정치적 표현의 자유를 확대한 선관위 결정을 환영하며 향후 선거문화의 패러다임이 혁명적으로 바뀔 것으로 기대한다. 온라인 선거운동 전면 허용은 시민의 자발적 정치참여를 이끌어냄으로써 참여민주주의의 심화에 기여할 것이다(≪경향신문≫, 2012.1.14).

사고를 엄정하게 처리한 뒤, 관리를 강화해 '돈은 적게 들되 참여는 높이는' 모바일 경선의 취지를 더욱 살리는 길을 찾아야 한다(≪한겨레≫, 2012.2.28).

ⓛ 민주주의 저하

≪동아일보≫와 ≪조선일보≫의 신문 사설은 SNS의 빠르고 큰 파급 효과에 의해 발생할 수 있는 민주주의의 훼손을 걱정한다. 이들 사설은 SNS가 '취사 선택, 정화되는 과정'이 없기 때문에, '부지불식간'에 '정상적인 언로를 차단'하고 민의나 당심을 '왜곡'하는 '저주의 무기'가 될 수 있음을 경고한다. 또한 무분별한 모바일 투표가 '합리적 의사 결정 과정은 마비'되고 '민주주의를 한 차원 후퇴'시킬 수 있음을 경계한다. 이러한 논의들은 민주주의가 모바일과 SNS를 통해 발전하기보다는 파급력이 큰 만큼 그것이 초래하는 부작용 또한 막대하다는 회의적인 태도를 견지하는 것이라 볼 수 있다.

SNS에서 친구에게 얘기하듯 별생각 없이 어느 후보자를 비난한 것이 불특정 다수에게 전달돼 부지불식간에 흑색선전이나 인신비방이 될 수도 있다(≪동아일보≫, 2011.10.20).

트위터와 인터넷은 신문·방송 등의 전통 매체와 달리 메시지가 취사선택, 정화되는 과정을 거치지 않기 때문에 잘못 쓰이면 언어 테러의 흉기나 다름없다. …… 인터넷·트위터는 소통의 도구가 아니라 저주의 무기가 될 뿐이다(≪조선일보≫, 2011.11.7).

SNS(소셜네트워크서비스) 악용이 정상적 언로를 차단하거나 왜곡하고 있는 상황이 이대로 계속된다면 우리 사회와 정치의 합리적 의사 결정 과정은 마비될 수밖에 없다(≪조선일보≫, 2011.11.11).

특정 팬클럽이 막강한 모바일 영향력을 앞세워 여론 흐름을 이끌면 민주당 당원이나 전통적 지지자들은 소외되기 쉽다(≪동아일보≫, 2012.1.14).

기존의 관광버스 조직 동원이 모바일 선거인단 동원으로 얼굴 화장만 바꾼 셈이다(≪동아일보≫, 2012.3.1).

민심과 당심을 왜곡했다. …… 민주주의를 한 차원 후퇴시키는 것이다(≪동아일보≫, 2012.6.29).

모바일 투표는 비밀선거나 직접선거 같은 공정성의 확보가 쉽지 않다. 결속력이 강하고 회원수가 많은 세력이 대거 동원돼 결과에 영향을 미칠 수 있다(≪동아일보≫, 2012.8.27).

확산 2기 신문 사설의 프레임은 모바일이 가져올 영향력에 대한 평가와 전망을 특징으로 한다. 우선 '아이폰 쇼크', '아이패드 쇼크' 혹은 '애플 쇼크'로 지칭되는 모바일의 등상과 인기는 국내 IT 산업이 처한 현실에 대한 성찰을 가져온 기회로 여겨졌다. 또한 이때는 위기 탈출을 위해 모바일·소프트웨어 중심으로의 체질 개선 전환이 촉구되었던, 산업적 위기감이 극대화된 시기였음을 이해할 수 있다.

또한 모바일 미디어의 파급력이 정치 영역에서 커지자, 민주주의를 지향하지만 모바일이 미치는 영향력에 대해서는 전혀 다른 방향으로 틀 짓는 신문 사설 프레임을 확인할 수 있었다. ≪경향신문≫과 ≪한겨레≫는 새로운 모바일 미디어가 참여 민주주의를 이끌어내면서 민주주의를 확대할 것이라는 점에 주목하고, ≪동아일보≫와 ≪조선일보≫ 사설은 민의가 왜곡되어 민주주의가 한 차원 후퇴할 수 있음을 우려한다.

이렇듯 확산 2기는 모바일이 갑자기 등장해 ICT 기반 미디어를 둘러싼 생태계에 파란을 일으켰고 그것의 영향력에 대해 산업적·정치적으로 주목한 시기라고 볼 수 있다.

(4) ICT 기반 미디어 확산 3기

앞선 확산 2기에 정치적 영역에서의 SNS의 영향력이 확대된 것에 대한 사회 내 논란들이 존재했었음을 알 수 있었다. 그런데 확산 3기에는 SNS의 사회문화적 영향력이 더욱 크게 주목받았으며, 사이버 검열에 대한 신문 사설들이 다수 등장했다. 특히 신문 사설들은 사이버 검열과 관련한 사설에서 사태를 유발한 원인 제공자가 누구인지, 즉 잘못을 누가 했는지를 파악하는 데 상반된 입장을 보이고 있었다. ≪동아일보≫와 ≪조선일보≫는 SNS를 운영하는 기업인과 검찰에, ≪경향신문≫과 ≪한겨레≫는 검찰이 논란의 원인을 제공했다는 프레임을 보여준다.

① 검찰과 기업인이 야기한 혼란

'다음카카오' 대표의 검찰 수사 협력에 대한 반발 이후 대표가 검찰에 기소되는 상황이 벌어졌다. 이에 대해 신문 사설들은 찬반 의견을 제시하고 있다. 우선 ≪조선일보≫와 ≪동아일보≫는 다음카카오 대표의 행위를 '순교자', '핍박받는 투사'로 가장하는 위선적인 행동이라고 평가 절하한다. 이들은 검찰의 감찰에 응하지 않겠다는 다음카카오 대표의 의견 표명의 이면을 기업의 이익을 추구하는 경제적인 행위로 해석한다. 반면, '무턱대고 엄포' 놓는 검찰의 잘못된 대응 방식이 '스스로 제 발등 찍은 꼴'이라며, 검찰 역시 사이버 검열 혼란에 책임이 있다고 기술하고 있다.

㉠ 검찰의 잘못된 대응

검찰 스스로 제 발등 찍은 꼴이다. 검찰의 사이버 범죄에 대한 인식이 국민과 얼마나 동떨어져 있는지 또 한 번 드러났다(≪조선일보≫, 2014.10.4).

검찰이 무턱대고 엄포부터 놓는 바람에 인터넷·SNS 이용자들 사이에 혼란이 증폭됐다. 검찰총장은 당장 국민 앞에 사과해야 마땅하다(≪조선일보≫, 2014.10.15).

㉡ 위선적인 기업인

다음카카오의 전신인 다음커뮤니케이션의 주가가 20% 이상 떨어지자 이 대표는 공권력에 맞서는 순교자인 양 나선 듯하다. 시가 총액 8조 원에 이르는 기업의 대표가 지키려 한 것은 고객의 신뢰가 아니라 기업 이익이었던 셈이다

(≪동아일보≫, 2014.10.15).

(다음카카오는) 마치 자기들이 공권력에 의해 핍박받는 투사라도 되는 것처럼 보이려는 듯하다(≪조선일보≫, 2014.10.15).

다음카카오가 영장 집행을 거부한 것은 법 집행에 대한 도전으로 볼 수밖에 없다(≪조선일보≫, 2014.11.13).

② 표현의 자유를 훼손하는 검찰

≪경향신문≫과 ≪한겨레≫는 사이버 검열에 대해 기업이 아니라 검찰을 겨냥한다. 정보의 자유로운 흐름을 방해하는 검찰의 행위를 '검열을 하겠다는 선전포고'이자, '시민의 입을 틀어막으려는' 시도로 지칭하며 무리한 것임을 지적한다. 또한 기업인 소환에 대해 부정적이다. 특히 검찰의 조치는 '최대한 보호돼야' 하는 표현의 자유를 훼손할 수 있다는 점을 경고하고 있다.

헌법이 금지한 '검열'을 하겠다는 선전포고에 다름 아니다. …… 시민의 입만 막을 수 있다면 표현의 자유 따위야 상관없는 건가. …… 표현의 자유는 현실공간에서든 사이버공간에서든 최대한 보호돼야 한다(≪경향신문≫, 2014.9.20).

시민들이 벗이나 가족과 소통하는 메신저에서조차 속마음을 털어놓기 어렵다면, 멀쩡한 '국민 메신저'를 버리고 해외 메신저를 써야 한다면 이 모두 헛된 수사에 불과할 터이다. …… 시민의 입을 틀어막으려는 시도를 중단해야 한다

(≪경향신문≫, 2014.10.2).

분노하지 않을 수 없는 것은 '사이버 망명'으로 이어질 만큼 거센 반발에도 아랑곳없는 검찰의 태도다(≪경향신문≫, 2014.10.14).

확산되는 도·감청 공포는 수사 당국과 다음카카오의 거짓 해명이 진원지다(≪경향신문≫, 2014.10.17).

'사이버 검열' 논란은 사실상 검찰과 법원의 합작품이었던 것이다(≪경향신문≫, 2014.10.22).

이번 기소가 표현의 자유를 심각하게 훼손할 것이라는 걱정도 여기서 나온다. …… 자유로운 정보의 소통과 정보인권을 위해선 콘텐츠에 대한 책임은 정보 매개자가 아닌 게시자에게 묻는 게 옳다(≪한겨레≫, 2015.11.5).

확산 3기에는 SNS의 사회문화적 영향력이 점차 커지면서, 검찰의 사이버 감찰에 대한 논란이 전 사회적으로 극대화된 시기라고 볼 수 있다. 역시 신문들도 이에 대해 사설을 통해 입장을 밝히고 있는데, ≪동아일보≫와 ≪조선일보≫는 검찰의 미성숙한 대처 방식과 사적 이익을 추구하는 기업이 이번 논란을 야기한 원인이라고 틀 짓는다. 반면, ≪경향신문≫과 ≪한겨레≫는 강하게 대처하는 검찰의 태도가 원인이라 지목한다. 이와 같은 신문들의 명확한 입장 차이를 통해 사이버 감찰 사태의 원인을 각기 달리 찾고 있음을 알 수 있다. 하지만 사이버 감찰을 둘러싼 한국 사회의 갈등은 ICT 기반 미디어 확산 3기에 그만큼 소셜미디어의 영향력이 사회 전반적으로 커졌다는 것을 의미한다.

3) 정파성과 뉴미디어 관련 이슈 프레임

국내 신문의 정파성은 사설이 담는 내용에 의해 구분된다. 또한 각 신문은 자사의 이념 지형에 따라 동일한 이슈를 전혀 다른 방식으로 해석하는 양상을 보여왔다. 특히 한국 사회에서 갈등이 큰 이슈일수록 정파성에 따라 보수신문은 기존 질서를 옹호하고, 진보신문은 약자에게 우호적인 태도로 틀을 짓는 프레임의 차이를 명확히 보여주는 것으로 나타났다.

이에 여기서는 ICT 기반 미디어와 관련된 주요 이슈에 대해 각 신문사들이 사설을 통해 프레임하는 방식이 정파성에 따라 어떻게 다른지 파악했다. 즉, 올드미디어라고 묶이는 신문사들이 정파와 무관하게 공동의 '적'인 ICT 기반 미디어에 대해 동일한 입장을 보일지, 아니면 오히려 정파성에 기반을 둔 이념에 따라 틀 짓기를 하는지를 살펴보았다. 구체적으로 포털을 중심으로 한 ICT 기반 미디어에 대한 신문사의 틀 짓기 방식과, SNS와 같은 인터넷 여론 기능에 대한 신문사의 시각을 중심으로 알아보았다.

(1) 뉴미디어에 대한 보수, 진보 신문의 프레임

① 보수 신문: 부정적 프레임 지속

일반적으로 보수 이념을 대표하는 ≪조선일보≫와 ≪동아일보≫는 포털 사이트와 SNS에 대해 일관성 있게 부정적인 프레임을 보여준다. 이들은 포털에 대해서는 '책임 없이 권리만 누리는', '끝없는 탐욕', '인터넷 골목 상권을 황폐화하는', '크고 작은 사태와 소동의 발화점', '인터넷 10년 독주를 깨야 하는', '언론 흉내로 정치적 영향력을 키우는', '포털 권력을 이용한 문어발식 사업 확장', '제 입맛에 맞게 뉴스 편집하는', '땅 짚고 헤엄치기식 돈벌이', '공룡포털', '포털의 횡포와 수익독점', '일방적 여론몰이' 등으로 표현하고 있다.

> 우월적 힘을 무기로 각종 콘텐츠를 빨아들여 거대한 공룡이 돼가고 있다. 콘텐츠 업계는 포털의 시장지배력에 눌려 적절한 이익을 내지 못하고 고사 직전의 상황에 몰려 있다(≪동아일보≫, 2007.5.17).

> 우리 포털은 온·오프라인 언론사들의 기사와 블로거들이 글을 선별 배치하고 토론방 등을 통해 여론을 몰아가는 데 주력한다. …… 진실성이 검증도 안 된 상태에서 마치 객관적 사실인 양 광범위하게 전파돼 군중행동을 유발하기도 한다. …… 사이버 폭력의 수단과 방법 모두를 제공하고 있는 것이다(≪동아일보≫, 2008.6.19).

> 다음의 토론 광장 아고라가 촛불시위의 중심부 역할을 한 것에서 보듯 사회적 쟁점이 발생하면 여론을 몰아가기도 한다. …… 포털은 언론사로서의 책임은 전혀 지지 않는다. …… 포털은 모른 척하고 그만이다(≪조선일보≫, 2008.8.18).

> 포털들은 광우병 시위를 비롯해 사회의 크고 작은 사태와 소동의 발화점 노릇을 해 왔다. 그런데도 이런 탈선을 걸러내거나 피해를 구제할 장치가 없다(≪조선일보≫, 2013.7.5).

국내 양대 포털 업체인 네이버와 다음은 지금까지 '포털 권력'을 이용해 문어발식 사업 확장을 하고, 언론 흉내로 정치적 영향력을 키웠다(≪동아일보≫, 2014.5.27).

네이버는 검색에서 70% 이상 차지하는 점유율을 무기로 가격 비교, 증권 정보, 만화 등 거의 모든 콘텐츠를 제공하면서 '인터넷 골목 상권'을 죽인다는 비판을 받아왔다(≪조선일보≫, 2014.5.27).

책임 없이 권리만 누리고 있다는 뜻이다. …… 뉴스를 바탕 삼아 인터넷 검색 시장에서 땅 짚고 헤엄치기 식 돈벌이를 해온 것이다. 그런데 그 책임은 전혀 지지 않는다. …… 포털은 여전히 '우리는 언론이 아니다'고 발뺌하고 있다(≪조선일보≫, 2015.9.23).

② 진보 신문: 우호적 프레임으로의 변화

진보 신문인 ≪경향신문≫과 ≪한겨레≫는 양가적인 측면을 보여주는데, 초기에는 포털사이트에 대해 보수신문과 마찬가지로 부정적으로 그리다가, 2008년 이후 사이버 감찰에 대한 논란이 일자 우호적으로 입장이 바뀐다. 구체적으로 살펴보면, 보수 신문과 마찬가지로 초기에는 '포털의 권력화'에 따른 부작용과 인터넷 생태계의 '공룡'으로 자리매김한 포털에 대해 비판적인 입장을 취했다. 하지만, 확산 3기에 있었던 사이버 감찰 논란이 발생하면서, 포털을 '낡은 테두리'에서 벗어나야 할 '새로운 형태의 언론기관'으로 인정하는 변화된 태도를 보인다.

포털의 권력화는 인터넷에서 참신한 아이디어와 문화적 다양성을 사라지게 하고 새로운 벤처기업의 등장을 가로막게 된다. 인터넷 생태계가 활력을 잃게 될 것이라는 얘기다. …… 이들은 이미 벤처기업이 아니라 절대권력을 가진 '공룡'들이다. …… 견제받지 않는 권력은 어떤 방식으로든 약자를 억누르게 된다(≪한겨레≫, 2007.2.21).

정부와 한나라당이 인터넷 포털의 뉴스 서비스도 언론영역에 포함해 신문법 등의 규제를 받도록 법을 개정하겠다고 한다. …… 정치적 목적의 '포털 길들이기'일 뿐이다. …… 낡은 법 테두리 안에서 이를 묶어두겠다는 것은 시대착오적일 뿐이다(≪한겨레≫, 2008.8.19).

다음카카오와 네이버는 단순한 정보통신사업자가 아니라, 새로운 형태의 언론기관 성격도 지니고 있다. 때로는 영향력이 전통 언론사 이상으로 큰 것으로 평가받기도 한다(≪한겨레≫, 2015.6.22).

포털을 통해 살펴봤던, ICT 기반 미디어에 대한 보수와 진보 신문의 프레임은 초기에는 동일하게 부정적이었음을 알 수 있다. 이는 새로운 미디어에 대항해야 하는 올드미디어, 심지어 자사의 기사를 포털 사이트를 통해 유통하는 과정에서 발생하는 갈등, 특히 수익 배분에 관한 문제와 연관된 것이라 볼 수 있다. 그러다가 포털에 대한 압박이 본격화하는 사이버 감찰 그리고 이를 통제하려는 정부의 신문법 개정 등의 이슈가 발생하면서 보수와 진보는 포털에 대한 견해가 분화된 것이라 이해할 수 있다. 보수 신문은 초기 포털에 대한 부정적인 프레임을 견지하지만, 진보 신문은 포털의 지위를 인정하고 적절한 법적 테두리 안에서 운영할 것을 제안한다. 이는 진보 신문이 자유로운 의견 표현의 장인 ICT 기반 미디어의 속성에 호의적이라는 것을 보여준다.

(2) ICT 기반 미디어의 '표현의 자유'에 대한 보수, 진보 신문의 프레임

① 보수 신문: 표현의 과잉에 따른 부작용 우려

보수 신문은 인터넷과 SNS를 통한 의견 표현을 '감정에 휩쓸리기 쉬운', '패거리 네티즌의 편중된', '근거 없는 비판', '허위사실을 퍼뜨리는' 것으로 틀 짓는다. 이 외에도 '민의를 왜곡하는', '사회적 흉기', '언어 테러의 흉기', '선동적'인 공간으로 프레임 짓는다. 이러한 보수 신문의 틀 짓기 방식은 ICT 기반 미디어에 의해 발생할 수 있는 부작용에 대한 우려를 직접적으로 드러내는 것이라 볼 수 있다. 이와 같은 논의의 저변에는 표현이 넘쳐나면서 합리적인 의사소통이 이루어지지 못하고 있다는 우려가 내재되어 있다. 또한 이들 사설에서는 ICT 기반 미디어에 대한 부정적이고 자극적인 언어들이 빈번하게 활용되는데, 이는 부작용을 넘어 사회의 안정성을 파괴할 수 있다는 불안감을 드러내는 태도로 이해할 수 있다.

> 감정에 휩쓸리기 쉬운 패거리 네티즌의 편중된 인터넷여론에 의존하여 현실 정치가 전개될 가능성에 대한 우려가 적지 않다(≪동아일보≫, 2003.4.16).

> 인터넷이 더는 사회의 흉기로 방치되지 않도록 법원의 단호한 의지를 보여야 한다(≪동아일보≫, 2006.2.21).

> (트위터와 인터넷은) 잘못 쓰이면 언어 테러의 흉기나 다름없다. …… 저주의 무기가 될 뿐이다(≪조선일보≫, 2011.11.7).

SNS(소셜네트워크서비스) 악용이 정상적 언로를 차단하거나 왜곡하고 있는 상황이 이대로 계속된다면 우리 사회와 정치의 합리적 의사 결정 과정은 마비될 수밖에 없다(≪조선일보≫, 2011.11.11).

민의를 왜곡하는 불법행위에 대해서는 …… 온라인에서도 끈을 늦춰서는 안 된다(≪동아일보≫, 2011.12.30).

선동적 구호에 끌려들 것이다(≪동아일보≫, 2012.1.14).

② 진보 신문: 표현의 자유 적극 옹호

진보 신문은 인터넷과 SNS를 '태생이 자유로운' 공간으로 자발적이고 창의적인 참여를 토대로 한 '보편적 접근'이 핵심 가치인 곳으로 여긴다. 즉, ICT 기반 미디어는 '언어를 무기로' 만들어지는 '연대의 공간', '새로운 소통 시스템'이다. 이에 의해 자연스럽게 ICT 기반 미디어는 역동적이며 열린 공간이 된다.

이와 같은 진보 신문의 표현의 장에 초점을 둔 프레임은 '태생적', 즉 본질로 간주하기 때문에 온라인상의 규제에 대해 부정적이며 반대할 수밖에 없게 된다.

언어를 무기로, 인터넷을 통해 사회적 연대의 공간을 확대하고 있는 것이다(≪경향신문≫, 2007.11.1).

SNS는 시민들의 자발적이고 창의적인 참여를 북돋우는 새로운 소통 시스템으로 자리 잡았다(≪경향신문≫, 2011.10.12).

야권에 비해 SNS에 비친화적인 여권이 젊은층의 정치 참여나 선거운동을 위축시키기 위해 동원한 '꼼수'라는 비판이 나오는 까닭이다(≪경향신문≫, 2011.10.21).

다음카카오는 사이버 사찰 의혹이 불거진 뒤에도 사이버상의 프라이버시 권리나 '표현의 자유'에 대한 감수성이 전혀 없는 듯한 행동으로 빈축을 샀다(≪한겨레≫, 2014.10.9).

자의적 잣대로 인터넷 여론을 통제하면 '보편적 접근'과 '집단 지성'과 같은 인터넷의 핵심 가치가 위협받는다(≪한겨레≫, 2011.5.12).

태생이 자유로운 인터넷에는 되도록 개입하지 않는 게 좋다(≪한겨레≫, 2012.8.25).

누구나 쉽게 참여하는 열린 미디어로서 인터넷이 지닌 역동성을 원천적으로 제약할 수 있기 때문이다(≪한겨레≫, 2004.2.12).

실명제는 인터넷의 장점인, 각종 권력에 대한 비판과 견제만 위축시킬 위험이 높다(≪한겨레≫, 2005.7.6).

(인터넷 실명제는) 인터넷에서 표현의 자유를 희생해 명예훼손 따위를 줄이겠다는 것이다. 이는 통제 만능주의적 발상으로, 자유로운 소통이라는 인터넷의 본질을 크게 훼손한다(≪한겨레≫, 2006.7.29).

6. 뉴미디어에 대한 미디어 담론

앞서 살펴본 시기별·정파별 ICT 기반 미디어의 주요 이슈를 다룬 사설들의 프레임 방식은 각 시대에 따라, 신문사의 정파성에 따라 차이를 보인다. 여기서 주목할 점은 전반적으로 ICT 기반 미디어에 의한 변화의 모습을 혼란으로 볼 것인가, 아니면 발전 과정 중에 나타나는 성장통으로 볼 것인가에 따른 상이한 기제들이 있다는 점이다. 이에 정파성에 따라 보수 신문과 진보 신문의 틀 짓기 방식에서 도출할 수 있는 프레임 기제를 통해 담론을 파악해보고자 했다. 이를 통해 보수와 진보 신문들이 자사의 사설을 통해 어떠한 담론을 이끌어내고 ICT 기반 미디어를 둘러싼 담론의 역동적인 과정을 어떻게 만들어가는지 이해할 수 있다.

앞서 살펴본 시기별 프레임을 통해 보수, 진보 신문은 공통적으로 '민주주의 지향', '공동체 지향', '공익성 추구', '저널리즘 가치 지향'이라는 담론을 생성하고 있었다. 하지만 이를 실현하는 방향은 정파성에 따라 명확하게 차이를 드러냈다.

1) 민주주의 지향 담론

보수 신문과 진보 신문의 프레임 기제의 극명한 차이를 보여주는 것은 포털과 인터넷 실명제에 대한 사설들이다. 우선 보수 신문은 포털의 해악을 비판하며 이의 해결은 규제의 신설을 비롯한 법에 의해 이루어져야 함을 강조한다. 이는 포털이 당시 신문법 등의 규제를 받지 않는 '법 밖'에 있는 존재라는 인식에 따른다. 또한 인터넷 실명제는 익명성으로 인한 사이버 세계의 폭력을 해결할 수단으로 지지되었다.

반면 진보 신문은 포털에 의해 발생하는 사회적 해악은 인정하지만, 이것이 이용자의 '자발적'이며 '자율적'인 정화를 통해 해결될 수 있음을 강조한다. 이에 진보 신문들은 무조건 법을 만들어 규제하기보다는, 이용자 스스로 정화하는 과정을 지원하고 조장하는 선에서 머물러야 한다고 주장한다. 이렇듯 ICT 기반 미디어가 유발하는 사회적 문제에 대해 보수 신문은 법에 의해 해결해야 한다는 법치주의를, 진보 신문은 자율적인 정화 운동을 지향하는 상반된 담론을 보여준다.

(1) 보수 신문: 법치주의 지향

① 포털과 인터넷 실명제에 대한 법제화

보수 신문은 무소불위의 권력을 휘두르면서 언론으로 규정되지 않아 상대적으로 규제가 적은 포털에 대한 끊임없는 법안 마련을 촉구한다. 이는 정치권이 '법의 허점'을 해결하기 위한 법적 장치 마련에 적극 나설 것을 촉구하는 것이다. 이러한 보수 신문의 태도는 초기 불거졌던 자사 콘텐츠 유통과 관련해 갈등이 있었던 포털에 대한 반감이 표출된 것으로 이해할 수 있다. 특히 실질적으로 뉴스 편집 등을 통해 언론사의 역할을 함에도 신문법에 포함되지 않은 포털이, 책임 있는 언론사로서 역할을 다할 수 있도록 책임을 명시해야 함을 주장하고 있다.

또한 온라인 공간의 언어폭력, 사이버 테러 등의 해악을 지적하면서 지속적으로 인터넷 실명제 마련을 통한 사이버 공간의 정화를 강하게 제시하고 있다. 이러한 입장은 네티즌들에 의한 자율적인 정화에는 한계가 있다는 인식과, 특히 '안티조선' 운동으로 사이버테러의 대상이 된 보수신문의 입장이 반영된 것이라 볼 수 있다.

이처럼 보수신문들은 ICT 기반 미디어가 가져온 혼돈을 해결하기 위해서는 포털과 개인이 '책임' 있는 역할을 다할 수 있도록, '신문법'과 '인터넷 실명제'와 같은 법적 테두리 내로 들어와야 함을 강조하고 있다. 반대로, 법적 규제가 마련되지 않으면, ICT 기반 미디어로 인해 사회적 혼란이 걷잡을 수 없다는 인식을 보여준다. 여기에서 보수신문들이 법을 통해 ICT 기반 미디어가 야기한 사회문화적인 변화와 혼란을 줄일 수 있다는 '법치주의 지향의 담론'을 생성하고 있음을 확인할 수 있다.

② 포털의 법제화 관련 논의들

정치권도 선거를 의식해 포털의 해악을 제도적으로 줄일 수 있는 입법에 소극적이다. 정치권과 정부의 태도는 공룡집단의 횡포를 방치하는 무책임한 대응이다(≪동아일보≫, 2007.5.17).

포털은 지금까지 사실상 법 밖의 존재였다. …… 포털들이 사이버 폭력꾼들의 놀이터가 돼가고 있는 것은 바로 이런 법의 허점 때문이다(≪조선일보≫, 2008.7.22).

포털이 언론으로 규정되면 다른 신문·방송처럼 중재와 소송 등 법적인 모든 책임을 져야 한다(≪조선일보≫, 2008.8.18).

포털의 무책임한 자세를 바꿔놓을 법적 장치 마련을 더 미룰 수는 없다(≪동아일보≫, 2008.7.4).

포털이 지금처럼 무턱대고 버티기만 하면 포털에 더 강한 규제를 가해야 한다는 목소리가 높아질 수밖에 없다(≪동아일보≫, 2008.8.22).

③ 인터넷 실명제 관련 논의들

포털의 사회적 책임을 더욱 철저하게 하려면 네티즌이 글을 올릴 때 반드시 실명을 쓰도록 하는 '인터넷 완전 실명제' 도입도 적극 추진해야 한다(≪조선일보≫, 2008.8.18).

인터넷은 네티즌들이 글을 올릴 때 반드시 실명을 쓰도록 하는 '인터넷 실명제'로 갈 수밖에 없다. …… 익명을 고집하는 것은 사회를 황폐하게 만드는 사이버 폭력을 계속 방치하자는 얘기나 다름없다(≪조선일보≫, 2008.7.24).

인터넷 병폐와 범죄를 여과할 대책이 시급하다. 최선의 방법은 모든 인터넷 사용자의 '실명화'일 것이다. 선진국처럼 인터넷 범죄에 중벌을 가하고 명예훼손을 추적수사하는 제도적 법적 장치의 강화도 필요하다(≪조선일보≫, 2000.7.20).

누리꾼들이 명심해야 할 것은 실명제가 없어진다고 해서 인터넷상의 익명 불법 게시물이 책임을 피할 수 있는 것은 아니라는 사실이다(≪조선일보≫, 2012.8.24).

(2) 진보 신문: 자율적 정화 지향

진보 신문은 포털과 이용자들을 억제하고 통제하기보다는 '자율과 조화가 작동'되는 인터넷 공간에서 '자발적인 정화 노력'으로 해결될 수 있다는 입장이다. 이는 보수 신문들이 억제와 통제를 통해 규제를 주장하는 것과 반대로, 폐해가 있을지라도 성숙한 인터넷의 자정 기능을 발휘할 수 있도록 지원하는 것이 '바른 접근법'이라는 것이다. 인터넷의 부정적인 영향에 대해서는 우려를 표하지만, 해법으로 실명제와 같은 새로운 법적 규제를 마련하는 것에는 반대하고 있다.

특히 진보 신문들은 자율적인 장치로 '댓글'과 '집단 지성', '인터넷 교육·지도', '성숙한 글쓰기 유도', '예의와 배려가 몸에 밴 태도', '시민의 양식'과 '사회적 합의'를 내세운다. 이 같은 진보 신문의 해법은 인터넷 이용자에 대한 긍정적인 관점을 보여준다. 오히려, 진보 신문들이 포털과 같은 기업보다는 '이용자에 의한 자율 정화 담론'을 견지함을 알 수 있다.

인터넷 매체들의 책임 아래 자율적으로 틀을 잡아나가는 것이 바른 접근법이다(≪한겨레≫, 2004.2.12).

'댓글' 등 자율 정화 장치가 있는데 굳이 규제가 필요한지부터 의문이다(≪한겨레≫, 2004.4.9).

인터넷 폭력이 우려스런 것은 분명하다. 하지만 해법은 실명제보다 이용자들의 자발적인 정화 노력과 체계적인 인터넷 교육 지도에서 찾아야 한다(≪한겨레≫, 2005.7.26).

새로운 법적 규제보다는 명예훼손에 따르는 민·형사상 책임을 적극 알려 인터넷 이용자들의 성숙한 글쓰기를 유도하는 것이 바람직한 방향이다(≪한겨레≫, 2007.9.1).

규율이 필요하다면 억제와 통제보다는 조장과 지원을 위한 새로운 법·제도 마련을 깊이 있게 논의하는 게 마땅하다. 이를 통해 여론시장에서 자유로운 경쟁이 이뤄지도록 하고, 이미 성숙한 인터넷의 자정 기능이 발휘될 수 있도록 해야 한다(≪한겨레≫, 2008.8.19).

자율과 조화의 원리가 작동되어야 할 곳에는 시시콜콜 끼어든다면 정부는 헌법이 정한 제 역할을 못하는 것이다(≪경향신문≫, 2011.12.2).

수많은 시민이 동등한 자격으로 목소리를 내는 온라인 공간의 특성상 허위사실이나 오류는 '집단지성'으로 걸러낼 수 있다고 믿는다(≪경향신문≫, 2012.1.14).

실생활의 일부가 된 사이버 세상에서도 예의와 배려가 몸에 배도록 문화를 가꿔나가는 게 중요하다. 인터넷 사업자의 개인정보 보호와 자정 노력을 북돋을 필요도 있다(≪한겨레≫, 2012.8.25).

일부 폐해가 있더라도 무조건 형사처벌하기보다 시민의 양식과 사회적 합의라는 자정 기능에 맡기는 편이 공동체의 건강성을 지키는 길이다(≪경향신문≫, 2014.9.20).

2) 공동체 지향 담론

(1) 보수 신문: 안정과 신뢰에 기반을 둔 공동체

앞서 ICT 기반 미디어 도입기에 사이버 공간은 무질서의 공간으로 프레임되고, 여기서 발생하는 각종 범죄들은 재앙을 야기하는 것으로 그려진다. 더욱이 이러한 부정적인 프레임은 정치적·사회문화적 영향력 증대로까지 연결된다. 이에 대해 보수 신문인 ≪조선일보≫와 ≪동아일보≫는 표현의 자유가 지나쳐 오히려 사이버 공간이 '인격살인', '흉기', '무기'가 되는 현재의 상황을 비관적으로 본다. 이들의 프레임 저변에서는 자유가 지나쳐 오히려 사회적 안정이 붕괴할 수 있다는 불안감을 엿볼 수 있다.

여기에서 보수 신문들이 지닌 사회적인 안정과 신뢰 속에 '세대 간의 소통'을 통한 공동체 유지와 발전을 추구하는, 사회적 안정 지향의 담론을 도출해낼 수 있다. 이는 급격한 ICT 기반 미디어의 도입과 확산으로 기성세대와 젊은 세대 간의 차이가 선명해지는 상황에서 사회적 불안을 제거하고, 안정적인 사회 발전을 도모하려는 의도라 볼 수 있다.

> SNS(소셜네트워크)의 악용이 정상적 언로를 차단하거나 왜곡하고 있는 상황이 이대로 계속된다면 우리 사회와 정치의 합리적 의사 결정 과정은 마비될 수밖에 없다. …… 세대 간의 소통의 길을 찾아 나가는 계기가 되어야 한다(≪조선일보≫, 2011.11.11).

> 인터넷에 적응하지 못한 기성세대들은 10~20대 네티즌들이 주도하는 인터넷 문화가 이처럼 시궁창으로 치닫는 현상에 충격을 받지 않을 수 없을 것이다(≪조선일보≫, 2000.7.20).

(2) 진보 신문: 표현의 자유에 기반을 둔 공동체

앞서 확산 3기에서 진보 신문인 ≪경향신문≫과 ≪한겨레≫는 줄기차게 표현의 자유가 얼마나 중요한지 일관되게 강조했다. 특히 보수 신문과 정부가 사이버 명예훼손과 사이버 테러 등을 근거로 인터넷 실명제와 사이버 모욕죄를 계속해서 추진하는 상황에 대해 반대 의견을 강하게 내세웠다. 진보 신문에게 사이버 공간을 규제하려는 법안은 '벼룩 태우려다 초간 삼간 태우는 격'으로, 소수의 사이버 악플러들을 잡겠다고 인터넷 본연의 특성인 자유로운 표현을 막는 것은 불가한 것이다. 진보신문이 ICT 기반 미디어를 소통 공간으로서 담론화하는 것은 '표현의 자유'가 민주주의적 공동체 형성의 기반이 된다고 여기기 때문이다.

> 정보의 자유로운 유통과 의사소통의 증진을 기반으로 표현의 자유를 확대하는 것이 인터넷시대의 조류다(≪경향신문≫, 2001.6.19).

> (인터넷 실명제를 강제하겠다는 발상은) 누구나 쉽게 참여하는 열린 미디어로서 인터넷이 지닌 역동성을 원천적으로 제약할 수 있기 때문이다(≪한겨레≫, 2004.2.12).

> 인터넷은 사회 구성원들이 누구나 자유롭게 의견을 표현할 수 있는 '열린 공간'이다(≪경향신문≫, 2005.7.2).

> 하지만 태생이 자유로운 인터넷에는 되도록 개입하지 않는 게 좋다(≪한겨레≫, 2012.8.25).

3) 공익성 추구 담론

보수 신문과 진보 신문은 공통적으로 공익성을 추구하는 담론을 보여준다. 하지만 ICT 기반 미디어의 공익성 수행과 공익성에 미치는 영향력에 대해서는 다른 입장이다. 보수 신문은 새로운 미디어의 등장으로 공익성이 훼손되는 상황을 경고한다. 포털과 같은 ICT 기반 미디어는 독과점적 영향력이 증대할수록 경제적·정치적 분야에서 이익을 독점하고, 여론을 집중시키며 공익성을 훼손하는 주범으로 지목된다. 반면 진보 신문은 새로운 미디어의 등장으로 경쟁이 치열해지면서 미디어가 공익성을 외면하고 상업적 이익을 극대화할 것을 견제한다. 하지만, 이들은 ICT 기반 미디어가 적절하게 활용된다면 공익성을 증진할 수 있다는 긍정적인 입장이다.

이처럼 보수신문과 진보신문은 각자 중점을 두는 방식은 다르지만, 공익성을 추구하고 증진하는 데 ICT 기반 미디어가 중요한 역할을 담당해야 한다는 공익성 추구의 담론을 보여주고 있다.

(1) 보수 신문: 공익을 훼손하는 ICT 기반 미디어

보수 신문은 뉴미디어의 등장과 확산으로 인해 공익이 훼손되고 있다고 지적한다. 앞서 살펴보았듯, 신문사들은 포털 사이트의 거대화를 집중적으로 비난한다. 여기에서 포털과 같은 ICT 기반 미디어의 확산이 소비자들에게 돌아갈 공익에 부정적인 영향을 미친다는 담론을 도출할 수 있다. 구체적으로 경제적 집중화와 사이버 테러, 폭력, 인터넷 카페를 통한 비논리적인 여론몰이 등으로 공익이 훼손됨을 설명한다.

다음카카오와 네이버의 과점 체제가 한국의 IT 업계나 소비자들에게 꼭 긍정적인 효과를 미친다는 보장은 없다. …… 국내 양대 포털 업체인 네이버와 다음은 지금까지 '포털 권력'을 이용해 문어발식 사업 확장을 하고, 언론 흉내로 정치적 영향력을 키웠다(≪조선일보≫, 2014.5.27).

다음의 토론 광장 아고라가 촛불시위의 중심부 역할을 한 것에서 보듯 사회적 쟁점이 발생하면 여론을 몰아가기도 한다. …… 포털은 언론사로서의 책임은 전혀 지지 않는다(≪조선일보≫, 2008.8.18).

(2) 진보 신문: 공익을 증진하는 ICT 기반 미디어

진보 신문들은 새로운 미디어가 등장할 때마다 미디어 간 치열한 경쟁 때문에 자극적 선정적인 콘텐츠를 통해 불법적 경쟁을 펼칠 가능성도 있지만, 뉴미디어가 새로운 공익 실현의 역할을 수행할 것을 적극 제안하고 있다. 이러한 진보 신문의 입장은 ICT 기반 미디어 서비스가 사회봉사, 공익 창출의 역할을 해야 함을 강조하는 것으로 볼 수 있다.

대중매체에 강조되는 공익성은 DMB에도 예외 없이 요구된다. 알찬 내용으로 소비자들에게 도움을 주고, 높은 공익성으로 사회에 공헌하는 매체로 자리 잡기 바란다(≪한겨레≫, 2005.3.29).

지상파 DMB의 사회적 효용을 높이기 위해서는 미아찾기, 결손가족돕기 등 공공성을 배려하는 콘텐츠를 지속적으로 편성할 필요가 있다(≪경향신문≫, 2005.12.1).

늘어난 채널로 경쟁이 심해질 상황에서 …… 방송프로그램의 저질화를 막

고 공공성을 높이는 대책도 보완되어야 한다(≪경향신문≫, 1999.12.2).

포털이 뉴스 유통 규칙을 논의할 때는 여론 균형과 공공성의 가치를 종합적으로 고려하여 신중하게 접근해야 한다(≪한겨레≫, 2015.6.22).

4) 저널리즘 가치 지향 담론

보수 신문과 진보 신문은 인터넷과 SNS로 인해 기존에 없던 언론 환경의 변화를 겪고 있다. 특히 신속성과 무차별적 확산성을 특징으로 하는 소셜미디어의 등장은 속보 경쟁과 영향력 면에서 더 이상 신문사들이 우위를 독점할 수 없음을 직접적으로 보여준다. 이런 상황에서 신문사들은 저널리스트로서, 저널리즘 가치에 대해 심각하게 고민할 수밖에 없게 된다.

따라서 보수 신문은 새롭게 등장한 ICT 기반 서비스의 저널리즘적 역할에 대해 비판적인 입장을 취한다. 특히 신문과 방송을 비롯한 기존 언론사들이 '신뢰'와 '이성'에 기반을 둔 취사선택 즉, 게이트키핑(gatekeeping)과정을 거치지만, 소셜미디어를 비롯한 새로운 미디어에서 전달되는 뉴스들은 '감성'에 호소하는 비논리적·비이성적인 보도들이 많다는 점을 대비한다. 이러한 보수 신문은 전통적인 저널리즘을 수행하는 신문·방송과, 그렇지 않은 새로운 미디어의 저널리즘을 대조하고 경계를 나누는 것이다.

반면 진보 신문은 막대한 영향력을 행사하는 새로운 미디어의 '여론 형성' 장으로서의 저널리즘적 역할을 인정하며, 기존 저널리즘들이 추구해왔던 '여론의 균형'과 '공공성의 가치'를 구현하도록 노력해야 함을 강조한다. 이 같은 태도는 ICT 기반 미디어에 의한 새로운 저널리즘 형태를 수용하고, 함께 공존해 저널리즘의 가치를 증진하고자 하는 것이라 볼 수 있다.

이처럼 보수 신문과 진보 신문은 공통적으로 저널리즘 가치의 실현과 추구를 지향하는 담론을 보여준다. 하지만 보수 신문은 전통 언론사를 우위에 넣는 위계를 설정해 차별화하는 반면, 진보 신문은 새로운 저널리즘의 형태를 인정하면서 기존 저널리즘의 가치를 공유할 것을 촉구하는, 공존을 지향하는 상이한 행태를 보인다.

(1) 보수 신문: 전통 언론사 중심의 저널리즘 위계 설정

보수 언론은 편집권을 은밀하게 행사하며 정치에 영향을 미치려는 포털 기업의 행태를 비판한다. 여기에는 편집권을 생명으로 여기는 언론사의 입장에서 편집권이 특정 이익에 따라 남용되는 포털을 언론으로서 인정할 수 없다는 비난이 담겨 있다. 또한 과거에는 이성을 근간으로 신뢰지수를 매길 수 있었으나, 현재에는 불가능하다는 점을 이야기한다. 이는 오래된 미디어인 신문이 포털이나 SNS와 같은 유사 언론 기능을 수행하는 미디어와 구분된다는 의식을 보여준다.

> 과거엔 정보를 전달하는 매체들에 대한 나름의 신뢰지수가 매겨져 있었으나 이젠 그런 질서는 무너져 내리고 있다. 전통적인 매체들은 정보 수용자에게 정보의 신뢰 여부를 이성적으로 판단할 근거를 제시해온 데 반해 개인 미디어를 중심으로 한 신종 매체들은 대상에 대한 호불호의 감성을 전달하는 게 주 기능이다(≪조선일보≫, 2011.11.11).

> 트위터와 인터넷은 신문·방송 등의 전통 매체와 달리 메시지가 취사선택, 정화되는 과정을 거치지 않기 때문에 잘못 쓰이면 언어 테러의 흉기나 다름없다. …… 인터넷·트위터는 소통의 도구가 아니라 저주의 무기가 될 뿐이다(≪조

선일보≫, 2011.11.7).

6·4 지방선거를 둘러싸고도 네이버와 다음이 특정 정파나 정치인에게 유리하거나 불리하도록 뉴스 편집을 한다는 비판이 끊이지 않고 있다(≪동아일보≫, 2014.5.27).

(2) 진보 신문: 전통 언론사와 새로운 저널리즘의 공존 지향

≪경향신문≫과 ≪한겨레≫는 초기엔 보수 신문들과 마찬가지로, 언론사와 유사한 행태를 보이면서 언론사로서의 책임을 인정하지 않는 포털에 대해 비판적이었다. 하지만 언론·표현의 자유에 대한 공동의 이해를 바탕으로, 포털의 언론으로서의 성격을 인정한다. 따라서 포털이 기존 언론사들처럼 언론법의 적용을 받고, 언론사들이 추구하는 가치를 추구할 것을 말한다. 이는 전통적인 저널리즘의 가치를 새로운 저널리즘이 함께 공유할 것을 제안하면서, 그 속으로 포섭하는 전략으로 이해할 수 있다.

4개 포털은 시장독점적 지위에 있는 업체들로 새로운 여론 형성 집단으로 자리 잡은 지 오래다. …… 새로운 언론환경이 도래했음을 감안하여 검색 서비스 사업자법 같은 뉴미디어법을 만들어 포털의 여러 문제점들을 해결해야 할 것이다(≪경향신문≫, 2007.5.21).

(다음카카오와 네이버는) 새로운 형태의 언론기관 성격도 지니고 있다. 때로는 영향력이 전통 언론사 이상으로 큰 것으로 평가받기도 한다. …… 포털이 뉴스 유통 규칙을 논의할 때는 여론의 균형과 공공성의 가치를 종합적으로 고려하여 신중하게 접근해야 한다(≪한겨레≫, 2015.6.22).

7. 결론 및 논의

사람들은 온라인 뉴스 혹은 텔레비전 뉴스, 신문 등의 보도를 통해 세상과 세상의 변화를 인식하고 이해한다. 하지만 매스미디어는 의식적이건 무의식적이건 나름의 틀 속에서 사회적 현실을 구성하게 된다. 즉, 뉴스의 선택과 배제를 통해 적극적으로 사회적 현실을 구성해낸다는 것이다. 이러한 과정을 통해서 특정 이슈에 대한 틀 혹은 프레임이 만들어지는데, 이는 해당 이슈에 대한 시각이나 가치관을 만드는 특정한 방식이라고 말할 수 있다.

뉴스 프레임은 특정한 방향으로 편향된 해석과 기존 질서를 유지하는 데 기여한다. 또한 미디어의 프레임은 사회적 쟁점 이슈에 대해 대중에게 사안을 바라보는 일정한 창을 제공해준다. 특히 국내의 경우 언론의 정치적 이데올로기 편향성은 그 성향에 따라 같은 사안에 대한 다른 해석체의 틀을 제공한다는 점에 주목할 필요가 있다(임양준, 2013). 동일한 사안을 자신의 성향에 맞추어 바라봄으로써 뉴스 미디어는 사람들의 판단에 각기 다른 방향으로 영향을 미치게 된다.

이러한 관점으로 이 장에서는, 한국 사회에서 시기별로 주목받은 뉴미디어를 중심으로 1990년대 케이블TV의 등장부터 2016년까지의 26년 동안의 시기를 도입기, 확산 1기, 확산 2기, 확산 3기의 네 시기로 구분해 각 시기별 뉴미디어에 대한 신문 사설이 뉴미디어 이슈를 어떠한 프레임을 통해 보도했는지를 살펴보았다.

분석 결과 시기별로 뉴미디어에 대한 이슈를 바라보는 틀이 변화함을 알 수 있었다. ICT 기반 미디어의 도입기에는 미래에 대한 예측과 관련된 프레임들이 등장한다. 이 시기 신문 사설에는 새로운 미디어가 등장한 미래를 낙관적·긍정적 프레임과 비관적·부정적 프레임이 교차하는 보도들이 많았다. 미래를 밝게 전망하는 프레임들은 위성 기술의 개발과 발사에 따른 '선진국화와 주권 영토의 확장', 방송통신위성 발사로 인한 '경제적·문화적 방송시장의 확대' 그리고 기술 발전으로 '수용자 중심의 방송통신 시장으로의 변화'로 틀을 짓고 있다. 반면 미래에 대해 어두운 전망을 하는 비관적·부정적 프레임은 사이버 범죄와 개인정보 유출과 같은 신종 범죄와 관련한 사설들이다. 이들 기사는 '무질서한 공간, 사이버 세계'와 '재앙을 초래하는 개인정보 유출'로 나타났다. 이처럼 도입기의 프레임은, 신문 독자들에게 ICT 기반 미디어의 활용과 성공에 대한 희망과 함께, 신중한 태도를 지녀야 함을 강조하고 있었다.

확산 1기에는 각종 뉴미디어 정책들이 표류하는 상황에 대해 정부와 관련 단체들의 능력 부재에 대한 비판과 더불어 와이브로라는 신기술을 개발함으로써 기술 종주권으로 진입했음을 자랑스럽게 제시한다. 구체적으로, 정부·기관의 뉴미디어 정책 표류의 원인을 '정부, 유관 기관의 전반적인 무능력' 혹은 '담당 기관의 무능력', '부처 이기주의'로 규명하고자 하는 프레임이 두드러졌다. 이 외에 기술 종주국에 대한 기대로 프레임한 와이브로 기술의 개발과 국제 표준 채택의 원인을 민간 기업과 연구진이라고 지적하고 있다. 이렇듯 이 시기 특징은 ICT 기반 미디어의 예상 외의 표류와 성공적인 민간의 역량을 대비함으로써, 무능력한 정부와 우수한 민간이라는 원인을 규명하는 프레임이 등장했다는 것이다.

또한 확산 2기에는 일명 '애플 쇼크'에 영향을 받은 신문 사설들이 세계의 모바일 경쟁에서 낙오되는 국내 기업들에 대한 경고와, 모바일과 SNS의 정치적인 영향력에 대한 이슈를 중요하게 다루고 있다. 구체적으로 '경쟁에서의 낙오에 대한 경고'를 위해 '퇴보하는 IT 강국에 대한 성찰', '무선,

소프트웨어 중심으로의 변화'의 프레임이 나타났다. 즉, IT 강국이라는 자만심에서 벗어나, 기존의 유선·하드웨어 중심의 ICT 기반 미디어 구조를 새롭게 바꿀 것을 제안한다. 이는 문제의 진단과 해결 방안을 함께 제시한 프레임이라 볼 수 있다. 또한 SNS를 비롯한 모바일의 정치적 영향력이 확대되면서, 모바일 선거가 과연 민주주의에 기여할 것인가에 대한 논쟁들이 등장한다. 이는 '민주주의 확대'와 '민주주의 저하'라는 상반된 방향으로 프레임된 것을 확인했다. 이렇듯 확산 2기에는 갑자기 등장해 미디어 생태계에 파란을 낳은 모바일의 영향력에 대해 산업적·정치적으로 주목한 시기라고 말할 수 있다.

마지막으로 확산 3기에는 SNS의 사회적 영향력이 크게 부각되면서 신문 사설들은 사이버 검열에 대해 논쟁을 벌인다. 그런데 신문사들은 사이버 검열과 관련한 사태를 일으킨 원인에 대해 상반된 프레임을 보여준다. 이 시기에는 '검찰의 잘못된 대응'과 '위선적인 기업인'이라는 검찰과 기업인 모두를 원인으로 지목한 프레임과, '표현 자유 훼손하는 검찰'로 한정한 프레임이 나타났다. 둘 다 검찰을 원인으로 지목하지만 전자는 검찰의 무능력을, 후자는 검찰의 무소불위 권한 행사를 원인으로 파악해 상반된 시각으로 프레임한다. SNS와 관련한 이슈가 집중된 확산 3기는 한국 사회에서 소셜미디어의 영향력이 그만큼 커졌다는 방증으로 이해할 수 있다.

다음으로 보수와 진보라는 이념적 성향에 따라 뉴미디어에 대한 평가와 뉴미디어에서의 표현의 자유에 대한 프레임을 비교했다. 그 결과, 뉴미디어 자체에 대해 보수 신문은 일관되게 부정적으로 평가하는 것을 볼 수 있었다. 이와 달리, 진보 신문은 포털이 등장한 초기에는 이들을 견제하기도 하고 신문 콘텐츠 유통을 둘러싼 대립으로 인해 부정적이었으나, 사이버 공간 규제를 위한 인터넷 실명제에 대한 논의들이 펼쳐지면서 긍정적인 입장으로 변화를 보였다. 의견 표현의 장으로서 뉴미디어에 대해 보수 신문은 '표현의 과잉에 따른 부작용을 우려'하지만, 진보 신문은 인터넷과 SNS와 같은 ICT 기반 미디어의 본질을 자유로운 공간으로 상정해, '표현의 자유를 적극 옹호'하는 프레임을 보인다. 이렇듯 정파성에 따라 ICT 기반 미디어에 대한 시각이 명확하게 구분되었다.

마지막으로 시기와 정파에 따라 신문 사설의 뉴스 프레임이 달라지는 모습을 살펴보았다. 하지만 프레임의 차이 속에 내재한 담론을 살펴보았더니 보수와 진보 신문 모두 '민주주의 지향', '공동체 지향', '공익성 추구', '저널리즘 가치 지향'이라는 담론을 생성하고 있었다. 그런데 흥미로운 점은 개별 담론의 방향이 정파성에 따라 상이하게 나타났다는 것이다. 즉, 보수 신문은 '법치주의 지향', '안정과 신뢰에 기반을 둔 공동체', '공익을 훼손하는 ICT 기반 미디어', '전통 언론사 중심의 저널리즘 위계 설정'을 통해 담론을 구현하고자 했다. 반면, 진보 신문은 '자율적 정화 지향', '표현의 자유에 기반을 둔 공동체', '공익을 증진하는 ICT 기반 미디어', '전통 언론사와 새로운 저널리즘의 공존 지향'이 나타났다.

이 장에서는 신문 사설 분석을 통해 ICT 기반 미디어가 도입되고 확산되는 과정에서 어떤 이슈가 다뤄졌으며, 어떠한 요인들이 부각되었는지를 살펴보았다. 또한 이러한 프레임 속에 내재된 다양한 담론들을 도출했다. 그 결과 시기별·정파별 신문 사설의 프레임의 변화를 겪었으며, 상반된 프레임과 담론이 한국 사회에서 생성되었음을 확인했다. 이처럼 신문 사설을 분석하는 것은 그동안 ICT 기반 미디어와 관련해 논의되었던 주요 쟁점과, 이에 대한 한국 사회의 시각이 일관적이고 안정적이기보다는, 다양하고 때로는 서로 상반된 시각과 입장이 공존하면서 경쟁하는 역동적인 과정이었음을 파악할 수 있다는 데 의미가 있다.

참고문헌

강국진·김성해. 2011. 「정치화된 정책과 정책의 담론화」. ≪한국행정학보≫, 45(1), 52~89쪽.

강명구. 1994. 「경제뉴스에 나타난 경제위기의 현실구성에 관한 연구」. ≪언론과사회≫, 3, 92~131쪽.

권혁남. 2000. 「사회 갈등에 관한 보도 및 시사토론 프로그램의 내용분석: 의약분업 사태를 중심으로」. 한국언론학회 심포지엄 및 세미나 자료집, 25~52쪽.

김경희·노기영. 2011. 「한국 신문사의 이념과 북한 보도방식에 대한 연구」. ≪한국언론학보≫, 55(1), 361~387쪽.

김동률. 2009. 「언론의 정치권력화: 재벌 정책 보도의 정권별 비교 연구」. ≪한국언론정보학보≫,45, 296~340쪽.

김동윤 외. 2013. 「의견지면을 통해 본 한국 신문의 정파성 지형: 공정한 중재자인가, 편파적 대변자인가」. ≪언론과학연구≫, 13(3), 75~122쪽.

김병길. 1999. 「한·미 시사잡지의 북한 관련 보도 분석」. ≪한국언론학보≫, 44(1), 52~89쪽.

김성해·반현. 2007. 『저널리즘의 복원: 고품격 저널리즘을 위한 글로벌 전략과 한국의 비전』. 한국언론진흥재단.

김영욱. 2011. 「한국 언론의 정파성과 사회적 소통의 위기」. ≪한국언론학회≫, 심포지움 및 세미나 5권, 107~136쪽.

김호준. 1998. 『사설이란』. LG상남문고.

김훈순. 1998. 「IMF체제의 경제위기와 텔레비전 뉴스담론: 금 모으기 운동에 대한 뉴스 프레임을 중심으로」. ≪방송연구≫, 여름호, 136~163쪽.

김혜영·강범모. 2011. 「신문 사설의 어휘적 특징: 2009년 신문 코퍼스에 기초한 키워드 연구」. ≪담화와인지≫, 18(3), 89~113쪽.

리즈, 스티븐(Stephen Reese)·패멀라, 슈메이커(Shoemaker Pamela). 1997. 『미디어 사회학. 김원용 옮김. 나남.

송용회. 2005. 「미디어, 프레임, 현실구성: 미디어프레임 연구의 과제와 발전 방향 모색을 위한 소고」. ≪플로그램/텍스트≫, 13, 125~157쪽.

양정혜. 2000. 「사회갈등의 의미 구성하기: 의료분쟁 보도의 프레임 분석」. ≪한국언론학보≫, 45(2), 284~315쪽.

유승현·황상재. 2006. 「포털미디어의 뉴스 프레임에 대한 탐색적 연구: 미디어다음, 조선일보, 한겨레신문의 비교를 중심으로」. ≪사이버커뮤니케이션학보≫, 20권, 197~232쪽

이기형. 2006. 「담론분석과 담론의 정치학」. ≪언론과 사회≫, 14(3), 106~145쪽.

이완수. 2011. 「북한 핵실험 이슈에 대한 언론의 의제구성」. ≪한국언론정보학보≫, 통권 56권, 175~193쪽.

이원섭. 2011. 「언론의 남북문제 보도에 나타난 이데올로기적 성향과 정부 정책 평가」. ≪한국언론정보학보≫, 통권 35권, 329~411쪽.

이진영·박재영. 2010. 「한국 신문 보도의 다양성 연구」. ≪한국언론학보≫, 54(3), 301~325쪽.

임양준. 2010. 「용산사태에 대한 일간신문의 뉴스보도 비교연구: 〈조선일보〉, 〈한겨레신문〉, 〈한국일보〉를 중심으로」. ≪한국언론학보≫, 54(1), 337~361쪽.

______. 2013. 「한국신문에 나타난 일본의 '집단적 자위권' 담론」. ≪언론학연구≫, 19(3), 247~279쪽.

최종환·곽대섭·김성욱. 2014. 「북핵 위기의 미디어 담론 분석: 국내 신문의 사설과 칼럼을 중심으로」. ≪언론학연구≫, 18(2), 245~281쪽.

최종환·김성해. 2014. 「민주주의, 언론 그리고 담론정치: 파업에 대한 미디어 프레임 변화를 중심으로」. ≪한국언론정보학보≫, 67, 152~176쪽.

최진호·한동성. 2012. 「언론의 정파성과 권력 개입: 1987년 이후 13-17대 대선캠페인 기간의 주요 일간지 사설 분석」. ≪언론과학연구≫, 12(2), 534~571쪽.

푸코, 미셸(Michel Foucault). 2012. 『담론의 질서』. 이정우 옮김. 중원문화.

Entman, R. M. 1993. "Framing: Twoard Clarification of a Fractured Paradigm." *Journal of Communication*, 43, pp.51~58.

Gamson, W. A. 1992. *Talking Politics*. Cambridge University Press.

Gitlin, Todd. 1980. *The Whole Word os Wacthing: Mass Media in the Making and Unmaking of the News Left*. Berkeley: University of California Press.

Goffman, Erving. 1974. *Frame analysis: An Essay on the Oranization of Experience*. New York: Harper and Row.

Iyengar, S. and A. Simon. 1993. "News Coverage of the Gulf and Public opinion: A study of agenda-setting, priming and Framing." *Communication Research*, 20, pp. 365~383.

McCombs, M. E. 2004. *Setting the agenda: The mass media and public opinion*. Cambridge, UK: Blackwell Polity Press.

Price, V., D. Tewlsbury and E. Powers. 1997. "Switching trains of thought: The impact of new frames on readers' cognitive response." *Communication Research*, 24(5), pp. 481~506.

Rhee, J. W. 1997. "Strategy and Issue Frames in Election Campaign Coverage: A Social Cognitive Account of Framing Effects." *Journal of Communication*, 47(3), pp. 26~48.

Tuchman, G. 1978. *Making News: A Study in the Construction of Reality*. New York: Free Press.

지은이

김경희 이화여자대학교에서 신문방송학과를 졸업하고 같은 대학교에서 석사와 박사학위를 받았다. 중앙일보에서 대통령 선거조사·국민의식조사 등 여론조사보도를 담당했으며, 뉴스속보부에서 인터넷 뉴스를 기획·편집했다. 현재 한림대학교 미디어 커뮤니케이션학부 교수로 재직 중이다. 저서로는 『뉴스 안과 밖의 여성』, 『한국사회와 인터넷 저널리즘』, 『인터넷 취재보도』(공저), 『진화의 궤적, 한국의 인터넷』(공저) 등이 있으며, "Cying for Me, Cying for Us", "Obstacles to the Success of Female Journalists in Korea" 등 다수의 논문이 있다.

전제아 이화여자대학교 영어영문학과를 졸업하고, 동 대학원에서 교육철학 전공으로 박사학위를 받았다. 이화여자대학교 특임교수를 역임하였고 현재는 미디어리터러시 교육 연구를 진행하면서 이화여자대학교 교육대학원에서 강의 중이다. 철학과 교육학에 대한 논문을 다수 발표하였고 『모방사회』, 『넥스트 이코노믹 트렌드』, 『비폭력』, 『노벨상의 교양』 등을 번역하였다.

홍주현 이화여자대학교 신문방송학과를 졸업하고, 동 대학원에서 석사와 박사학위를 받았다. 서울특별시청에서 여론조사 전문직으로 근무하면서 다수의 시정 여론조사를 수행했으며, 여론조사 전문회사인 인서베이스 대표를 역임했다. KOCED(건설교통부 분산공유형 건설연구인프라 구축) 사업단에서 홍보를 담당했으며, SBS 시청자 평가원으로 3년 반 동안 방송 프로그램을 비평했다. 박사학위를 받은 후 베이징대학교 신문방송학과에서 연구학자로 1년간 중국의 인터넷 여론을 연구했다. 현재는 국민대학교 언론정보학부 교수로 재직 중이다. 주요 연구 분야는 인터넷 여론과 소셜미디어를 통한 루머의 확산 연구, 루머의 사실성과 파급력 등 루머의 속성에 대한 연구, 루머 보도, 정부의 위기 커뮤니케이션 등이며 네트워크 분석을 이용한 다수의 논문을 발표했다.

김은영 현재 이화여자대학교 커뮤니케이션미디어 연구소의 연구위원으로 재직 중이며 여러 대학에서 강의하고 있다. 이화여자대학교 신문방송학과를 졸업하고 동 대학원에서 석사, 박사학위를 취득했다. 주요 연구 분야는 뉴미디어 콘텐츠의 스토리텔링과 미디어와 젠더 등이다. 주요 논문으로는 「모성과 낭만적 사랑의 담론경합」, 「미디어 텍스트의 재매개 연구」, 「웹툰 〈미생〉의 재매개 과정에서 나타난 디지털 서사의 변주」, 「현실과 환상을 가로지르는 콘텐츠의 재매개화」, 「여성 신진학자들의 고단한 '학문하기' 경험」(공동연구), 「고립되고 불안한 미생들과 학문공동체로의 학회」(공동연구) 등이 있다.

한림대학교 **정보기술과 문화연구소**(iCat)는 미디어 기술의 발전이 열어갈 사회의 변동과 문화의 미래에 대한 연구를 통해 사회발전의 방향을 가늠하고 대안을 제시하는 역할을 수행합니다.

한울아카데미 2049

ICT 사회 연구 총서 2

한국 사회와 뉴미디어 확산

엮은이 | 김경희
지은이 | 김경희·전제아·홍주현·김은영
펴낸이 | 김종수
펴낸곳 | 한울엠플러스(주)
편집책임 | 배은희

초판 1쇄 인쇄 | 2018년 2월 9일
초판 1쇄 발행 | 2018년 3월 1일

주소 | 10881 경기도 파주시 광인사길 153 한울시소빌딩 3층
전화 | 031-955-0655
팩스 | 031-955-0656
홈페이지 | www.hanulmplus.kr
등록번호 | 제406-2015-000143호

Printed in Korea.
ISBN 978-89-460-7049-3 93300 (양장)
978-89-460-6424-9 93300 (학생판)

※ 책값은 겉표지에 표시되어 있습니다.
※ 이 책은 강의를 위한 학생용 교재를 따로 준비했습니다.
강의 교재로 사용하실 때는 본사로 연락해주시기 바랍니다.

이 책은 2015년 정부(교육부)의 재원으로 한국연구재단의 지원을 받아 수행된 연구임(NRF-2015S1A5B4A01037022)